数字化采购

采购转型升级的实践指南

黄文霖———著

人民邮电出版社

北京

图书在版编目（CIP）数据

数字化采购：采购转型升级的实践指南 / 黄文霖著
. — 北京：人民邮电出版社，2023.5
ISBN 978-7-115-60988-5

Ⅰ. ①数… Ⅱ. ①黄… Ⅲ. ①数字技术－应用－采购
管理 Ⅳ. ①F253-39

中国国家版本馆CIP数据核字(2023)第013801号

内 容 提 要

本书主要从实践者的角度阐述并推广数字化采购。本书作者从过去 10 多年采购行业数字化的实践出发，系统地介绍了采购数字化转型的背景及必要性，数字化推动采购流程的增值，电子采购，采购数字化转型的流程，采购数字化转型的助推器，以及采购数字化的未来。本书着眼实战，内容涵盖了数字化采购的方方面面，是采购行业从业人员了解和实施数字化采购的实用指南，对企业和采购部门实现采购数字化转型大有裨益。

本书案例、图片、表格丰富，视野具有前瞻性，内容通俗易懂，特别适合采购和物流行业的管理者、技术人员、有意向从事采购和物流行业的人，以及其他希望了解或推动采购数字化转型的企业管理者阅读。

- ◆ 著　　　　　黄文霖
　　责任编辑　　陈楷荷
　　责任印制　　周昇亮
- ◆ 人民邮电出版社出版发行　　北京市丰台区成寿寺路 11 号
　　邮编　100164　电子邮件　315@ptpress.com.cn
　　网址　https://www.ptpress.com.cn
　　廊坊市印艺阁数字科技有限公司印刷
- ◆ 开本：700×1000　1/16
　　印张：16　　　　　　　　　　　2023 年 5 月第 1 版
　　字数：242 千字　　　　　　　　2025 年 6 月河北第 4 次印刷

定价：79.80 元

读者服务热线：(010)81055296　印装质量热线：(010)81055316
反盗版热线：(010)81055315

10多年前，我从浙江大学毕业，机缘巧合下进入了杜邦公司从事采购工作。我进公司的时候，杜邦正在全球范围内推行 Ariba 电子采购系统，中国区作为杜邦的重点市场，自然也不例外。在当时的中国，这应该是开先河之举措，除了少数大型跨国公司，很少有企业在中国市场采用电子采购系统。

自那时开始，我在不同公司以不同身份经历了数次重大的采购数字化转型，既作为一线采购人员参与过实施及应用阶段，也作为采购管理人员经历过采购数字化从设计到实施的全过程。可以说，过去10多年时间我一直在不同公司参与及推动采购数字化的进程——这个领域一直是我的热情所在。

过去的10多年，数字化以飞快的速度颠覆了我们的生活。令人吃惊的是，许多企业尚未开启采购的数字化进程。考虑到采购职能在企业中越来越重要，这必将在不远的将来严重影响企业的竞争力。

这也反映在出版市场上。市面上关于采购的图书不少，但针对数字化采购这一新兴的关键领域，国内目前出版的相关专著寥寥无几，零星的两三本多从理论角度阐述，缺乏实践者的视角与经验，以及转型的具体流程和采购数字化应用的具体案例。于是我产生了创作本书的初衷——希望从实践者的角度阐述数字化采购，以及采购数字化转型的流程和关键举措，为广大采购和供应链领域的同行全方位介绍采购数字化转型的方方面面，使各位同行了解数字化采购的现状及其在不远的未来的发展，从而填补这一空白。

由于信息技术与时俱进，本书在素材的选择中遵循的一个原则是，与技术相关的资料（研究、调查报告、案例等）基本上只采用过去三五年内的，以期能够最大限度地反映数字化采购的行业现状。此外，由于本书的受众是采购和供应链行业的同行，对采购行业的术语大都已经了解，因此本书几乎不做注释，也不在采购的原理和理论上着过多笔墨，论述也只围绕数字化相关的议题进行。在此予以说明。

正如我在书中多次强调的，数字化是强大的工具，是解决业务问题的助推器，但它不是一剂解决所有问题的"灵丹妙药"。比如数字化能显著改善信息流，从而促进协作，但如果部门与部门之间是割裂的，企业内部山头林立甚至内耗严重，那企业采用多少个系统都无济于事——这类有关企业管理的问题不在本书的讨论范围之内。

在本书付梓之际，我想感谢杜邦中国华南区原采购和物流经理刘维平女士和总经理赖文华先生，是你们在我初出茅庐之际将我招至麾下，这改变了我的人生轨迹。我还要感谢人民邮电出版社的责任编辑陈楷荷。陈编辑在本书的构思阶段就认可其社会价值，并在出版过程中提供了许多宝贵意见。可以说，没有陈编辑的大力支持，本书不可能这么快面世。

采购管理是个很大的课题，采购数字化的发展随着技术的发展日新月异，我在创作本书的过程中，实实在在地感觉到力不从心。由于水平有限，书中疏漏和不足之处恐在所难免，如有问题，恳请读者通过如下方式斧正，不胜感激。倘若能抛砖引玉，那我创作本书的目的也就达到了。

邮箱：proctheorybp@gmail.com

微信号：45222020

黄文霖 2022 年端午于狮城

致我的家人和亲爱的伙伴，
是你们让我的人生旅途变得有意义。

CONTENTS
目 录

1

目
录

第1章

采购数字化转型
的背景及必要性

1.1 采购数字化转型的背景

1.1.1 新冠肺炎疫情的冲击

设定的起床时间一到，昨晚睡觉前启动的"睡眠模式"自动解除，户外安防系统关闭，智能家居的音乐系统播放舒缓的起床曲，室内照明灯依次自动缓缓开启。智能窗帘徐徐拉开，清晨的第一缕阳光洒进卧室。智能音箱开始播报今日天气、热点新闻和实时路况，为听众给出出行建议。

采购专员小张醒了。伸个懒腰，揉揉眼睛，他习惯性地先通过智能手表看了一下昨晚的睡眠状况。洗漱完毕后，小张站上了智能体脂秤，过去几个月小张在减重降体脂，每天都通过智能体脂秤记录进展。

简单吃了点东西之后，小张出门晨练。智能手表记录下运动数据，并监测运动的强度是否过高。晨练回来洗了个澡后，他开始吃早餐，同时打开了京东App查看昨晚下的订单的状态，系统显示商品已经出库，上午就可以送达。

吃完早餐后该上班了。小张一键开启"离家模式"，系统自动关闭家中所有电器，切断电源，各种报警器待命，智能摄像头实时监控家中情况，保证安全。"布防模式"也随之启动，遭遇燃气泄漏、火灾、盗窃时，系统会第一时间通过手机通知小张，还会自动通知小区安保人员；摄像头远程监控也已开启，小张可以随时通过手机查看家中情况。

从家到郊区工厂，有一段几十公里的高速公路，这个时间段路上的车不多，小张开启了自动驾驶模式，准备听听音乐放松一下。

到了工厂，开始了一天繁忙的工作。一转眼到了下班时间，小张将桌面上的文档收拾好，在驾车离开之前，小张提前设定好了智能家居启动"回家模式"的时间，好让空调提前运行以调节室内温度，热水器先行加热。智能电饭煲也设定好，到家的时候饭就煮熟了。

正当小张拿起车钥匙要走之际，采购经理老李进来了："小张，这个合同怎么回事？供应商的名字打错了；开标的表也有问题，怎么只有两个人签字？咱们的程序不是规定要 3 个人一起签字才能开标吗？明天上午你到我办公室，这个合同我暂时不能签。"

这是个杜撰的小故事，但它可能发生在许多采购行业从业人员身上。当我们的社会以飞快的速度向信息化和智能化迈进、智能设备进入寻常人家的时候，许多企业的采购流程仍然非常原始：手动输入供应商名称、报价文件以密封信函的方式递交、3 个采购人员坐在一起签字并开标、合同需手动签字盖章……不胜枚举。可以说，采购数字化的进程已经落后于整个社会智能化的进程。

2020 年开春，新冠肺炎疫情暴发并以迅猛之势席卷全球时，许多尚未开启数字化进程的企业发现自己陷入举步维艰的境地：基于纸质文件的流程在一夜之间完全行不通，没有以数字形式储存的数据、没有互相连通的生产和供应链系统、没有数字化工具与供应商协作、没有先进的分析工具、没有灵活的风险管理平台……在最需要快速做出决策并第一时间采取行动的时候，这些企业甚至都不知道自己"身处何处"。有企业坦言："疫情暴发时，我们公司供应链的几个环节都出现了中断。我们需要迅速采取行动，了解世界各地的港口、仓库和工厂的情况，以便能够实施应急计划并向客户提供最新信息。但由于没有数字化工具，我们无法快速收集和监测关键数据，更没有办法将它们整合起来，以描述整个供应链的全貌。"

疫情这场前所未有的"大地震"对民生和经济的影响是巨大的，在 3 年后的今天仍然深刻影响着许多人。疫情期间，全球各地出台各种临时管制措施，物流受阻，人们居家办公……所有这一切都给采购和供应链带来了巨大挑战，并造成许多企业的供应链中断。

对于采购和供应链行业的从业人员而言，这场突如其来的疫情揭示了现代供应链管理的脆弱性，其教训是深刻的。过去几十年发展起来的以成本为导向的行之有效的采购战略，在疫情期间却让企业陷入困境。旧的观念要破除，新的技术要运用，企业才能够在疫情期间，又或是在不知何时到来的下一个突发事件中全身而退。

由于疫情的冲击，以及由此引发的各种"蝴蝶效应"，"不确定性"成为采购和供应链行业的"确定性"。为了应对不确定性的影响，有以下两个关键点需要注意。

一是能够"知己"，即第一时间了解自身的采购部门和供应链发生的事情，尤其是供应链风险，这使供应链可视性的重要程度到了前所未有的高度。

二是采购敏捷性，市场瞬息万变，采购人员必须能够迅速对市场变化做出反应。基于供应链数据快速做出决策并展开行动的能力，将成为采购人员必备的重要能力之一。

采购数字化是这两个关键点的解决之道。疫情导致的危机是一个机遇，摒弃依赖过时流程的系统正当其时。采购数字化的重要性是疫情带给企业最深刻的教训之一。越来越多的企业意识到，创建智能和灵活的供应链是抵御未来风暴的关键。可以说，疫情加速了采购数字化的进程。这是采购数字化转型的第一个背景。

案例研究　数字化工具助力"抗疫"

2020 年，新冠肺炎疫情的暴发引发了全球范围内大面积的供应中断。但是，它也使那些已经应用数字化系统的公司成为焦点。

突如其来的封锁使许多劳动力被困于家中，而疫情刚暴发时口罩的短缺和保持社交距离的要求，也使得手工操作变得困难重重。但那些早早应用了数字化系统的企业，如亚马逊、沃尔玛、京东等，其仓库的运营和物流并没有受到太多干扰，也成功地在疫情期间保障了基本物资的运输，助力民众"抗疫"。这些领先的电商和零售业巨头，在仓库中使用智能分拣程序的供应链——通过自动化和机器人技术实现——比依靠人工分拣的企业能够更安全和快速地运输货物。同时，我们也看到送货机器人在全球各地发挥的作用：派发物资、运输医疗用品、运送病毒检测样品到测试机构……

此外，那些提前投资于在线实时协作和通信、在线会议，以及文件和应用共享等数字化工具，如 Zoom、思科网讯（Cisco WebEx）、微软的 Microsoft Teams 等应用，或基于云端的虚拟桌面基础架构（Virtual Desktop Infrastructure，VDI）的企业，能够在第一时间无障碍地实施居家办公，确保了业务的连续性。

而那些使用人工智能和机器学习技术进行市场预测的企业，在疫情暴发之后更显示出其竞争优势。它们能够迅速决策，决定调动何种产品去何处，以及预测何时能将产品运到那里，并实时获知自己在任何特定时刻的库存水平，从而能够通过需求感知技术更好地应对突如其来的风暴。

1.1.2 不断提升的内外部要求

应该强调的是，新冠肺炎疫情只是加速了采购数字化的进程。即使没有疫情，全球竞争的加剧、更短的响应时间和更高的客户需求，也决定了企业必须改变自身的经营方式。各企业意识到，不断提升的内外部需求依赖现有的运营手段将无法以有效和高效的方式被满足。这是采购数字化转型（或者更宽泛的企业数字化，并不限于采购职能）的第二个背景。

现代管理学之父彼得·德鲁克（Peter Drucker）曾说："组织存在的唯一理由，就是服务外部环境（德鲁克，1993）。"当今的采购部门面临着来自每个方面越来越多的期望。企业希望降低成本、将风险降到最低、建立高效的系统，以及扩大利润空间。政府希望企业在供应链的每个环节都能遵守既定标准和法律法规。消费者越来越要求企业对道德采购负责，还要求"更快、更好、更便宜"。

另外，市场波动、更长的交货时间和日益困难的预测给各组织带来的挑战越来越大。采购面临的挑战来源于以下 4 个方面，简称 4 个"C"（尼科莱蒂，2018），如图 1-1 所示。

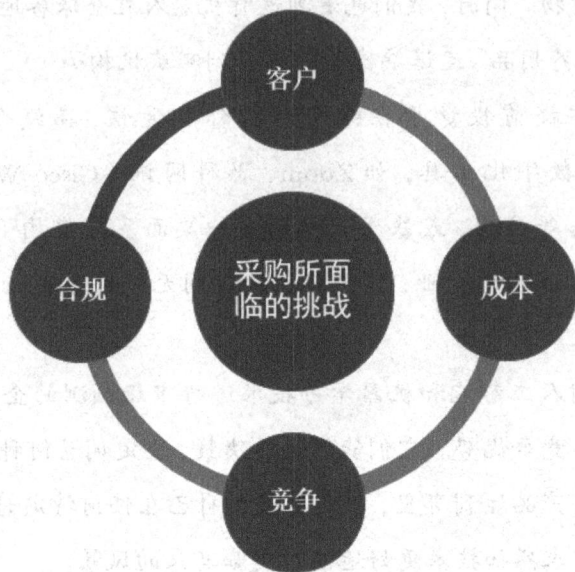

图 1-1　采购面临的 4 个挑战

成本（Cost）

采购人员对这一点都不陌生。各企业都在努力确保其总成本始终处于控制之下，以提升盈利能力。从财务角度来看，采购人员面临着"少花钱多办事"的强大压力。企业所面临的持续成本压力意味着，控制及降低成本过去是、现在是、未来仍是采购工作的重点。

竞争（Competition）

全球化一方面意味着更广阔的市场，另一方面也意味着更激烈的竞争。

随着物流行业的发展和进步，商品的流动变得越来越便利。过去的企业只需胜过同地区的竞争对手，如今企业需要跟全球各地的"高手"过招，而且这种竞争是全方位、多方面的，不局限于价格，还包括质量、交付能力、速度（包括更快的产品上市速度）、创新等。

竞争的激烈还体现在其残酷性。在有些行业，如果企业无法进入该行业的第一梯队，则面临着被市场淘汰的危险（泡泡玛特创始人王宁将该类生意形象地比喻为"象棋生意"，即双方"你死我活"；与此相对的是"围棋生意"，即双方"各占地盘"）。

客户（Client）

研究表明，客户已经越来越不能容忍不切实际的交货时间、不准确的库存水平和不可靠的产品交付方式，并会因此替换供应商以获得更好的客户服务体验。甲骨文公司（Oracle）的一份研究报告称，供应链的信息流通不畅将对企业运营造成重大影响，并损害企业与客户的关系。该报告估计，英国企业每年为此多支付的总成本为 12 亿英镑。这些成本涉及不同的绩效领域，包括过高的库存水平、浪费的工时，以及错过的增长机会等。而在另外一份调查报告中，90% 的供应链领导者都表示，他们面临的最大挑战是客户对更快响应速度的需求。

合规（Compliance）

由于自然资源的过度消耗、环境的恶化和社会的进步，民众对环保和社会责任等问题愈发关注。从合规性的角度来看，如今的采购组织面临着比过去更大的挑战。政府和标准化机构正在引入越来越多的法律法规，以保护消费者和环境，以及增强工作的安全性。这一趋势将影响整个组织及其供应链。在这方面，可持续性采购，包括道德采购（关注社会层面，如恶劣、危险的生产环境等）和绿色采购（关注环境层面，如"三废"排放污染等），将变得越来越重要。

商业环境的日益复杂化要求对企业内部和企业之间的采购流程和采购信息的管理进行重大改变。麦肯锡咨询公司（McKinsey&Company）在其一份研究报告中也揭示了类似的问题，并提出了供应链 4.0 的概念。所谓供应链 4.0，是从工业 4.0 中衍生出来的概念，即在供应链中借助先进的数字技术，如物联网技术、传感器和机器人技术、尖端分析技术和其他新技术，以帮助企业更清楚和更快速地看清世界，从而消除浪费和改善客户的体验。

根据麦肯锡咨询公司的研究，实施这些数字化解决方案可以帮助企业减少因供应链表现不佳而导致的销售损失，其改善幅度高达 75%。麦肯锡咨询公司在其所开发的数字化供应链罗盘（见图 1-2）中，展示了供应链 4.0 对六大价值驱动因素的改善作用。最终，这些改善使服务、成本、资金和敏捷性发生了阶跃性的变化。

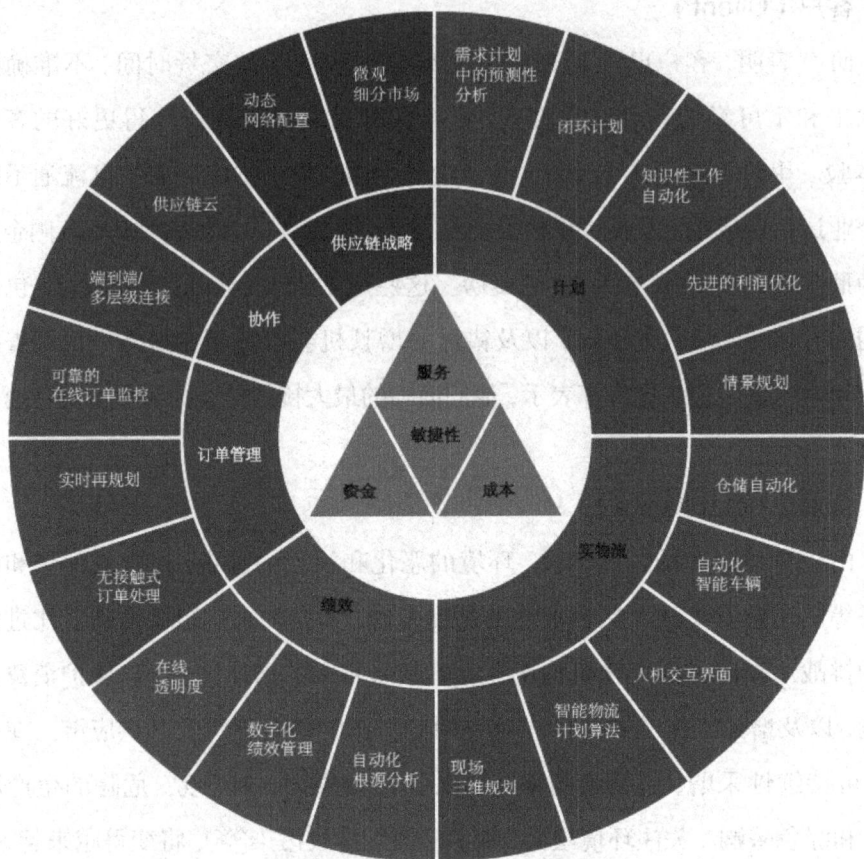

图1-2 麦肯锡数字化供应链罗盘

资料来源：麦肯锡（2016）

接下来，就让我们沿着供应链4.0提及的技术溯源，看看采购数字化转型的第三个背景——第四次工业革命（工业4.0）。

1.1.3 第四次工业革命

2013年，德国推出"工业4.0"。两年后，中国提出"中国制造2025"，意欲将"中国制造"升级为"中国智造"。"工业4.0"也好，"中国制造2025"也罢，其本质都是在国家层面制定科技发展战略。

时光飞逝，一转眼，2025年将至。在这个技术爆炸的时代，世界以越来越快的速度发展，那些未能登上"技术列车"的企业将发现自己越来越难跟上市场发展的步伐。

首先，让我们通过图 1-3 来简单回顾一下工业革命的历史。

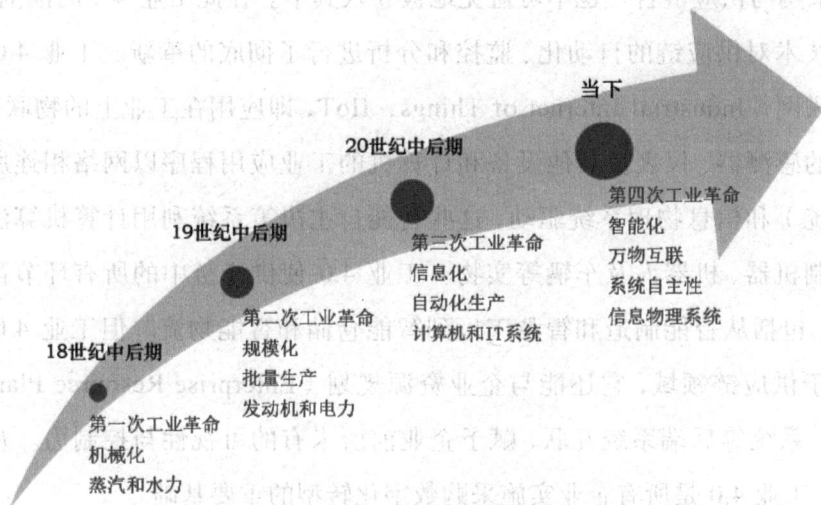

20世纪中后期

当下

第三次工业革命
信息化
自动化生产
计算机和IT系统

第四次工业革命
智能化
万物互联
系统自主性
信息物理系统

19世纪中后期

第二次工业革命
规模化
批量生产
发动机和电力

18世纪中后期

第一次工业革命
机械化
蒸汽和水力

图 1-3 工业革命的历史

· 第一次工业革命（工业 1.0）：18 世纪中后期，蒸汽机的使用促进了机械化生产，掀起了第一次工业革命的浪潮，其革命性在于"机械化"。

· 第二次工业革命（工业 2.0）：19 世纪中后期，电力应用、劳动分工和批量生产拉开了第二次工业革命的大幕，人类开始进入"电力时代"，规模化生产成为可能。

· 第三次工业革命（工业 3.0）：20 世纪中后期，计算机技术的兴起所引发的生产自动化，开启了第三次工业革命，其标志是计算机的发明、信息和通信产业的变革，人类由此步入"信息时代"。

· 第四次工业革命（工业 4.0）：即将到来的第四次工业革命，其核心变革是物理技术和数字技术的融合，现实生活和虚拟世界中的"万物"普遍互联；其特点是信息物理系统（Cyber Physical Systems，CPS，即计算、网络和物理环境的集成系统）自由交换数据和自主决策，人类将由此迈进"智能化时代"。

工业 4.0 正在彻底改变企业制造、改进和分销其产品的方式。制造商正在将新技术，包括物联网（Internet of Things，IoT）、云计算（Cloud

Computing），以及人工智能（Artificial Intelligence，AI）和机器学习（Machine Learning，ML）集成到他们的生产和运营过程中。

采购与供应链管理也不可避免地被卷入其中。在此工业 4.0 的浪潮之中，智能技术对供应链的自动化、监控和分析进行了彻底的革新。工业 4.0 由工业物联网（Industrial Internet of Things，IIoT，即应用在工业上的物联网，是互联的感测器、仪表及其他设备和计算机的工业应用程序以网络相连所形成的系统）和信息物理系统驱动，这些智能自主决策系统利用计算机算法监视和控制机器、机器人及车辆等实物。工业 4.0 使供应链中的所有环节都变得智能，包括从智能制造和智慧工厂到智能仓储和智能物流。但工业 4.0 并不局限于供应链领域，它还能与企业资源规划（Enterprise Resource Planning，ERP）系统等后端系统互联，赋予企业前所未有的可视性与控制力。从根本上说，工业 4.0 是所有企业实施采购数字化转型的重要基础。

在上述 3 个背景中，不断提升的内外部要求是采购数字化转型的原动力，工业 4.0 为采购数字化转型提供了技术基础，而新冠肺炎疫情的暴发则是采购数字化转型的"催化剂"——一场突如其来的变故加速了采购数字化转型的进程。

1.2 采购新定义

1.2.1 采购的定义

上一节所述的 3 个背景很清楚地表明，我们正在经历一场大变局，颠覆性的变革即将到来——它已经在路上。

采购部门固守旧思维、沿用过去的工作方式已经不合时宜。新冠疫情带来的"新常态"和新的工业革命正在推动业务方式发生变化，并直接影响采购职能。21 世纪初采用的以关注供应商整合、流程合规和交易价格为特征的"工厂模式"，已经无法适应新形势下的要求。我们必须重新定义采购职能，即"利用供应商能力，通过合适的供应安排，为企业创造竞争优势，从而助力企业的可持续发展"。

将采购部门转变为一个真正的数字化组织——一个数据丰富、以分析为导向、支持人工智能的组织——是实现新的采购职能的关键。

在此开宗明义地阐明采购的新定义，是为了避免"本末倒置"的错误。先定义问题，然后寻求解决方案，而不是"拿着锤子找钉子"。采购数字化本身不是目的，而是解决商业问题的手段和助推器。

在本节及随后的章节中，我们将进一步诠释此新定义，并说明采购数字化如何在其中扮演关键角色。

1.2.2 利用供应商能力

采购和供应链领域有这么一句经典名言："组织间的竞争，实际上是其供应链之间的竞争（克里斯托弗，1992）。"随着专业化程度越来越高、社会分工越来越细，没有哪家具备一定规模的企业可以脱离供应商而运营。苹果公司是全球市值最高的公司（在笔者写就这段文字之时），但如果没有芯片供应商、没有视网膜屏供应商、没有优秀的代工厂，那苹果公司所有精妙的设计都只会是空中楼阁。简而言之，随着客户的要求越来越高，每家企业都必须倚仗供应商的能力，而为了最大限度地利用供应商的能力，数字化将在其中发挥巨大作用。

供应商能力可以涵盖很多方面，如研发，独特的工程知识和诀窍，竞争情报，专利与复杂的技术或工艺，资本设备，对需求、市场趋势和消费者喜好的卓越洞察力。充分利用供应商的能力，可以帮助企业优化其产品或服务的性能和特点，使其在市场上进一步实现差异化，并对不断变化的客户要求做出反应。

此外，各企业也意识到，为了满足日益严格的客户要求，它们最好专注于自己能做到最好的事情，而将其余的活动外包给供应商。这一安排显然有其合理性。一方面，企业能够保持专注并强化其最核心的技能；另一方面，供应商作为其领域的专家，能够更有效率和效力地提供相应服务。这种方式也为企业的战略提供了灵活性。首先，企业不必投资昂贵的资本设备；其次，由于没有资本设备等"重资产"，如果客户的偏好发生变化，企业可以更容易地做出调整，如更换供应商以迅速满足客户的新需求。这种额外的灵活性和敏捷性使企业能够对不断变化的客户偏好做出更好、更快的反应。

然而，这样也导致企业对供应商产生了更大程度的依赖，因此，供应商管理变得比以往任何时候都重要。数字化工具为更好地管理这种依赖性提供了一种强大的方式，因为它提供了高度可视性的协作互动平台。

全球化方兴未艾，利用世界各地的供应商的能力变得越来越可行，这进一步考验了企业的供应链风险管理能力。因此，全球供应链的可视性至关重要。在这方面，数字化工具可以再次成为助推器，为企业提供实时的洞察力，以及在问题出现之前发现它们的能力。

此外，由于快速变化的环境，企业推出新产品的能力愈发重要。单家企业的研发投入有限，更有效的方法是利用供应商来实现这一目标。通过供应商助力创新（Supplier-enabled Innovation），企业可以开发出具有高质量或差异化更明显的产品或服务，而这是该企业很难独立完成的。所谓供应商助力创新，即通过供应商促进、推动实现创新，指的是让供应商在早期参与企业的创新过程，以创造有竞争力的创新渠道。此创新若由企业独立完成，将非常困难、耗时和昂贵。

"水能载舟，亦能覆舟。"今天，涉及供应商的企业战略比以往任何时候都重要。供应商可以成就企业，也能损害企业。在许多情况下，供应商对企业的竞争差异化和成功至关重要，因此，让供应端参与企业的战略制定过程的意义几乎是毋庸置疑的。而数字化工具作为一个关键的推动因素，通过自动化、集成和信息共享来促进和加强企业与供应商的合作，将使企业更好地利用供应商的能力。

1.2.3　创造竞争优势

"为企业创造竞争优势"是采购的终极目标。取决于具体的行业和市场成熟度，企业可以通过不同的方式创造竞争优势，如独树一帜的设计、稳定可靠的质量、方便快速的物流、在竞争对手避而远之或无法企及的地域或领域提供服务，等等。采购部门必须配合企业的整体商业战略，在采购和供应环节增加价值，从而为企业创造竞争优势。

在传统的采购理念中，"价值"的定义取决于成本，而成本的定义又取决于交易价格（即"买得便宜"）。毋庸置疑，在许多企业，交易价格是一个重要的指标，但仅仅关注交易价格已经无法适应新形势下的要求，采购必须关注更全面的成本因素和更广泛的价值要素。

就降低成本而言，通过招投标或议价获得合理的交易价格是必要的（即"挤水分"），但再往下走，这就变成了零和游戏。所谓"买的没有卖的精"，低于合理价格给你让的利，供应商总会通过各种方式找回来。许多质量问题导致的产品召回（会召回有质量问题的产品的厂家，通常是大家耳熟能详的大厂家），深究下去，原因大多是供应商一路让利无以为继，只能在质量上将利"找回来"了（偷工减料、以次充好）。采购必须跳出交易价格的框，关注更全面、可持续的降本措施，这样才能真正为企业创造价值。

波士顿咨询集团（Boston Consulting Group，BCG）指出，采购能为企业提供的价值要素如下。

· 成本节约（Saving）。

· 从供应商处获得关键的创新（Innovation）动力和最好的质量（Quality）。

· 确保整条供应链符合可持续性（Sustainability）要求和快速交付（Speed Delivery）要求。

· 限制供应市场的风险（Risk）。

这六大价值要素都能为企业创造竞争优势。至于哪一个最关键，并没有放之四海而皆准的答案，而是取决于企业的整体战略。采购战略必须跟企业的整体战略保持一致，并由此确定哪个（或哪些）价值要素最为关键，从而评估哪种数字化工具能够助力采购在特定的价值要素中实现增值。

如果企业的整体战略是用低价抢占市场份额，那显然成本节约是最关键的价值要素，因此，采购战略必然要以价格为中心——在选择供应商时，价格高于一切。

但如果是苹果公司这样的科技巨头，那企业更关注的可能是何种供应商能够帮助自身打造差异化优势，以及如何管控供应链风险。价格虽然也重要，但在其他优先级更高的需求都被满足的情况下才会考虑。在这里，更重要的价值要素将是创新、质量和风险。

而对于亚马逊或京东这样的电商巨头，速度将是最重要的价值要素。举个简单的例子，某天你要网购一件产品，你在网上货比三家，发现某家别的平台上的网店的价格最低，但最终你还是选择在京东下单——第二天上午你就能收到该产品，而从别的平台上的网店购买你要等 3 天。快速交付就是京东的竞争优势。

对于食品行业或者更广泛的消费品行业，如果企业被爆料从卫生条件极其恶劣的供应商处购买原料，可以预见，企业的营业额必然大受影响（至少在中短期内如此）。对于这些行业，涉及社会和环保因素的可持续性可能是更重要的价值要素。

上述六大价值要素所要求采用的工具已经远远超出采用手工流程的传统采购方式的能力范围。采购必须变得更快、更灵活、更准确、更有效率，而数字化工具的应用让这一切变得可能。采购人员必须在工业 4.0 的背景下，依托信息技术、数字化工具来最大限度地发挥采购职能的潜能。无论哪个价值要素，不同的数字化工具都能在相应的领域为采购部门赋能。本书第 2 章将详细探讨数字化在推动采购流程的增值中所发挥的作用。

1.3　采购数字化的定义及必要性

1.3.1　采购数字化的定义

虽然"采购数字化"一词在众多文章中所见，但学术界对其并无权威的定义。德勤咨询公司（Deloitte）将其定义为"应用颠覆性技术，使战略性采购更具预测性，交易性采购自动化，供应商风险管理变得更加主动"（德勤，2017）；普华永道咨询公司（Pricewaterhouse Coopers，PwC）的专业人员则将其定义为"通过数字化工具提高公司或组织价值的采购，它允许相关人员在整个价值链中进行及时的互动"（普华永道，2019）。而英国皇家采购与供应学会将采购和供应的数字化定义为"利用技术进步，重新定义采购和供应的模式、职能、操作、流程和活动的实践，以建立一个高效的数字商业环境，使（运营和财务）收益最大化，并使成本和风险最小化"（英国皇家采购与供应学会，2019）。

从广义上讲，采购数字化即利用数字化工具管理采购流程和采购活动，其目的是实现采购活动的增值，以提升组织价值。这一定义将涵盖全书，也是本书所有论述的基础。

1.3.2　传统采购与数字化采购

传统上，采购活动涉及许多需要手工处理的业务，它还严重依赖文书工作、电话沟通等线下方式获得状态的更新等。这种流程除了耗费时间之外，还很容易因缺乏明晰性而出现错误。传统采购流程通常只针对一个目标，即在规定的时间内以一定的价格购买所需数量的产品或服务。由于缺乏战略手段，企业只能从短期的角度来看待采购。大量人工操作使得流程优化举步维艰，烦琐和单调的任务也阻碍了企业提升财务表现。

相比之下，数字化采购从根本上说，意味着使用数字技术来变革业务处理模式并提供增值途径。与信息技术相关的进展一直在重塑采购的管理方式。数字化工具为企业进一步提高效率和效益提供了前所未有的机会，并促进了企业与供应链伙伴的互动。从采购的角度来看，大多数价值来自高效和有效的信息传输方式，并通过技术平台进行共享。在许多方面，数字化工具可以说彻底改变了采购职能的运作方式，特别是在采购人员如何履行他们的职责，如何在内部与跨职能的利益相关者互动，以及如何在外部与供应商互动等方面。

数字化工具使采购人员能够以更高效和有效的方式履行其职责。例如，通过系统的集成，采购人员可以很容易地获得企业内部和外部的采购流程的实时可视性，使决策者能够通过他们的指尖获得有价值的信息，从而制定出最合适的行动方案。数字化工具也可以进一步实现常规采购流程的自动化，使采购人员无须将时间投入这些业务中，从而使他们能够专注于增加价值的活动。

数字化工具还可以进一步加强采购人员与内部利益相关者和相关职能部门的互动，如营销、财务和生产运营部门。在大多数情况下，通过集成的 ERP 系统和电子采购平台，采购人员可以有效地与所有相关人员分享信息。

数字化工具也可以提供强大的协作平台，使采购人员与供应商实时沟通和分享信息。例如，供应商门户网站可以作为采购方－供应商关系的重要信息的中央储存库。供应商门户网站通常是基于网络的应用，所有授权用户都可以轻松访问。这一平台提升了供应商对库存水平的洞察能力，使他们能够积极主动地响应企业的需求。

概括而言，数字化采购能够降低成本，增强流程的可追溯性，加强企业与供应商的互动，并使监测、审计和报告流程更加健全，对企业的影响是显而易见的。更重要的是，许多之前无法企及或无法做好的领域，在数字化工具的帮助下，采购部门可以开始发挥自身潜能，从而真正成为一个战略性的职能部门。如在战略层面，通过人工智能技术和易于使用的在线工具为整个企业的利益相关者提供实时的洞察和分析结果；部署新的、更智能的方式将数据转化为信息，以方便日常的运作和决策；利用更智能的合作平台，改变采购组织与供应商及其他第三方的互动方式；等等。

1.3.3　采购数字化的必要性

如上一节所述，工业 4.0 的本质是数据驱动的智能化，智能化的前提是数字化。工业 4.0 让供应链中的所有环节都变得智能，难以想象，采购如果不及时数字化，将如何在工业 4.0 的浪潮中立足。随着信息技术的进步，生产、制造、物流和仓储等各个环节不断智能化，采购作为供应链的一个重要环节，也必须数字化，以避免成为整个系统的短板（即所谓的木桶效应，关于该效应多年来存在争议，但木桶能装多少水，显然由最短的那根木板决定）。对于任何有志在市场竞争中不断发展壮大的企业而言，数字化的转型已经不是一道"要不要"的选择题，而是必须答对的必答题。

毫不意外的是，数字化转型成为采购的战略重点。普华永道咨询公司2021年发布的涵盖全球29个国家（地区）不同行业、不同规模（从超大型到中小型）的企业，面向400多个采购领导者的数字化采购调查报告显示，数字化转型已经成为采购部门的第三大战略优先事项，仅次于成本削减和供应商管理（普华永道，2021）。

无独有偶，德勤咨询公司在调研了来自40多个国家和地区的400多个首席采购官或采购总监后，所发布的2021年度的全球首席采购官调查报告中，数字化转型在采购的战略优先事项中也高居第三，得分高达76.06%，仅略低于提高运营效率和降低成本，见图1-4(德勤，2021年)。

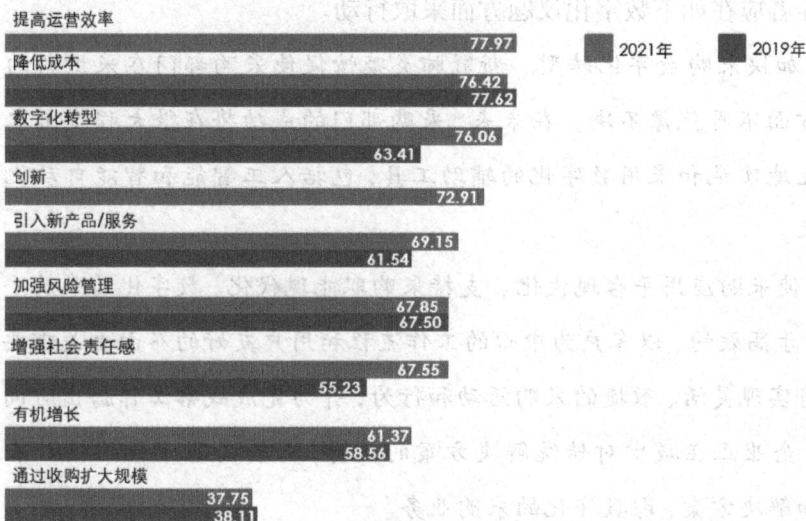

图1-4　2021年度采购部门的优先事项

资料来源：德勤（2021）

与此同时，商业和技术咨询公司哈克特集团（Hackett）在其2021年发布的《2021年首席采购官关键议题》报告中（吉本斯和瓦尔登，2021），列出了2021年采购的十大关键议题，其中有3项与数字化转型直接相关，其他多项也可以从数字化转型中获益，如图1-5所示。

1 降低采购成本
降低采购成本一直是采购部门的首要任务，它表明提供核心服务是成功的基本要求

2 降低供应风险，确保供应的连续性
在新冠肺炎疫情的影响下，保证供应的能力是一种关键能力，采购部门必须继续投资并加强第三方风险管理

3 充当企业的战略顾问
绩优的采购部门认识到，与企业建立强有力的关系，可以尽早参与采购过程，对支出产生更大的影响

4 加快采购数字化转型
采用现代化数字工具将大幅改善采购所能提供的所有服务——从以客户为中心到预测性分析，再到提高流程效率

5 提高采购敏捷性
成为一个敏捷的企业对业务来说越来越重要，但这意味着企业应在职能层面发展敏捷行为

6 使采购应用平台现代化
技术现代化为采购提供了若干好处，包括增强敏捷性，提高以客户为中心的流程效率和成本效率

7 使技能和人才适应不断变化的业务需求
企业越来越了解自身对采购部门人才的需求，对采购来说，这意味着要对人才进行交叉培训并投资于人才培养

8 提升分析和报告能力
分析技术的潜力正在迅速增强。采购部门应优先考虑利用外部数据，并采用预测性智能分析方法

9 实现企业的可持续发展目标
企业社会责任的优先级不断提升。可持续发展是采购可以产生巨大影响的关键领域之一

10 增强支出影响力
支出影响力是衡量采购绩效的首要标准之一，它有助于企业降低采购成本、提高产品或服务的质量和取得更好的战略成果

图1-5 2021年采购的关键议题

资料来源：哈克特集团 Hackett（2021）

在该报告中，哈克特集团明确发出了对数字化行动的呼吁，指出企业的采购领导者应在如下数字化议题方面采取行动。

·加快采购数字化转型。新冠肺炎疫情促使采购部门在采用新的数字化工具方面不再犹豫不决。在未来，采购部门的成功将在很大程度上取决于其更广泛地实施和采用数字化的辅助工具，包括人工智能和智能自动化等较新的技术。

·使采购应用平台现代化。支持采购职能现代化、数字化的采购平台和技术，对于高效的、以客户为中心的工作流程和用户友好的界面至关重要。这些工具将实现灵活、敏捷的采购活动和行为，并为完成战略工作腾出时间。研究表明，企业正在减少对传统解决方案的投资，而转向基于云的核心采购应用程序和解决方案，即数字化的采购业务。

·提升分析和报告能力。实施数字化举措，以加强和进一步发展数据管理能力、洞察力和分析能力。建立强大的主数据管理程序是第一步，也是最关键的步骤之一，因为翔实的、值得信赖的数据是分析的基础。采购部门还必须精

心部署具有强大分析能力的资源，并为它们提供现代化数字工具。培养分析能力——在内部或通过外部招聘有能力的人才——对于战略决策、预测性洞察和敏捷行为至关重要。

在哈克特集团发布的《2022年采购关键议题》报告中（索丘克等，2022），加快采购的数字化转型再次上榜，并被标注为发展重点，其在重要性和满足业务预期的能力之间存在很大差距——也就是说，采购的数字化转型已经落后于业务需求。

企业纷纷将数字化转型列为采购的关键议题，英国皇家采购与供应学会与墨尔本大学合作发布的一份研究报告对此做出了很好的解释。该报告调研了55个国家与地区、20多个行业的700多位采购经理人，颇具广泛性。从图1-6可以看出，90%的受访者将降低运营成本和提高效率列为采购数字化转型的第一大动机，这与普华永道咨询公司和哈克特集团的报告不谋而合。也就是说，企业期望通过采购数字化投资来降低成本和供应链的复杂程度，从而推动收入增长。此外，超过80%的受访者也将如下因素列为其他主要的采购数字化转型动机。

·现有系统的表现（无法满足需求）。

·员工的生产率。

·减少错误及返工。

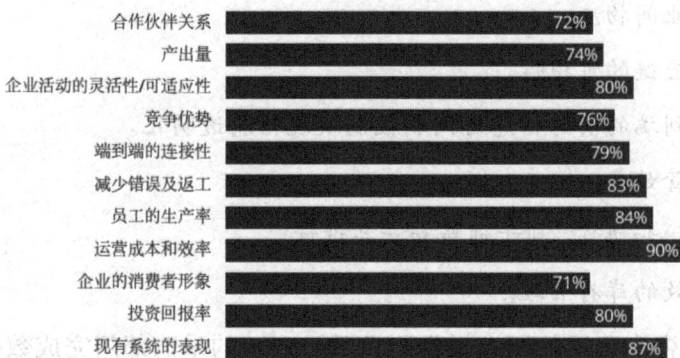

图1-6 采购数字化转型的动机

资料来源：英国皇家采购与供应学会、墨尔本大学（2019）

综上所述，数字世界的发展日新月异，企业必须摒弃传统采购方式并全面升级为数字化采购，以确保业务的成功。潍柴集团董事长谭旭光在该集团2022年2月的全球供应商大会中明确表示，从2022年开始，对潍柴战略供应商要实现数字全覆盖，且在未来2~3年内，潍柴的供应商必须实现数据共享，否则会被要求退出合格供应商体系（谭旭光，2022）。潍柴集团的要求不是个例。可以预见，在不久的将来，数字化将成为企业参与竞争的门槛，而不再是差异化因素。

1.4　采购数字化的益处

贝恩咨询公司（Bain & Company）指出，采购数字化会带来效率和效力的巨大提升，其中3个主要的蜕变领域如下。

- ·自动化流程。
- ·与供应商和其他利益相关者的协作。
- ·基于更丰富的数据集的智能采购。

英国皇家采购与供应学会与墨尔本大学合作发布的研究报告中，概括了数字化技术所能为采购和供应链带来的重大机遇，包括以下内容。

- ·提升信息可及性。
- ·优化企业间物流。
- ·提升供应链的可视性。
- ·通过端到端的实时信息访问和控制实现信息透明化。
- ·提高运营效率。
- ·利于维护和协作，利于创新和产品设计。
- ·实现高效的库存管理。

普华永道咨询公司的调查报告则显示，79%的采购部门完成数字化转型后在绩效方面获得了相当可观的成果，且这些正面的影响与企业的战略直接相关，主要体现在如下4个方面。

- 采购部门的绩效和竞争力提升。
- 流程简化。
- 内部客户满意度上升。
- 工作效率上升。

采购和供应链管理，从横向看，其本质是协作；从纵向看，是对产品流、资金流和信息流等"供应链三流"的集成管理（刘宝红，2019）。一言以蔽之，采购数字化的益处在于，它改善了"供应链三流"尤其是信息流，并促进了采购部门内部、采购部门与其他职能部门，以及企业与供应商集群之间的协作。下面将依次列举采购数字化所能带来的具体益处（见图1-7）。

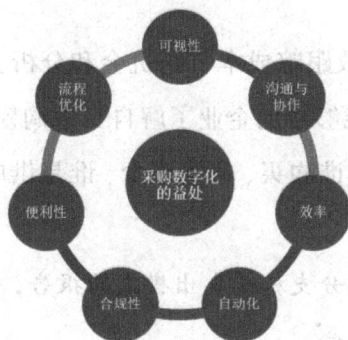

图1-7 采购数字化的益处

资料来源：改编自舍恩赫尔（2019）

1.4.1 可视性

新冠肺炎疫情暴发后，许多企业的领导层需要迅速做出决策，以尽可能减少疫情对企业运营的影响。遗憾的是，那些尚未实现数字化转型的企业在这一过程面临的困难重重，原因正在于缺乏"可视性"。正如上文所述，疫情的冲击将供应链的可视性提到了前所未有的高度，这也正是许多企业在疫情之后加速采购数字化转型进程的原因。

由于所有的采购活动都在系统中完成，并且数据实时更新，采购数字化为采购和供应链管理流程提供了前所未有的可视性，使决策者能够根据各种数据做出有依据的选择。由于疫情所造成的不确定性，企业经常需要不断地对计划中的情况进行监测、调整和纠正，拥有高度的供应链可视性从未像今天这样重要。对拥有全球供应链的企业来说尤其如此，因为延长的供应链会带来更大程度的不确定性，且供应链中断会造成巨大的影响（企业所需材料无法快速获取）。为了尽快发现这些潜在的问题，并以最好的方式做出反应，企业可以利用数字化工具实现对在途货物和供应商的在线可视，从而有效地降低供应风险。企业也可以要求供应商将系统与自己的系统连通，从而更好地监控其生产和库存状况。了解尽可能多的环节的情况有助于预防危机，或者至少在危机不可避免的情况下，为应对危机做好准备（由于可视性提升，问题能够更早地被识别）。

可视性还体现为有效跟踪成本节约机会和分析支出的能力。数字化工具提供的支出分析功能，能够帮助企业了解自身采购模式，包括购买了什么、何时购买、购买频率如何、谁购买、花费多少、谁是供应商等。这有助于企业完成如下事项。

- ·创建关于各部门或分支机构支出模式的报告，供将来参考。
- ·识别节约成本的机会。
- ·在数据分析的基础上做出更明智的采购决策。

此外，由于所有的流程数据都储存在中央数据库中，数字化工具可以生成即时报告和各种关键绩效指标（Key Performance Indicator，KPI）的仪表板，以反映采购活动的绩效，并帮助企业做出有效和快速的决策。

1.4.2 沟通与协作

与可视性相关的益处是，利用数字化工具，企业能够通过同一个电子采购平台管理所有供应商，以有效和高效的方式进行即时通信，而不必通过各种渠道，如电子邮件、电话，甚至传真等。因此，主动和被动的沟通都可以使供应链流程及其状态具有更高的可视性。主动沟通是指企业主动发起信息共享，例如向供应商发送状态更新信息，这种形式的沟通通常是为了获得即时的反馈和回应。被动沟通是指企业访问储存的信息，这些信息要么是由供应商在不同时间点输入的，要么是由系统根据规则自动生成的（如供应商在平台确认订单后，系统会自动将订单状态更新为"订单已确认"）。由于所有信息被储存在同一个平台中，供应链的各方人员都可以在需要时访问。

同时，数字化工具也为顺畅的协作创造了基础。新技术已经为协作平台的创建、实时数据收集、预测分析铺平了道路。这些工具使采购团队能够轻松地共享数据，并帮助跨职能团队与供应商和内部利益相关者一起制定解决方案。顺畅的合作通过改善内部协作关系和供应商的表现，缩短了生产周期。领先的企业已经在利用这些技术来加快问题的解决，创造更大的价值。

对于与供应商的合作，如供应商管理库存（Vendor Managed Inventory，VMI），企业与供应商也可以通过数字化工具共享生产计划和库存信息，供应商由此可以随时掌握最新的预测信息，从而更好地管理库存并及时补货。

此外，专门的供应商门户网站还可以共享供应商的计分卡，从而为供应商提供其当前的绩效信息。所有这些数字化工具都有助于促进供应链伙伴相互之间的沟通与协作。

1.4.3 效率

提升效率是越来越多的企业采用数字化工具的主要目标之一。从员工的沟通到整个企业的信息流动，各个环节都能通过数字化工具无缝连接起来。

对于业务部门较多且分布较广的企业来说，通过文书工作和 Excel 表格手动编制多个部门的采购需求非常耗时，且这种手动处理大量数据的方式也使采购流程更容易出现人为错误。由于数字化工具的普及，几乎所有的手工操作都将"消失殆尽"。

· 不同部门或不同区域的用户都可以访问同一个电子采购平台，而不论身处何处，企业管理层都可以通过平台进行采购审批。

· 从采购订单到收货记录，再到发票，所有文件都被数字化，并在电子采购平台上清晰地列出，使财务部门很容易进行"三方匹配"，从而支付款项。

·电子采购平台和 ERP 系统的整合进一步减少了人为错误，并使数据输入工作大大减少，因为采购系统与财务系统关联，所有采购记录都会自动反映到企业的财务系统中。

数字化工具还可以显著提高程序执行的效率。由于信息共享的即时性，交易时间可以大大缩短。具体来说，由于交易不受营业时间或"有人在场"的限制，它们几乎可以随时随地进行。在某些情况下，对于重复性的工作，利用机器人流程自动化（Robotic Process Automation，RPA）工具，甚至不需要人与人之间的互动或人的参与，就能根据系统设置做出程序化反应，立即完成任务。数字化工具大大加快了流程处理速度。

与交易的快捷性相关的是成本效率。交易消耗的资源较少（可以在较短的时间内完成），因此，结果可以更快实现。这对企业而言是人力成本的节省。

1.4.4　自动化

数字化技术正在改变一系列关键的采购活动，如支出分析和采购到付款（Purchase-to-Pay，P2P）等。这些工具提高了效率，加快了流程进度，减少了错误。例如，国际商业机器公司（International Business Machines Corporation，IBM）使用 RPA 工具来解决发票的匹配问题，将匹配时间从之前的 32 分钟减少到平均 90 秒。同时，处理有问题发票的人工干预下降了95%。新工具提高了整个流程的质量、合规性和可追溯性。IBM 的采购人员也通过 RPA 工具，将创建成本节省报告的时间从 3 天减少到 3 小时（拉德尔和香农，2018）。

数字化工具使采购到付款流程中低附加价值的手工任务自动化还有以下常见例子。

·系统自动将请购单根据框架协议的价格转成整订零取订单（Call-off Order）并自动发送给相应的供应商。

·当库存水平低于设定的某个数量时，系统会自动生成订单并发送给相应的供应商自行补货，以维持安全库存。

· 供应商经由系统上传发票后，系统将自动进行订单、收货单和发票的 3 单四配，并在 3 单相符后根据系统所设定的付款条件（账期）直接付款。

· 在合同到期之前，系统将根据设定的天数自动发送邮件提醒采购人员或用户部门即将到来的合同更新。

自动化的意义不仅在于缩短操作时间或减少人工错误，还在于将采购人员从繁重的文书工作和低效的手工作业中解放出来，使采购人员能够把更多的时间花在真正重要的事项上，即更具战略性或真正需要人工干预的任务，从而提升他们的整体生产力。

1.4.5　合规性

利用系统进行更多的控制，数字化工具也能提升流程的合规性。由于所有的采购流程都在同一个平台中完成，所有的采购支出都将遵循同样的采购程序，而且，由于所有的审批都由系统控制，这就避免了用户不受监管的支出。

此外，由于所有的采购步骤及相应的文件都被真实、实时地记录在系统中，数字化工具给了企业内部相关人员和外部供应商前所未有的透明度。供应商的回应、投标文件以及历史活动都以数字形式储存下来，并带有时间戳。对采购人员和用户部门的活动、招标过程、技术和商务评估结果以及备份文件的审计可以很容易进行，从而给内外部的审计工作提供了便利。

由于数字化工具的应用，大量烦琐的手工作业被消除，这也有助于推动用户对采购程序的采用。上述各方面都将显著提升采购流程的合规性。

1.4.6　便利性

数字化工具带来的另外一个益处是"全天候"的处理能力。系统中的信息可以随时被检索和更新，这对于跨越不同时区的全球组织或者实施全球采购的企业来说尤为重要。

此外，信息可以从任何地方获取，这些信息往往是实时的，反映了正在发生的事情的真实状态。许多数字化工具也可以通过智能手机和平板电脑访问，使采购人员能够轻松获取信息并做出决定。当必须毫不拖延地做出关键决定时（迅速反应的能力在新冠肺炎疫情暴发之后已成为大多数组织被要求具备的重要能力），这一点尤其重要。

另一个与便利性相关的是数字化工具的配置和扩展。大多数数字化工具都是基于云端的应用程序，可以根据企业需求进行配置或随着业务的发展而拓展。其应用通常也可根据企业需求进行定制，使采购人员能够以最有效的方式加以利用。

1.4.7　流程优化

除了上述数字化工具本身所能带来的益处之外，实施采购数字化给流程再造所带来的效益也不容忽视。简而言之，采购数字化不单单是工具的升级，还是思维方式的转变，而思维方式的转变会促成工作方式的转变。

具体来说，在采用任何新系统之前，企业都需要对当前的流程进行梳理。首先，通过消除不必要的步骤来优化工作流程。其次，所有在数字时代不合时宜或者完全没有价值的做法应毫不犹豫地摒弃；最后，思考现有流程中的难点和痛点是什么，在新的竞争态势下需要提升的领域在哪里，等等。在此基础上，在采购数字化转型的过程中，企业应思索什么样的数字化工具能够解决上述问题，并对流程进行再造，从而实现采购职能真正的升级。

案例研究 数字化带来更智能的采购

领先的企业正使用数字化工具实施先进的采购品类管理、更好的采购策略和更精准的预测。这些数字化工具包括更丰富的数据集，以及控制需求和提高合规性的工具。先进的品类采购战略可以帮助采购团队通过更好的支出管理来降低成本。

一家年销售额超过300亿美元的全球技术硬件制造商面临的一个问题是，工程师在新产品开发阶段经常"随心所欲"地选择零件。一些工程师没有向采购团队索取经过质量和价格审查的供应商名单，而是随机地向他们的同事征求建议，有些工程师甚至自行在网上搜索后选择产品。当公司基于设计准备制造产品时，考虑替代零件为时已晚，因而公司在谈判中被迫处于弱势地位。

为了避免陷入这种困境，该公司部署了一个采购工具，并在工程师用来设计新产品的 CAD 软件中嵌入一个预选零件目录。该工具允许工程师选择具有预先协商的价格、交货时间和可用数量的零件。如果某个零件不在预选零件目录中，工程师可以申请将其纳入该目录中，而采购团队会在收到提醒后确定最佳供应商，从而避免公司在产品正式投产之前"仓促上阵"、被动地接受不合理的价格。

资料来源：贝恩咨询公司（2018）

1.5　采购数字化转型的挑战

如上文所述，采购数字化将在诸多方面提升采购职能的价值，但采购的数字化进程落后于整个社会的智能化进程。这有几个方面的原因，既有来自内部的，也有来自外部的。图 1-8 罗列了采购数字化转型的挑战，具体如下。

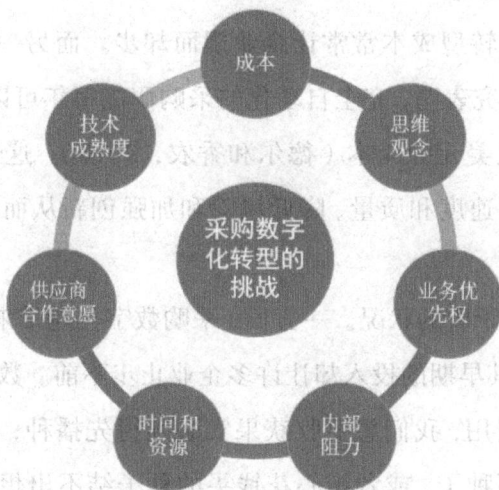

图 1-8　采购数字化转型的挑战

· 数字化转型成本。

· 转型思维观念。

· 业务优先权。

· 内部阻力。

· 数字化转型的时间和资源。

· 供应商的合作意愿。

· 技术成熟度。

1.5.1 数字化转型成本

采购数字化转型成本对许多企业来说是一项重大开支，主要包括如下几方面。

· 在项目前期、项目启动和项目规划阶段内部调研、评估数字化工具和选择技术供应商的投入，涉及跨职能团队的人力成本及可能的外部调研和咨询费用。

· 在项目执行阶段采购并部署数字化工具、迁移数据以及培训人员等方面的成本。

· 在项目收尾之后系统的日常运作成本，包括技术支持和系统维护费用。

· 系统升级的成本。

不菲的数字化转型成本常常让企业望而却步。而另一方面，英国的专业采购组织所做的研究表明，完全自动化的采购职能每年可以为全球 5000 强企业节省高达 860 亿美元的成本（德尔和香农，2018）。这还不包括通过数字化工具提高采购的速度和质量、降低风险和加强创新从而建立竞争优势所带来的效益。

这造成了相互矛盾的状况。一方面，采购数字化能带来显著、长期的成本节约；另一方面，其早期的投入却让许多企业止步不前。数字化转型的成本就好比购买种子的费用，我们想要收获果实必须得先播种，但现在很多企业纠结于该不该花钱买种子，或者担心花钱买的种子结不出想要的果实——而这正是采购数字化转型的第二个挑战。

1.5.2　转型思维观念

转型思维观念指的是，企业并没有真正领悟到数字化转型的真谛，犯了上文所说的"本末倒置"的错误。当他们谈论数字化转型时，他们谈论的是具体的工具，如 Ariba、Zycus、GEP、Coupa 等，而不是在考虑数字化工具所能解决的具体问题。有些企业进行数字化转型时，只是生硬地将现有的手工线下操作——转为线上操作，甚至那些因为手工线下操作才存在的工作步骤也通过系统定制的方式保留了下来。这种做法类似于强行让一辆先进的智能汽车以马车的方式运行，结不出想要的果实也就不足为奇了。

1.5.3　业务优先权

由于投资回报率更容易量化且更直观，许多企业将数字化转型的重点放在销售和营销环节，部署了客户关系管理（Customer Relationship Management，CRM）、订单到现金（Order-to-Cash，O2C）、销售定价（Pricing Tool）、市场价格预测（Pricing Forecast Tool）等工具，以促进业务的增长，而且企业领导层也不理解为什么采购应该成为信息技术投资的战略重点。因此，那些负责制作数字化转型路线图的人往往不把采购解决方案放在优先位置。采购数字化如此重大的转型，如果没有企业最高领导层的持续支持，仅依赖采购部门或者中级领导层的努力，根本无法推动。

1.5.4　内部阻力

采购数字化转型往往是一项重大的工程，它不仅与技术和基础设施有关，而且涉及人力和变革管理。新系统或新的数字化应用会彻底改变相关员工的工作方式，通常还会伴随一定程度的组织架构调整。因此，员工可能出于对无法掌握数字化工作方式或者组织架构调整危及自身工作稳定性的担忧，而抗拒数字化转型。

1.5.5　数字化转型的时间和资源

虽然有些非常成熟的工具可以在短短数月内就完成部署，但采购职能整体的数字化转型是个漫长的过程，从项目论证、立项，到选择合适的数字化解决方案和服务商，再到完成部署、测试、上线，往往需要一两年甚至更长时间（取决于企业的规模和组织架构的复杂程度等），其间还要完成大量的员工培训工作并伴随一定程度的组织架构调整。在数字化转型期间，企业必须将其视为战略重点，投入大量的人力、物力，这对人力资源和资金投入也是一次考验。

1.5.6　供应商的合作意愿

采购数字化转型的另一个挑战来自供应商，特别是小型供应商。

有些数字化工具，如电子采购平台，将所有的供应商都集中在同一个平台上进行管理。这也意味着，供应商必须在该平台上创建自己的账号并熟悉系统操作。虽然电子采购平台通常是基于云端的应用，不需要供应商进行任何硬件方面的投资且很容易上手，但部分长期习惯于手工作业的小型供应商仍然觉得通过电子采购平台进行沟通和业务往来比较烦琐，尤其是需要投入一定人力进行系统培训时。因此，这在一定程度上阻碍了某些供应商与已实现数字化转型的企业进行交易。虽然此类供应商数量不多，但很少有企业能够完全避开。

此类挑战还可能来自个别超大型供应商，它们有自己完善的系统，或者已经将订单处理的工作外包给第三方，因此不愿使用采购方的电子采购平台。这种情况虽然极少，但也并非完全不会发生。

1.5.7　技术成熟度

采购数字化是个很宽泛的概念，它事实上涉及针对不同采购流程的许多不同的数字化工具（在一份研究报告中，贝恩咨询公司列出了市面上常见的多达 22 种的采购数字化工具，如表 1-1 所示，而随着技术进步，这个清单还在不断扩展）。有些工具已经很成熟（如电子采购平台），有些工具则仍为初

表 1-1 22种主要的采购数字化工具

	采购数字化工具	描述
可应用于整个采购领域	机器人流程自动化	通过人工智能算法实现重复性手工作业的自动化
	按需/就地零部件生产	对不经常订购的备件进行现场3D打印（减少生产和运输成本）
	库存管理系统	通过采购价值链记录、跟踪和管理库存水平的硬件和操作软件系统
	多域主数据管理	采集、清理和管理来自企业各业务和职能部门的数据，使之成为一个"单一事实来源"的资料库
	供应商管理系统或工作陈述解决方案	为自动化管理和跟踪综合合同而设计的工具
品类管理	网络/市场数据情报	进行内部和外部数据源的大批量数据汇总和高级分析，以提供宏观层面的洞察力
	支出分析	收集、清理和分析组织的支出数据，以推动内部战略和决策的制定，以及流程的合规
	需求预测	使用人工智能或数据分析技术，通过分析历史需求、宏观趋势，分配的预算等等来预测产品的未来需求
	零部件搜索和选择软件	帮助采购方确定所需材料和零部件，并管理供应商的选择、采购、质量和合规性
寻源	社交采购工具	类似于社交网站的B2B平台，以促进供应商和采购方之间的实时合作
	电子竞拍	进行在线竞标的软件解决方案，以获得产品的最优价格
	合同生命周期管理	使合同启动、创建、谈判和执行标准化和自动化的解决方案
	协作数据平台	为采购的利益相关者搭建供需合综合平台，该判根据服务水平协议进行协作和监测实时绩效
供应商关系和风险管理	供应商关系管理	能够对当前及潜在及供应商进行系统的注册管理、信息管理、风险管理和绩效管理的软件系统
	风险管理	利用合同采法和评估工具，供应商审计和评估以及价格预测等工具，将风险管理技术与组织的战略寻源流程相结合
	供应商质量管理	允许采购方与供应商接触和合作的软件，以管理产品质量、交付和其他方面的事宜
	采购到付款软件	实现从采购到付款整个采购流程自动化的综合系统
采购到付款	电子发票	供应商和采购方之间以综合的电子格式交换发票文件
	动态折扣	基于人工智能的解决方案，根据付款日期给每张发票设置灵活的（提前付款）折扣
	回收审计	启用人工智能法的软件，审查商业交易，以识别对供应商的各种形式的超额支付或欠付的款项
	备品备件采购	便于订购维修项目、备件和消耗性直接材料的理想应用程序
物流	运输优化	根据关键变量，确定从供应商到到客户现场的理想路线和最佳负载重量的优化软件

资料来源：贝恩咨询公司（2018）

代产品，如部分基于人工智能技术的应用（如谈判指导机器人等）。这些初代产品目前存在不少缺陷，无法完全满足业务需求，因此，有些企业将其视为"噱头"进而一概而论，完全否定采购数字化的价值。

在上文提及的英国皇家采购与供应学会和墨尔本大学合作发布的研究报告中，也提到了采购和供应链数字化转型的阻力因素，如图1-9所示，其中最主要的3个阻力因素如下。

· 技术部署成本高（46%）。

· 技术开发时间长（42%）。

· 组织内部缺乏协调（38%）。

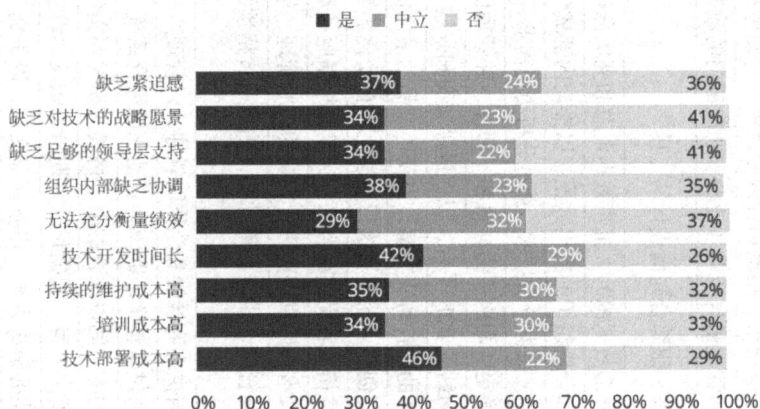

图1-9　采购和供应链数字化转型的阻力因素

资料来源：英国皇家采购与供应学会（CIPS）和墨尔本大学（2019）

综上所述，数字化转型最主要的阻力仍然是成本高和耗时长，企业需要全方位地评估数字化工具所能带来的回报，从而进行合理的商业论证（Business Case）。麦肯锡全球研究院（McKinsey Global Institute）的一份研究报告指出，从长期来看，数字化转型会间接增强企业相对于其竞争对手的先发优势；该研究还发现，数字化转型对企业业绩的积极影响，将随着时间的推移不断累积，从而在短短5年的时间内将利润提高10个百分点（麦肯锡全球研究院，2019）。也就是说，从中长期来看，成功的采购数字化转型的收益将远超其初期投入成本。

　　本章是全书的开篇，首先介绍了采购数字化转型的三大背景，即新冠肺炎疫情的冲击、不断提升的内外部要求和第四次工业革命（工业4.0），讨论了在新形势下，旧的采购理念面临着更新，由此引出了采购新定义，强调了采购要为企业创造竞争优势；接着对采购数字化进行定义，并在对比了传统采购和数字化采购之后，探讨了采购数字化转型的必要性。本章最后详细解释了采购数字化的益处，并对采购数字化转型的挑战进行了说明。

第1章　采购数字化转型的背景及必要性

第2章

数字化推动采购流程的增值

上一章介绍了采购数字化转型的背景，并指出了在此大背景下，采购只关注交易价格已经无法满足新形势下的需求，而应着眼于更高的价值维度，从而为企业创造竞争优势。在此过程中，采购数字化将扮演重要角色。

承接上文，本章着墨于数字化推动的采购流程的增值。前半部分将介绍采购价值的定义，解释内在价值和外在价值两种不同的类型，以及每种类型的细项；后半部分将采购流程分解成七大基础活动，针对每一个基础活动，介绍相应的数字化工具，并介绍这些数字化工具如何为采购人员赋能，从而实现采购流程的增值。

2.1　采购价值的不同类型

《现代汉语词典》将价值定义为"体现在商品里的社会必要劳动。价值量的大小取决于生产这一商品所需的社会必要劳动时间的多少"。

但在现代商业社会，价值的内涵已经远远超出了上述从生产的角度出发的基本定义。比如，著名的精益管理思想从客户的角度来定义价值，认为有价值的活动是"客户承认它的必要性并愿意为其付款的活动"。这一定义虽过于模糊，却点出了关键点，即价值并不局限于成本——企业所认为的采购通常可以提供的价值。事实上，采购所能提供的价值远不止于此，它包含了外在价值（即经济价值或财务价值）和内在价值（即非经济价值或非财务价值）。本节将列举两大类别下的不同价值元素。

2.1.1　外在价值（经济价值或财务价值）

外在价值包括降低成本（"节流"）和增加收入（"开源"）两方面。采购在节流方面的贡献是显而易见的，在开源方面也能为企业运营添砖加瓦。

降低成本（"节流"）

降低成本是采购职能的主要职责，主要包含以下几个方面的内容。

·成本节约。

· 成本规避；

· 价值工程；

· 需求管理；

· 运营资金改善。

◎成本节约

一般而言，成本节约有以下 3 种方式。

· 单价的同比下降。对于每年都采购的消费型产品或服务，节约的成本为上一年度的采购单价与本年度的采购单价的差额，再乘以本年度的采购数量。

· 以市场价格为基准的成本节约。对于非重复性采购的产品或服务，节约的成本为所有供应商第一轮报价中的最低价与谈判后的最终采购价的差额（即将第一轮报价中的最低价视为市场基准价）。有些企业以所有供应商初始报价的平均值作为市场基准价，这并不可取，因为它会人为地推高节约的成本，有"美化数字"之嫌，并没有体现采购在其中的贡献，采购也自然不会得到业务部门的认可。

· 以预算为基准的成本节约。有些企业采用以预算为基准的方式衡量采购中节约的成本。这种方式基于应该成本分析（Should Cost Analysis），计算出该产品或服务的合理单价。最终采购价与预算的差额即为节约的成本。

上述的成本节约，尤其是基于上一年价格或应该成本分析的节约通常称为硬性节约或有形节约，因为这些节约会直接反映在企业的损益表上。

◎成本规避

与硬性节约或有形节约对应的，是软性节约或无形节约，这是采购所能提供价值的另一领域，其主要代表是成本规避（Cost Avoidance）。

成本规避，顾名思义，即尽可能地避免成本的产生。在采购术语中，成本规避是一种有助于维持目前的成本和预算、避免部分成本增加或减少未来成本的行动。这意味着应采取措施减少潜在的成本上升。任何为避免未来可能出现的成本上升而采取的"先发制人"的行动都是成本规避。采购部门可以通过以下方式帮助企业实现成本规避。

· 在合同续签、更新时，在不提高现有价格的情况下，通过谈判为企业争取有现金价值的、更多的优惠条款，如更高水平的服务水平协议（Service Level Agreement，SLA）或额外的交付物（俗称"加料不加价"）。

· 在采购资本设备时，在不增加支出的情况下，通过谈判，让设备厂家提供多一年的保修期、免费的设备安装或培训服务（即"加量不加价"）。

· 当通货膨胀或宏观经济状况导致价格上升时，通过谈判或其他措施（如在合同中加入价格保护的相关条款），将价格维持在现有水平，或使涨幅低于通胀或市场基准，从而推迟价格上涨，减缓成本上涨的速度，或减少成本上涨的幅度。垄断型的供应商产品或服务价格通常有逐年的涨幅，企业可以通过签订长期协议锁定现有折扣价，从而避免年复一年的成本增加。

· 许多企业不重视采购在成本规避方面的价值，甚至不认可采购在其中的贡献，因为这些无形节约不会反映在企业的财务报表中。但事实上，没有实施成本规避措施导致的成本的增加，最终会反映在财务报表中——以一种消极的方式。

◎价值工程

价值工程（Value Engineering，VE）或者价值分析（Value Analysis，VA），是指在设计阶段对新产品或现有产品进行评审，通过降低产品的成本来满足既定要求，或者在成本不上升的情况下增加产品的功能，从而提高产品的整体价值，即增加资金价值。其关键要点如下。

· 以最低的成本提供具有必要功能的系统及有效的方法。

· 在不牺牲功能性的前提下，促进材料和工艺的低成本替代。

· 只关注各种组件和材料的功能，而不是它们的物理属性。

采购在其中所能提供的价值体现在降低成本方面，但成本降低不应影响正在开发或分析的产品的质量。通过供应商的早期参与，在设计阶段针对工艺流程优化或替代材料等方面集思广益，或者在大型项目的招标中要求供应商提供价值工程方案，采购部门可以为企业实现数目可观的成本节约，而且通常企业在产品的整个生命周期中都可以获益。

◎需求管理

采购中有个说法叫明智采购，即在正确的时间，为正确的地点，采购数量正确的正确产品。采购在其中所能提供的价值是进行有效的需求管理，体现在以下几个方面。

·规格或工作范围优化。采购行业有这么一个说法，当产品规格（即设计）确定的时候，产品成本的70%已经被确定下来，采购所能影响的空间就变得很有限了。因此，采购应该在产品规格制定的阶段就参与其中，确保技术规格不超过实际的使用需求或者限制竞争。如在设备采购要求中不指定品牌，只描述所需的功能。

·采购计划管理。当市场价格预计会走高时，在库存成本可以负担的情况下，应适当增加采购数量。同理，当市场价格预计会走低时，在维持安全库存和正常生产的情况下，应尽可能减少采购数量。

·消除浪费。可以说这是最重要的一种节约类型，因为这将节省100%的开支，相比之下，通过谈判所能实现的成本节约很少超过20%，同比降价在一个上升的市场中更是难上加难。比如，新冠肺炎疫情期间员工居家办公成为常态时，仍然购买大量的办公用品，或在办公室租约将到期且公司已经在考虑搬迁时，仍然进行办公室硬件的升级。这些都是非必要支出。

·减少固定资产投资。在进行详尽的"购买或租赁"分析的基础上，采购部门采用设备租赁而非直接购买的方式，减少企业的固定资产投资，从而减少一次性的大笔支出及后期维护费用，并增强灵活性。

·减少消耗。采购部门通过引进并实施先进的技术解决方案或改进控制方案来减少消耗。

需要指出的是，也有部分企业将上述需求管理的措施归为成本规避的范畴。无论如何归类，采购部门作为支出的"把关人"，都能在其间做出贡献。

◎运营资金改善

采购部门可以通过几个方面改善企业运营资金状况，实现运营资金的节约。

· 通过谈判更为有利的付款条件，或者利用供应链融资工具（Supply Chain Financing，SCF），采购部门可以帮助企业实现现金流的改善，这对企业来说是财务成本的节约——企业融资会产生成本，资金被占用也会产生机会成本。运营资金的节约通常根据递延付款期间的资金成本计算。

· 通过实施供应商管理库存或寄售库存（Consignment Stock），采购部门可以帮助企业降低库存水平，从而减少占用的运营资金，达到成本节约的目的。

增加收入（"开源"）

增加收入自然不是采购部门的"主营业务"，但不妨碍采购部门在这项"副业"中有所斩获。采购部门可以从以下几个方面为企业增加收入。

· 在制造行业中，采购一般会负责废料或陈旧资产的处置工作。通过与供应链及工厂运营部门紧密合作，采购部门可以搜寻合适的回收商或第三方，来出售或处理流速缓慢或过时的库存，从而变"废"为现金。

· 为了达到营销目的，许多供应商会在其宣传册上印上合作过的客户的商标，甚至附上合作项目的简要信息。这需要经过客户的批准。如果对方是值得信赖的合作方，采购部门可以利用供应商这一请求，要求供应商在其项目报价中提供市场营销折扣。在这一过程中，采购部门应与企业法务部门和公关部门紧密合作，确保商标的使用有严格的范围界定并以合同条款的形式规范对方的行为。

· 在一些行业中，产品上线时间对企业的新增收入和盈利有重要影响。如果新产品的生产线计划在一年后投产，而根据项目进度计划，如果采购部门能够提前一个月完成合同授标，并通过与供应商合作优化进度安排，将投产时间再提前两个月，采购部门实际上就为企业创造了3个月的新增收入。

2.1.2 内在价值（非经济价值或非财务价值）

采购部门传统上被视为成本节约的职能部门，许多企业甚至只关注采购部门所能贡献的硬性节约。随着采购部门职能逐渐成熟并慢慢转变为战略职能部门，采购部门所能提供的内在价值也逐渐为业界所认可。在波士顿咨询集团列出的采购六大价值要素中，除了成本节约，剩下的 5 个都属于内在价值。本小节将逐一盘点此类内在价值。

创新

由于不断变化的客户需求和更短的产品开发周期，创新在采购职能中的重要性正日益上升。

如上一章所述，没有哪一家具备一定规模的企业能够"自给自足，自力更生"——我们都需要倚仗供应商的能力。就创新能力而言，无论企业有多强大的研发能力，终究"众人拾柴火焰高"，供应商集群蕴蔽着巨大的创新潜力。采购部门位于由供应商、内部利益相关者和客户组成的网络的中心，这是最佳的位置，因此采购部门应将客户的需求与供应商的创新能力相匹配。通过明确的创新策略、差异化的供应商关系管理、供应商早期参与、供应商助力创新等举措，采购部门将有效提升企业的创新能力。

质量

由于生活水平的普遍提高，客户对高质量的产品和服务的追求从未像今天这样强烈。质量与企业的商誉直接相关。良好的质量在很大程度上取决于供应商的表现。通过对供应商进行细分，与内部相关人员通力合作，识别质量管理工作的重点、确立合理的质量要求、建立完备的供应商绩效评估体系、制定质量缺陷追溯程序等举措，采购部门将在提升企业产品或服务的质量方面发挥自己的重要作用。

可持续性

可持续性涉及经济、环境和社会 3 个维度，即通常所说的"三重底线"。随着大众对环保和社会责任的日益重视，若在可持续性方面表现不佳，将会影响企业的业绩表现。也因此，投资者如今会参考 ESG［即环境（Environmental）、社会责任（Social）和治理（Governance）的首字母］指数来决定是否对企业进行投资。此外，在全球范围内，各国都在不断强化其环保措施并通过立法的方式强制执行。工厂因为违反环保法规而被勒令关停整改，这样的新闻屡见不鲜。

由于身处整个供应链中，企业无法以一己之力决定自身在可持续性方面的表现，而必须影响其供应链伙伴——对许多企业而言，最关键的可持续性问题源于供应链。在这一过程中，作为连接企业与供应链的门户，采购部门将扮演重要角色，因为采购决策具有"乘数效应"，其影响会渗透整个供应链，从而支持企业在整个供应链中保持可持续性的高标准。

速度

过去10多年，随着产品种类的极大丰富，消费者变得越来越"喜新厌旧"，这意味着产品的生命周期将变得更短，产品投放市场的节奏也越来越快。这使得产品的交付速度被提到了越来越重要的位置。突发事件所造成的不确定性也决定了企业的反应速度必须变得更快。不能对市场变化做出足够快反应的企业，将失去一方面的竞争优势。通过优化采购流程，用精益方法剔除不必要的冗余步骤，增强采购的敏捷性，采购部门将有能力在快速交付方面提供价值。

风险

过去几年，商界达成的一个共识是，企业运营的不确定性在增加，而不确定性意味着风险。各种突发事件无不在考验着企业的风险管理能力。

由于在企业供应链中的覆盖面最广，采购部门责无旁贷地在风险管理中发挥作用。通过将多种信息（如全球经济和政治趋势、市场和行业动态、供应基础分析、当地具体情况等）汇总，对各种类型的风险提供早期预警、制定风险缓解计划，并采取相应的应急措施防止供应链中断，采购部门将在风险管理方面提供重要价值。

关系管理

采购部门是连接企业内外部的桥梁，无论是后端的供应商：中间的内部利益相关者，还是前端的客户，采购部门连接着各种关系网络。在为内外部的合作伙伴提供支持以保障业务顺利开展的同时，采购部门也在两者发生冲突时扮演着"调解人"的角色，以维护企业的整体利益，而不仅仅是完成某个业务单元的短期绩效要求。

作为企业面向供应商的窗口，采购部门无疑在供应商关系管理方面具有无可替代的作用。很多时候，供应商选择与某个客户而不是另一个客户合作，采购部门的关系管理能力是其中一个影响因素。一个津津乐道于"盘剥"供应商的采购部门将让供应商"敬而远之"，反之，以坦诚、公正、合作、共同解决问题的态度对待供应商的采购部门会使其所在企业成为供应商的首选客户。

也正因为采购价值的多样性，科尔尼咨询公司（Kearney）开发出了一个综合的供应管理资产回报模型（Return on Supply Management Assets，ROSMA℠）来量化采购资源的经济效益（舒等，2017）。这一模型很好地涵盖了上述内在价值和外在价值要素。简而言之，ROSMA℠ 是用采购所产生的财务收益除以已投资的供应管理资产，得到的比值，如图 2-1 所示。

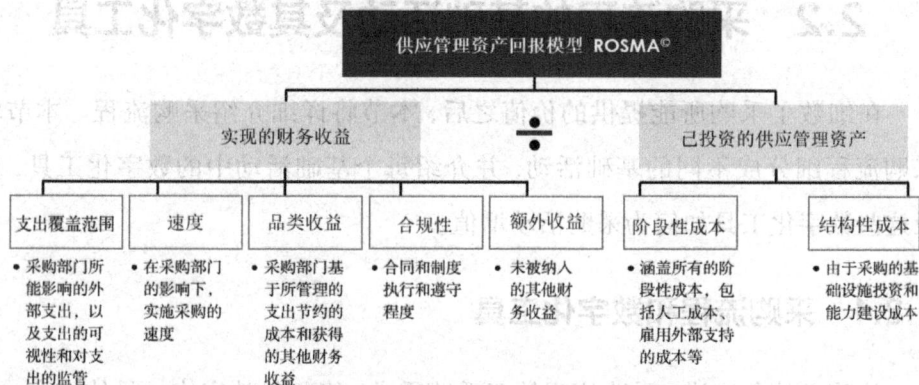

图 2-1 科尔尼供应管理资产回报模型（ROSMA℠）

资料来源：科尔尼（2017）

其中，采购产生的财务收益来自以下几个方面。

·支出覆盖范围（即所管理的支出）：采购部门可影响的付给第三方的总支出，以及支出的透明性和对支出的监管。

·速度：实施采购的速度。

·品类收益：实施采购所节约的成本和所产生的其他财务收益。

·合规性：合同和制度的执行和遵守水平。

·额外收益：供应商创新，实施总拥有成本管理得到的收益，剔除或削减的开支等。

而已投资的供应管理资产则包括以下内容。

·阶段性成本：各阶段性成本，如人工成本、雇用外部支持的费用等。

·结构性成本：用于采购的基础设施投资和能力建设成本。

显然，数字化转型的投资会增加结构性成本，但与此同时，数字化转型的收益将在支出覆盖范围、速度、品类收益、合规性和额外收益等各方面得到全面提升。此外，数字化转型对采购团队的赋能也能降低阶段性成本，从而在整体上提高 ROSMA℠ 值。

2.2 采购流程的基础活动及其数字化工具

在细数了采购所能提供的价值之后，本节将详细介绍采购流程。本节将采购流程细分成不同的基础活动，并介绍每个基础活动中的数字化工具，以及这些数字化工具如何为采购活动增值。

2.2.1 采购流程和数字化工具

从狭义的角度讲，采购流程始于采购需求，终于付款完成。具体而言，采购流程包括以下步骤，如图 2-2 所示。

·分析支出，明确业务需求，分析供应市场，制定产品或服务规格。

·识别潜在的供应商，制定采购策略。

·发出邀标文件或询价函，并收到应标文件或方案报价。

·评估技术标，商谈合同条款；评估商务标，完成商务谈判。

·确定供应商。

·授标并签订合同。

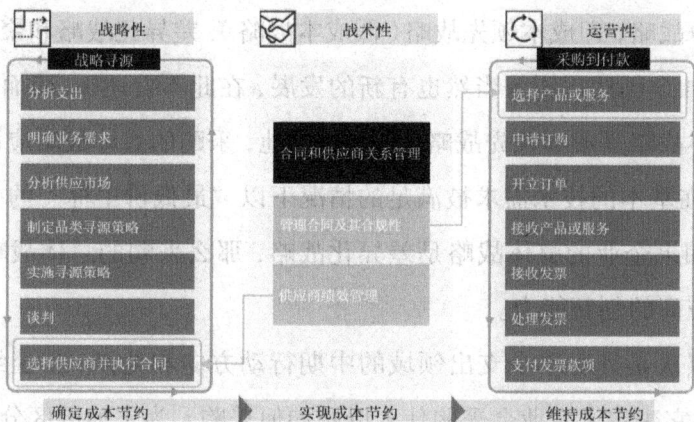

战略性	战术性	运营性
战略寻源		**采购到付款**
分析支出	合同和供应商关系管理	选择产品或服务
明确业务需求		申请订购
分析供应市场		开立订单
制定品类寻源策略	管理合同及其合规性	接收产品或服务
实施寻源策略		接收发票
谈判	供应商绩效管理	处理发票
选择供应商并执行合同		支付发票款项
确定成本节约	实现成本节约	维持成本节约

图 2-2　寻源到付款采购流程

资料来源：普华永道（2021）

· 执行合同或订单，接收产品或服务。

· 审核发票并付款。

· 评估供应商履行合同的情况或订单的绩效。

围绕这些环节，数字化应用可以在以下不同的活动中为采购赋能。

· 规划到战略。

· 寻源到合同。

· 采购到付款。

· 合同管理。

· 库存管理。

· 供应商关系管理。

· 风险管理。

接下来的各小节将逐一介绍上述活动和相应的数字化工具的基础应用。

2.2.2　规划到战略

总的来说，采购战略可以分成两个层次。

第一层次是采购部门的总体战略，它要与更高层次的企业整体战略契合。战略大师迈克尔·波特（Michael Porter）在其经典著作《竞争优势》中推广的三大竞争战略，即成本领先战略（低成本战略）、差异化战略和聚焦战略（利基战略），如今仍然适用（当然也有新的发展，在此不赘述）。简而言之，如果企业的整体战略是成本领先战略，那么相应地，采购的总体战略应该"以成本为先"，即在基本的技术需求被满足的情况下以"最低价中标"的方式选择供应商。但如果企业的整体战略是差异化战略，那么采购的总体战略应该调整为关注供应商的创新能力。

第二层次是针对单个支出领域的中期行动方向和范围，甚至细分到某个寻源流程，它决定了企业会采购什么以及如何采购。为了加以区分，这一层次的战略可以称为采购策略。

在规划到战略阶段，采购部门的任务之一是通过分析企业的业务需求，并结合卡拉杰克矩阵（见图 2-3）、供应市场分析结果以及供需博弈力分析结果，制定不同品类的采购策略。这是品类管理的重要内容。

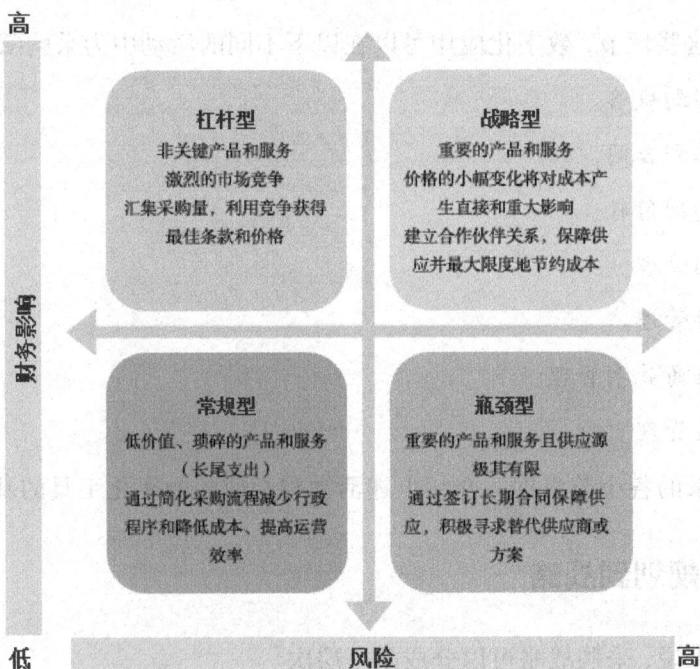

图 2-3　卡拉杰克矩阵

资料来源：改编自卡拉杰克（1983）

采购品类管理（Category Management）是采购管理的一种有效方式，它将企业购买产品和服务支出的费用按照不同的性质和类型，对应不同的供应市场，划分为不同的采购大类（即采购品类）。分类后，企业中的跨职能部门对不同的品类进行采购费用的支出分析，并对各品类产品的使用、供应市场和供应商进行管理（奥布莱恩，2019）。

从上面的定义可以看出，采购品类管理的基石是根据所划分的采购品类，进行详细的支出分析。支出分析一般以支出立方（也称支出方块或支出魔方）的形式展示，如图 2-4 所示，主要包含 3 个方面。

· 谁在花钱？（业务单位）

· 花在哪里？（品类）

· 花给了谁？（供应商）

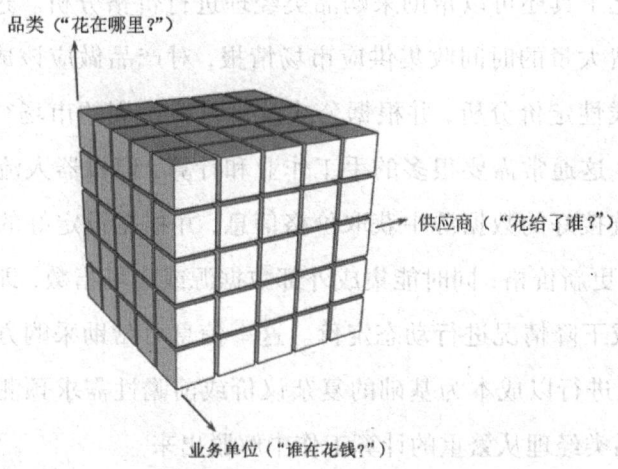

图 2-4 支出立方

进行何种分析取决于相关的正确数据是否易于获得。在非数字化时代，支出分析是个让人很头痛的工作。采购人员通常需要在手动从各地各业务单位收集支出数据，再将其汇总在 Excel 表格中。这种方式不仅耗时，而且容易出错，尤其是涉及不同币种的时候。甚至有些时候，由于企业内部没有完备的记录，采购人员要一家一家地找相关的供应商索要历史交易记录，或者联络企业内部各部门的预算负责人，了解支出情况——这样收集到的数据的质量和所耗费的精力，可见一斑。

而数字化将在很大程度上改变这一状况。应用数字化工具可以自动得到支出立方，它能按业务单位、预算来源和预算负责人，呈现供应商采购额的实时数据。支出立方有助于确定谁是企业的主要花费者和利益相关者，并为分析当前的支出提供重要的数据。支出分析自动化的好处是减少了对手工制作电子表格的依赖，并让采购团队能够专注于诠释数据，而不用操心数据的准确性和及时性（范·霍克，2021）。应用支出立方可以进行不同分析，如确定各业务单位的跨单位需求量捆绑能力，对比供应商数量及在高成本国家采购的比例等。支出立方还可以作为一种定期更新的工具，随时跟踪各业务单位的采购情况（舒等，2017）。

除了对支出进行分析，确定主要的利益相关者并制定采购品类战略之外，更智能的数字化工具还可以帮助采购品类经理进行价格分析。过去，采购品类经理需要花费大量的时间收集供应市场情报，对产品做应该成本分析、成本回归分析或线性定价分析，并根据公式及每月或每周的市场行情，手动对价格进行更新。这通常需要很多的手工作业和计算，但机器人流程自动化工具可以自动从链接好的数据源中获取价格信息，并根据设定好的公式和时间表，自动计算并更新价格；同时能集成外部数据源或市场指数，即可根据原材料成本的上涨或下降情况进行动态定价。这一信息可帮助采购方紧跟市场价格趋势，并据此进行以成本为基础的复杂议价或前瞻性需求预测。这一数字化工具将采购品类经理从繁重的计算工作中解脱出来。

除了战略品类之外，完善的支出分析也为企业管理长尾支出（Long Tail Spend）创造了条件。所谓长尾支出，是指那些占企业交易量80%但只占总采购额20%的支出。如今也有组织将其定义扩大为任何未能有效管理的采购支出。长尾支出的特点如下。

·临时性采购。

·少量。

·低采购频率。

·低价值。

·非战略性。

遵循经典的帕累托法则（Pareto's Principle），管理这些支出向来不是采购工作的重点。由于数据缺乏可视性，以及长期以来一直依赖劳动密集型的手工操作，在面对大量交易和众多"身份不明"的供应商时，企业往往感到举步维艰、无从下手。但"积少成多"，事实上长尾支出汇总起来其金额也很可观。

传统上，由于力所不逮，采购部门对这些长尾支出只能听之任之，缺乏有效管理。这不仅错失了潜在的成本节约机会，也有可能产生的合规问题（如业务部门一直通过小额订单的方式从同一家供应商处购买产品，不同的业务部门"养着"不同的供应商）。

但当不同地理位置、不同业务部门的所有支出信息都通过系统保存在同一个数据库时，通过支出分析，采购部门将很容易发现潜在的改善机会，其包括以下几个方面：

·对部分长尾支出项目进行标准化。很多工厂用的小零件或办公用品，有时候仅仅因为颜色不同，就自成一个库存量单位（Stock-keeping Unit，SKU），而颜色的不同并没有实际意义。从办公室茶水间所提供的饮料、文具间提供的文具，到工厂的垫片、垫圈、紧固件等，都可以进行相应的规格整合并标准化，从而大大减少长尾支出项目的数量，同时实现单个项目的规模经济。标准化也是降低供应链复杂度的有效举措，而降低供应链复杂度对降低成本、降低库存水平有直接影响。

·在进行标准化的同时，采购部门也可以通过分析，确定不同业务部门或区域的工厂或办公室的共同采购需求，从而在标准化的基础上予以捆绑，通过电子化平台进行大规模的招标工作（还可以利用更先进的数字化工具如聊天机器人谈判，见下一章），对供应商进行整合。

·在此基础上，可以进一步通过电子目录、电子市场、"引导式购买"等电子化方式控制长尾支出。我们将在本章的"采购到付款"部门和下一章"电子采购"部分详细阐述。

·此外，也可以与多家首选供应商签订框架协议，并以自动化的整订零取订单来改善流程，从而更好地管控大量的长尾支出。

数字化工具给企业提供了对所有采购支出的洞察力，可帮助企业以前所未有的详细程度了解和管理长尾支出。随着大数据和高级分析技术、人工智能技术、自动化技术以及数字平台的成熟，企业不仅可以实现长尾支出方面的降本增效，甚至可以完全消除一些长尾支出。而通过标准化和供应源整合等措施，企业也能收获更稳定的供应高质量，并减少种类繁多的库存。

可以说，由数字化工具支持的支出分析和价格分析，开发了不同数据源的真正潜力，极大地提升了采购部门对支出进行战略管理的能力。对应第一节所述的价值要素，它将改善采购部门在如下领域的表现。

·成本节约。

·改善运营资金。

·需求管理。

·支出覆盖范围。

·速度。

·质量。

·合规性。

·额外收益：剔除或削减的开支等。

案例研究　数字化工具完善支出分析

德勤咨询公司曾经为一家大型跨国餐饮连锁企业的中国区事业部提供间接采购转型服务。作为转型的第一步和基础，项目首先聚焦在梳理和归纳其间接支出费用上，以提高采购支出透明度。由于该企业大部分采购行为发生在各地分公司，并且各地的采购支出系统化程度不一、主数据维护缺失，导致全国整体采购支出的透明度非常低：多少费用发生在哪些品类上，购买的哪些产品相似度高、有无整合可能等信息均不清晰。这使得整体采购战略规划举步维艰。所以在项目初期，项目组通过大量的数据整合、梳理和归类，建立起全国采购支出的完整版图，使接下来的采购优化工作可以有的放矢。

部分领先企业已经开始应用人工智能技术与高级算法来实现支出数据清理与分类的自动化。这些工具与机器的学习能力相结合，使用高级算法引擎自动地提取 ERP 系统中的有效数据，根据确定的采购业务逻辑与管理规则自动地对数据进行统一和分类。通过集成分析功能与其他数据源，这些工具可以有效地识别间接采购中的成本优化机会与协同效应。

例如，一家领先的金融服务企业在全国范围内有超过 50 家分支机构，为了解企业整体的月度采购支出情况，各分支机构需要花费 2 天的时间手动对数据进行收集、清理、整合及上报。在使用数字化采购平台后，应用支出分析工具可以自动从财务系统中收集并清理数据。运用支出立方根据品类结构与会计科目的映射关系，可以自动对数据进行分类。

资料来源：德勤（2020）

2.2.3　寻源到合同

寻源到合同（Source-to-Contract，S2C）即通常所说的战略寻源流程（Strategic Sourcing），指的是从有采购需求开始，到选定供应商签订合同的过程。也有较新的看法将采购品类管理和供应商管理纳入此过程，本书仍然沿用传统的划分方法，将采购品类管理和供应商管理分开讨论。

在这一环节战略采购人员需要解决从哪里采购、如何采购、以什么条件采购等关键问题。完整的寻源到合同的流程如图 2-5 所示。

在寻源到合同环节已经有非常成熟的数字化应用，即电子采购解决方案，下一章会专门讨论。概括而言，数字化转型对寻源到合同这一流程的增值体现在以下几个方面。

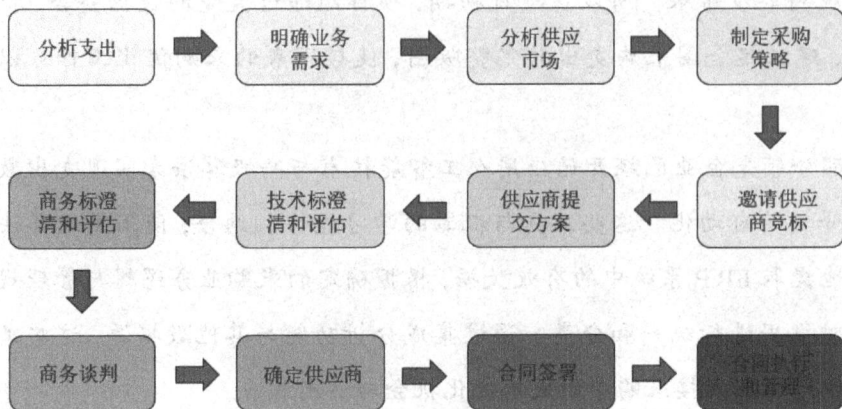

图 2-5 完整的寻源到合同的流程

供应源搜寻（寻源）

许多企业受困于自身有限的供应商资源，当发生突发情况（过去两年多，这种情况屡见不鲜）需要快速从替代供应源处采购，或者因为其他各种原因需要增加供应源（如引入竞争、保障供应、替换现有不合格供应商等）的时候，采购人员往往需要花费大量的时间进行供应源搜寻工作。

而当企业引入电子采购解决方案时，由于它是一个基于云端的共享协作平台，所有使用该平台的供应商都可以成为企业的潜在供应商。企业可以根据所需的材料和服务进行快速匹配，加快开发新供应商的速度，在必要的时候迅速获取新的供应源。

如果企业有可持续采购（如"绿色采购"）的要求，该共享协作平台还能够根据所需采购的材料和服务，向企业推荐 ESG 得分较高的供应商，从而提高企业在可持续采购领域的整体表现。由于 ESG 得分是维持股价的重要指标，这一点对部分上市企业尤其重要。

需求管理

未经授权的采购是许多预算超标的"祸根"。在数字化转型之前，许多企业以手工方式进行采购申请，由于缺少系统控制，许多外部支出甚至未通过采购部门就直接花出去了，成为"看不见"的支出。简单地说，如果采购部门看不见、摸不着支出，那么采购部门也绝对无法影响支出，及其所能带来的价值、质量和结果。

在数字化转型之后，企业可以轻易地建立"无订单，无付款"的流程，也就是说，所有外部支出的请购单全部进系统，系统根据企业内部的治理程序和财务授权设置请购单的审批流程。根据需要，财务成本控制人员也可以被添加到审批流程中，以核实请购单的预算是否足够，尤其是对于固定资产投资项目而言（这类项目通常有专门的预算）。这将大大增强采购部门管理支出的能力，并提高支出管理的覆盖率，不符合规定的支出也可以被"扼杀在摇篮之中"，避免采购人员的无用功或企业的无谓支出。比如，高规格的客户招待会或其他不合规定的支出将被拒绝，或者转交市场总监或财务总监进行额外审批；预算不足的请购单被退回，或被转到财务成本控制人员，以重新分配预算。

请购单的系统控制也可以用来消除浪费的需求和优化有用的需求。比如，将来自不同业务部门的同类采购需求进行捆绑，从而增强议价能力、降低采购频率（减少采购工作量），以及避免产生额外的运费。

招投标流程

数字化转型对寻源到合同这一阶段的最大帮助在于优化了招投标流程。在数字化转型之前，招投标工作都是以手工方式进行的，且涉及大量的文书工作，具体如下。

·发送纸质的资格预审问卷，该问卷通常需要供应商填写许多信息，并附上相应的证明材料。根据项目复杂程度的不同，该问卷有时会有数十页。

·对供应商提交的资格预审问卷进行汇总分析，得出资格预审结果。

·编制招标文件，该文件通常包括技术规格和图纸、商务条款，以及招标方的合同范本。

·供应商以密封的档案袋分别提交的技术标和商务标。

·招标方的开标程序及记录。

·技术标和商务标的澄清文件、澄清会议纪要等。

·技术标和商务标的评标报告及审批文件。

·中标通知书及对未中标方的感谢函；

·正式的合同文件及签署。

许多文书工作通常基于企业内部的治理程序和合规要求，并不能产生任何价值。在招投标过程中，采购人员经常被淹没在一大堆文件中，耗费大量的时间和精力将其一一归档，以满足后期内部审计的要求。

而电子采购解决方案中的寻源模块（eRFx）彻底地改变了这一状况，它将完全消除纸质文件。

·电子征询函（electronic Request for Information，eRFI）工具可用于正式招标前的资格预审或信息征询，系统中预置或者定制的模板可以方便供应商快速地完成问卷，采购人员也可便利地查询供应商反馈的信息。

·电子邀标函（electronic Request for Proposal，eRFP）工具同样可以通过系统中预置或定制的模板，根据项目的情况，快速地编制邀标文件，整个招投标过程中招标方和供应商所有的互动，包括标书的提交和评审，以及相关的沟通和澄清，都可以记录在系统中。

·招标完成之后授标的内部审批和中标的通知，以及对其他未中标单位的通知都可以通过系统完成。

由此，整个寻源模块能够大大增强可视性，改善合规性，从而缩短采购周期并节约成本。此外，大量复杂的数据可以被采集和分析，以帮助企业做出有数据依据的商业决策。寻源模块的模板和问卷库增强了合规性、提高了效率。所有的历史信息都为未来的采购活动设定了基准，以加快企业进入市场的速度，并使企业更容易管理供应风险。

此外，在传统的招投标过程中经常耗费采购人员大量时间的与各供应商的谈判，也可以通过线上谈判或者电子竞拍等方式完成。在激烈的竞争环境中，电子竞拍可以对入围的供应商施加压力，以降低成本，获取较低的市场价格。电子竞拍通常会在不到一小时的时间内完成，这意味着传统上长达数周的面对面或电话会议的谈判可以缩短到30分钟。

谈判指导教练

除了上述电子招投标或电子竞拍等电子采购解决方案，在寻源到合同环节中更先进的数字化工具是基于人工智能的谈判指导教练。谈判指导教练是一个数字化解决方案，该程序应用人工智能技术，在数据分析和市场研究的基础上，对谈判的最佳策略提出建议。采购人员可以根据该建议实施具体的谈判流程。由于计算机程序的数据处理能力远超人工，相比于采购人员的个人经验，谈判指导教练可以综合不同的因素，得到更优的策略。下一章将详细介绍招投标的电子化流程及谈判的数字化，在此暂且略过。

综上所述，寻源到合同这一阶段的数字化应用将改善采购部门在如下领域的表现。

· 成本节约。

· 需求管理。

· 可持续性。

· 支出覆盖范围。

· 速度。

· 合规性。

· 额外收益：剔除或削减的开支等。

2.2.4 采购到付款

寻源到合同的流程结束后，双方将签署合同。笼统来分的话，合同有两种形式，一种为基于项目的承诺性合同。合同签订后，供应商按照合同约定执行合同，而采购方承诺根据供应商所提供的材料或服务，以合同约定的价格支付款项。另一种为非承诺性的框架协议，在该协议中，双方通常会约定合作的商务条款、材料或服务的价格清单，以及在合同期间的预估采购数量。该数量通常并不具备约束性，也就是说，采购方并不承诺在合同期间购买所有数量（当然，视双方谈判的具体情况而定），双方约定，每次采购方需要一定数量的材料或服务时，会发出整订零取订单，供应商根据该订单所需的具体数量送货或提供服务，并以框架协议中的价格和条款结算。这种根据框架协议发出订单到付款的过程，就是所谓的采购到付款的流程，如图 2-6 所示。

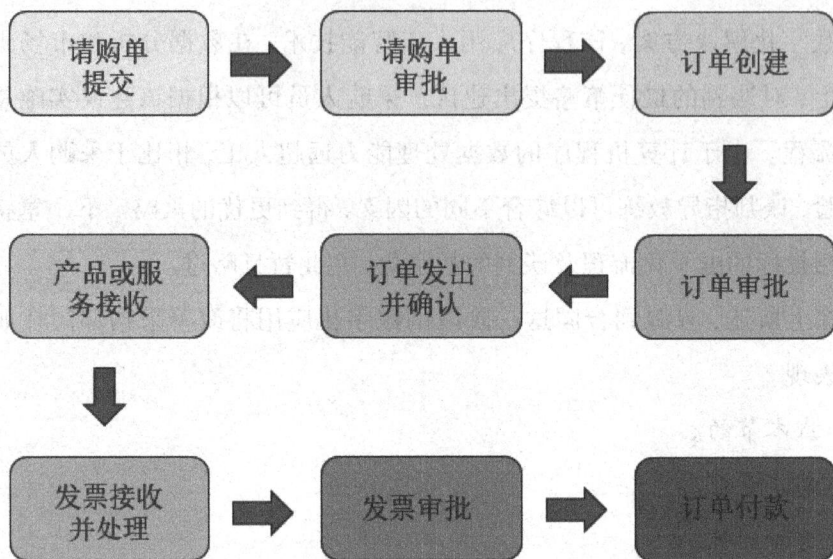

图 2-6　采购到付款的流程

在数字化转型之前，用户部门通常通过电话或纸质的确认单直接订货，然后根据供应商的送货清单和发票付款。这经常造成付款阶段的对账困难，原因有以下几个。

· 用户部门的不同人员分别订购，单据没有统一进行保管。

· 供应商在汇总当月的送货记录时，可能出现遗漏。

· 发票上的单价并没有遵照框架协议所规定的单价（尤其是供应商调整了该产品下一个年度的单价时，供应商的发票系统可能会显示调整后的单价，而不是合同约定的单价）。

· 用户部门在申请付款时，并不清楚累计总支出是否已经超出了合同的总预算（尤其是在合同已经执行了一两年时）。

上述问题导致的结果是，"货糊里糊涂地订，钱糊里糊涂地付"，预算控制形同虚设；或者由此造成付款延迟，导致供应商关系被损害。

而在数字化转型之后，所有这些问题都将"烟消云散"。用户部门可以在系统中输入框架协议的合同号，以及本次订购的材料所对应的合同的项目编号（如该框架协议总共涵盖 10 种材料，即 10 个项目，本次订购的材料为其中第二个项目），系统会自动导入该项目编号下的单价并锁定，不能更改，用户部门只需要输入本次采购的数量，系统就会自动生成整订零取订单，并根据该订单金额将其发送给相关的审批人，经其批准后由系统自动发送给供应商。如果累计支出已经达到总预算限额，系统将阻止该订单生成。供应商确认的订单，以及后续的送货单和发票也在系统中提交，从而使财务人员能非常便利地完成订单、送货单、发票的 3 单匹配。

在采购到付款环节，企业也可以引入电子目录和电子市场等数字化工具，让用户部门获得类似于在亚马逊或京东等电商平台上购物的体验。这将大大加速需求匹配和采购速度。此外，电子目录也能有效控制用户部门采购非标准化产品，比如，许多企业的 IT 部门对公司所使用的计算机配置有统一要求，因此，电子目录中只会提供 IT 部门审批过的标准产品，非标准化规格（如笔记本电脑或智能手机型号的配置和配件不符合 IT 部门设定的标准）的产品的采购将无法通过。这部分内容将在下一章进行详细介绍。

更先进的采购到付款的数字化应用还会将机器人流程自动化（RPA）工具集成到采购流程中，采购团队可以在很短的时间内完成从请购到下采购订单的整个流程：一旦收到请购单，系统会自动完成工作流程，如评估请购单、寻求相关部门负责人的批准、处理请购单，最后生成采购订单。

RPA 工具还可以应用于付款流程。传统上，人工发票处理在入账前涉及多个手工步骤，因此，该流程很容易受到人为错误的影响，从而导致付款延迟。RPA 工具有助于缩短处理时间，并通过自动化流程减少错误。该工具会自动将供应商在系统中上传的发票 [或使用光学字符识别（Optical Character Recognition，OCR）技术扫描纸质发票提取发票信息] 与采购订单相匹配，进行若干检查，例如检查缺失的信息、系统中的供应商名称、采购订单限额和实际的支付金额等。如果字段匹配，发票就会自动记入财务系统。如果有差异，机器人会根据特定的规则进行处理，并使用智能自动化的方式来处理异常情况。对于存在差异的发票，机器人将阻止付款，并向供应商发起数据请求，以收集正确的数据来解决差异。如果差异可以被解决，机器人可以自动调整发票，按照工作流程获得批准，再进行处理；或者根据异常情况的管理规则，机器人将把发票发送给财务人员进行审批并最终支付。

综上所述，采购到付款这一阶段的数字化应用将改善采购部门在如下领域的表现。

· 成本节约。

· 需求管理。

· 关系管理。

· 支出覆盖范围。

· 速度。

· 合规性。

2.2.5 合同管理

从严格意义上说，合同的生命周期管理（Contract Lifecycle Management，CLM）涵盖了从合同申请到合同更新或终止的全过程，如图2-7所示。其中从合同申请到合同批准和签订的前3个环节包含在"寻源到合同"的范围中。通常所说的合同管理（Contract Management）始于合同签署后的执行，终于合同更新或终止的整个过程。合同管理旨在提高企业现有合同的透明度和统一性，进行合规性管理，从而使所签署的合同的收益最大化，并避免由于合同管理的混乱影响企业的正常运营。

合同管理是另一个经常困扰采购人员和其他相关人员的问题。不言自明，如果用户部门不知晓合同内容，那合同谈得再好也无济于事。这种情况虽然看起来很奇怪，但其实在企业中司空见惯。因此，合同管理的目的是使企业内部的现有合同透明化，以及整合现有合同，从而使所有内部用户都能从更优的合同条款中受益（舒等，2017）。

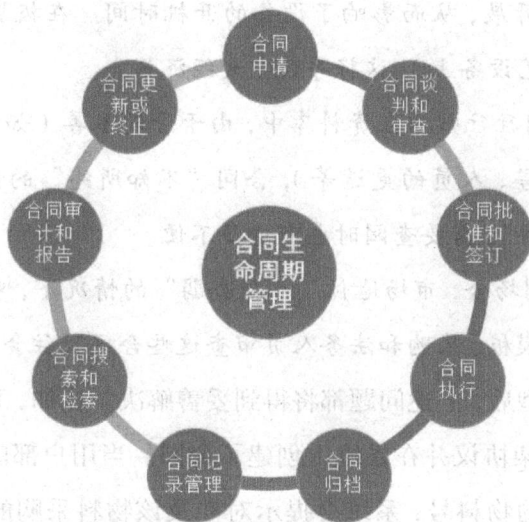

图 2-7　合同生命周期管理

传统上，合同管理存在以下几个问题。

· 许多组织，尤其是大中型企业，为了保障自身的利益，会有法务部门根据不同的采购品类起草不同的标准合同。这些标准合同往往事无巨细，洋洋洒洒数十上百页，导致企业内部的用户部门对通读合同了解其条款这一必要举措望而却步，以致合同签订之后即被束之高阁，无人问津，可能并没有被有效执行。因此，采购人员在合同谈判过程中争取到的利益也没有变现。

· 出于某些考虑，在一些情况（如保障供应、单个供应商的产能限制等）下，采购人员会将同个服务或物料采购的合同给予多家供应商。一般而言，不同供应商给出的价格并不一致。因此，为了保证企业获得足够的利益，在合同签署后，采购人员会与用户部门沟通，要求其在合同执行过程中将大部分业务量（如75%）给予最低价供应商，剩余的业务量由其他备选供应商负责。但在实际操作过程中，用户部门往往倾向于从自己偏好的供应商处订货，即使该供应商的价格较高，因此所设定的业务量分配比例形同虚设。这将导致企业采购成本的上升。

· 许多合同的到期日无人跟踪，尤其是维保类合同，往往在合同已经过期后、设备发生故障时，相关人员才发现合同早在几个月前就已经终止，以致维修工作无法正常开展，从而影响了设备的开机时间。在极端情况（如上述情况发生在关键工艺设备上），这将导致重大经济损失。

· 签署的合同往往归档在资料库中，由于管理不善（如人为的疏忽、合同命名或归类的偏差、人员的更迭等），合同"不知所终"的情况时有发生，即使合同"真身尚存"，需要查阅时也有诸多不便。

· 在某些谈判场合，市场地位"人强我弱"的情况下，对方会要求使用其公司的标准合同模板，采购和法务人员审查这些合同往往会耗费大量时间。

在数字化转型后，上述问题都将得到妥善解决。比如，采购部门签下了一个条款优厚的框架协议并在系统中创建了合同。当用户部门提交新的请购单时，根据所输入的物料号，系统会提示对涉及该物料采购的有效合同进行检索，该框架协议将被检测出来，系统将随之提示该用户部门，直接根据此框架协议开立整订零取订单，无须递交新的请购单。通过系统的控制，采购部门能够保障该框架协议得到最大限度的采用。

对于上述多种供应商授标的情况，有了数字化系统，采购人员可以轻易地在开立合同时设定某个合同的业务量上限，如备选供应商的合同，其上限不超过25%。在合同执行期间，如果用户部门累计订购总额超过该上限，系统将自动阻止订单生成。用同样的工具，采购人员也可以确保多个授标的供应商在合同执行期间的总支出不会超过财务预算的上限，从而改善预算控制。

而针对合同到期的问题，系统可以设置多个到期日提醒，如分别在到期日前6个月、3个月和1个月提醒合同管理人员，督促其尽快采取行动更新合同，以避免意外情况发生。

此外，大多数电子采购方案会储存在中央数据库的在线"合同档案库中"，所有签署过的合同都可以集中、分门别类地储存，非常便于检索。

更先进的RPA工具还可以解决人工审查合同的问题。机器人可以审查供应商的合同范本，将其与自身的标准模板进行比较，并指出不一致的关键条款和条件。然后，机器人可以向采购人员或合同管理人员发送一份摘要，供其与供应商谈判时使用。

同时，基于大数据的工具还可以为合同条款提供依据。比如，有些合同包含早期付款折扣或逾期付款罚款的条款。借助该工具进行数据分析，可以很容易发现这些细节，并设定最佳的付款时间，以利用合同条款来节约成本。

总而言之，合同管理方面的数字化应用将改善采购部门在如下领域的表现。

- 成本节约。
- 需求管理。
- 支出覆盖范围。
- 速度。
- 合规性。
- 关系管理。
- 质量。
- 额外收益：业务连续性等。

案例研究 合同管理数字化

HERE Technologies（以下简称"HERE"）公司是一家总部设于荷兰埃因霍温的跨国公司，提供电子地图、地理位置服务及导航服务。此前，HERE引入了Icertis（一家总部位于华盛顿的软件服务公司，专注于合同管理领域）的合同智能平台（Icertis Contract Intelligence，ICI），为其所有新合同创建了"单一的事实来源"，提高了效率，防范了风险，并使其员工不需要法务人员的大量参与即可有效管理合同。

但是在新平台上线之前所签订的合同，仍然为非数字化、非结构化形式。一方面，这总计7万多份的合同代表着巨大的数据财富，内部相关人员无法轻松访问和共享，从而可能影响公司做出更好的商业决策；另一方面，通过人工方式将这7万多份合同数字化并提取其中的数据将消耗巨大的成本，且需要相当长的时间。

HERE因此求助于ICI DiscoverAI应用，该应用采用了Icertis的尖端人工智能专利技术。ICIDiscoverAI 应用可以大规模地识别和提取合同元数据、属性和条款，将合同中非结构化的文本转化为可解析的数字资产，且比人工处理少用 75% 的时间。使用光学字符识别技术，系统可以处理文本、图像、表格数据和低分辨率 PDF 文件中包含的合同数据。

随着这些合同完全数字化并被整合到企业合同数据库中，公司员工能够更好地管理其合同以做出更好的商业决策。例如，销售团队对过去的客户合同有更深入的了解，从而能针对续约、追加销售和交叉销售做出有前瞻性的决策，进而增加收入并加快合同的周转时间。

"ICI DiscoverAI 应用迅速数字化并分析了 7 万多份合同，使我们能够解锁关键的合同条款，从而改善我们的业务状况。"HERE 的法务部总监称赞道。

资料来源：Icertis（2020）

2.2.6 库存管理

库存是每个企业运营的核心。设计、计划、采购、生产、销售等各个环节都会影响库存，可以说，库存是供应链上各种问题的焦点（刘宝红，2019）。一方面，企业必须确保自身有足够的库存来满足客户的需求。另一方面，多余的库存在各个层面上都是一个令人头痛的问题：当你花钱储存它时，它却在老化，并占用你的现金流，更不用说当库存变成呆滞库存、陈废过时的时候——2000 年前后互联网经济泡沫破灭，思科（Cisco）不得不注销价值二十几亿美元的库存。任何企业都应在拥有足够的库存来满足销售需求和仓库里装满卖不出去的产品之间寻求一种微妙的平衡。

过去几十年的时间，以成本和效率为导向的"零库存管理"大行其道，在客户需求和供应商交货时间在相对来说可预测的情况下，"零库存管理"的确是行之有效的战略。然而，在经历了新冠肺炎疫情之后，全球范围内不确定性的增加导致客户需求和市场供应不断上下波动，因此，"零库存管理"等老派的库存管理方式越来越不能满足市场需求——老办法解决不了新问题。在疫情期间饱受断料之苦的一些企业，开始将其库存管理模式从"准时制"（Just-in-Time）调整为"以备不时之需"（Just-in-Case），并提高安全库存水平。

对于大多数企业而言，"准时制"和"以备不时之需"之间"微妙的平衡"越来越难以用手工的方式进行管理，原因在于其较为复杂。

从性质上讲，库存可分为周期库存（维持正常运转的库存）、安全库存（"以备不时之需"的库存）和多余库存（源于各种企业行为造成的额外库存）、从储存位置上讲，库存分为如下几种。

- 在企业自身管理的库存。
- 由供应商管理的属于企业的库存。
- 供应商交货仓库里的库存。
- 在途库存（即运输中的产品，目前尚未到达任何仓库）。

库存管理最大的挑战来自客户需求的持续变动，而牛鞭效应（Bullwhip Effect）进一步加大了库存管理的难度。牛鞭效应是一种供应链现象，指的是零售商层面需求的小幅波动会导致批发商、分销商、制造商和原材料供应商层面的需求逐步加大，越处于供应链后端，需求的波动越大。通俗来讲，就是供应链各环节层层加码，把微小的需求变化逐级放大。以斯坦福大学的李效良教授为代表的学者的研究指出，信息不对称是牛鞭效应的根源，可以通过解决信息不对称来应对牛鞭效应（李效良等，1997）。

因此，一些企业通过数字化举措，引入需求预测、在线获取库存数据、提高库存可视性，从而有针对性地对库存进行更智能的管理。

比如，需求的放大既存在于企业内部不同职能部门之间，也存在于供应链伙伴之间。企业内部的放大在于不同职能部门对需求的多重预测，其解决方案就是单一预测，通过销售与运营计划（Sales & Operation Planning，S&OP）系统，整合销售、市场、产品管理、供应链等各职能部门的信息和判断，最大限度地预测准确性，然后围绕同一个预测结果来运作（刘宝红和赵玲，2018）。

而对于供应链伙伴之间的多重预测，其中一个解决方案是协同规划、预测和补货（Collaborative Planning、Forecasting and Replenishment，CPFR）。CPFR 的形成始于沃尔玛所推动的协同规划与补货（Collaborative Forecasting and Replenishment，CFAR），即利用互联网，通过零售企业与生产企业的合作，共同做出预测，并在此基础上实行连续补货的系统。后来，在沃尔玛的不断推动下，基于信息共享的 CFAR 又进一步升级为 CPFR。简而言之，沃尔玛每在收银台卖出一件商品，销售信息就会实时反馈到供应商处，这就解决了预测时效性和人工采集的数据准确性差的问题。供应商能够第一时间获知准确信息，从而更好地安排生产和补货计划，加快相应速度的同时，也降低了供应链的库存水平和成本，最终双方都能从中收益。

上述内容当然是关于 CPFR 最简单直观的应用之一。CPFR 成功的关键是企业之间的协作数据交换，用信息换库存。考虑到 CPFR 要求从许多来源获取大量数据，高级分析（如指导性分析，Prescriptive Analytics）解决方案将大有裨益，因为它可以通过同步和分析所有来源的数据并使用分析结果更好地为企业的决策提供信息。

除此之外，还有许多其他通过促进信息流动改善库存管理的数字化举措。例如，库存中有一部分为供应商管理的库存，其有效实施的关键是，双方通过电子平台共享物料的消耗和库存数据，以便供应商主动进行库存管理，从而对需求波动做出更迅速的反应，进而避免紧急发货，缩短反应时间。供应商也可以通过获得更大的生产计划自由度来降低成本。

而更先进的数字化工具，如 RPA 工具，可以帮助采购团队监控库存水平，系统在库存水平低于设定的安全库存水平时发出通知，以便采购团队能够订购产品（也可以设置为低于警戒线则自动根据设置发送补货订单给指定的供应商）。RPA 工具也可以提供实时报告，帮助采购团队在一天中的任何时候获知实时库存水平，这有助于他们评估当前的库存状况并预测未来的需求。在需求与供应计划方面，RPA 工具也能发挥作用，比如帮助企业进行需求和供应计划的端到端管理。它消除了不同部门之间的隔阂及部门间多重预测的弊端，并将它们作为单一的中央团队进行管理。因此，如果系统检测到仓库里的库存已满或不足,它会自动通知采购部门。这有助于采购团队审时度势,更好地进行规划。

此外,数据分析方面的数字化应用可以检查客户在一段时间内的购买规律,从而预测企业需要订购的物料和时间。亚马逊公司就运用此类数字化工具,达到了这样的境界:在客户下单之前,货物就已经在(发往当地配送中心的)路上了!

以上只是数字化工具改善库存管理的几个方面的应用。甲骨文公司总结了库存管理的多个挑战,并提供了相应的解决方案,如表2-1所示。从表中可以看出,数字化工具在解决这些痛点的过程中发挥了显著作用。可以说,现代化库存管理的成功很大程度上取决于高效的数字化工具。它在采购中的应用提高了流程的质量、透明度、及时性和速度,从而实现了库存管理的改善和成本的节约。

表2-1　库存管理的主要挑战和数字化解决方案

主要挑战	数字化解决方案
人工库存追踪程序费时且容易出错	通过基于云计算的库存管理解决方案集中管理、追踪数据,并提供实时数据备份和自动更新库存
不断变化的客户需求	将库存管理软件和需求预测功能与企业财务和销售数据相结合,以确定基本库存;使用循环计数法追踪和管理高需求库存,以设置自动补货点,并按平均交货时间优化发货环节
库存管理中的文书工作和手工流程	用能够创建无纸化记录和自动输入数据的软件取代人工来管理库存文件、发票和进行采购订单
问题库存(易腐烂和脆弱或高价值的存货)的管理	将问题库存的数据(如位置、成本和数量)输入系统目录,通过系统监控保质期,防止浪费
仓库空间管理	利用库存管理平台规划和设计仓库空间,将库存分类存储到货架、料箱和隔间,并实现订单拣选、包装和运输工作流程的自动化
订单管理不善,导致产品过度销售和库存耗尽	使用库存管理软件,根据预设的库存水平和当前的供应情况,设置自动补货点,以避免超额销售;使用历史和季节性数据以优化客户订单预测结果
产品系列(产品组合)拓展	通过自动库存追踪提醒和调度功能,改善收货和放货计划,随时掌握产品在仓库中的位置和在途库存

主要挑战	数字化解决方案
库存损耗	使用库存控制流程，如用条形码和移动扫描仪进行收货，以防止人为错误、库存数据操纵和修改以及因盗窃或疏忽造成的库存损耗
生产计划不周，导致生产延迟和成本超支	使用具有高级需求预测和报告功能的库存管理系统，追踪和管理产生 80% 需求的前 20% 库存的可用率
沟通不畅	引入具有实时库存数据的集成仪表板和简单的用户界面，以管理跨财务、销售和仓储职能部门的工作流程
低效、劳动密集型和低技术含量的流程	利用产品位置扫描和条码技术（或无线射频识别标签）、移动设备和基于云的软件来提高仓库生产力和改善库存控制效率

资料来源：改编自甲骨文公司（2022）

概括而言，库存管理方面的数字化应用将改善采购部门在如下领域的表现。

· 成本节约。

· 需求管理。

· 运营资金改善。

· 关系管理。

· 风险管理。

· 速度。

· 额外收益：需求和供应计划的改善等。

案例研究 数字化如何改善库存管理

作为数字供应链的基础应用之一，一些企业正在利用实时传感器数据来优化库存、避免过时库存，以及帮助实现库存管理的主动规划和响应式补货。

库存管理的数字化工具也实现了更具洞察力的分析。通过采集并利用库存在供应链中移动的数据，企业能够建立数字模型，来说明实际发生的情况与计划发生的情况的差异。由此，企业可以深入了解什么是需要的，什么是过剩的，更重要的是，可以了解库存需求如何受基本驱动因素的影响，如交货时间、生产和运输频率、需求波动、质量和供应变化等，从而提升企业的库存管理能力。

资料来源：威尔逊（2021）

2.2.7　供应商关系管理

全球人力资源管理领域的知名咨询公司瀚纳仕（Hays）2021年针对专业采购人员的调查报告显示，供应商关系管理能力被列为采购团队所需，能力的第一位（得票率高达51%），这一调查结果一方面充分显示了供应商关系管理的重要性，另一方面也衬托出采购团队供应商关系管理能力的普遍不足。

在坐了多年的"冷板凳"之后，部分受一些突发事件的影响，供应商关系管理终于开始得到许多企业的真正重视，而不再流于形式、"纸上谈兵"。就像企业的客户关系管理系统将不同的客户分级，以提供不同层次的服务，以及在产能和运力出现困难时对客户进行优先排序一样，你的供应商也在对你做同样的事情——在遭遇突如其来的危机时，供应商将不得不有选择地服务与其关系紧密的客户。

关于供应商关系管理，不同的学者和专业人员赋予其不同的内涵。科尔尼咨询公司认为供应商关系管理涵盖了以下内容。

- 供应商绩效和风险管理。
- 供应商细分。
- 跨职能和层级的协调一致的沟通。
- 供应商创新。
- 在整个合作生态系统中的最大价值。

供应商关系管理包括与供应商所有的互动交流，既包括适用于所有供应商的基本要素，也包括适用于部分供应商的战略要素（舒等，2015）。其目的是，通过引导供应商的行为，将供应商资源成功地转化为企业在市场上的竞争优势。

风险管理是供应商关系管理的重要组成部分，下一小节会专门讨论，所以在此暂且略过。本小节我们将重点放在与供应商的沟通、供应商的绩效管理上。

很显然，没有哪家企业有精力——管理其与每一家供应商的关系，这既不现实，也不可取（它将导致企业资源的巨大浪费）。因此，供应商关系管理的前提是供应商细分。

关于供应商细分，卡拉杰克在 20 世纪 80 年代提出了该领域的开创性理念（卡拉杰克，1983），即将供应商根据财务影响和供应风险分成四大类（战略型、杠杆型、瓶颈型和常规型），从而采取不同的措施（见图 2-3）。卡拉杰克矩阵至今仍是供应商细分和供应风险管理的重要工具。而针对供应商关系管理，科尔尼咨询公司则更进一步地将供应商根据其战略潜力（横轴）和绩效表现（纵轴）分为三大类、九大种，如图 2-8 所示。其中，联盟型、影响型和投资型为关键类供应商，收获型、维持型和改善型为普通类供应商，而救助型、发展型和规避型为问题类供应商。虽然企业对普通类和问题类供应商也应采取相应的管理措施，但关键类供应商无疑应是供应商关系管理的重点。

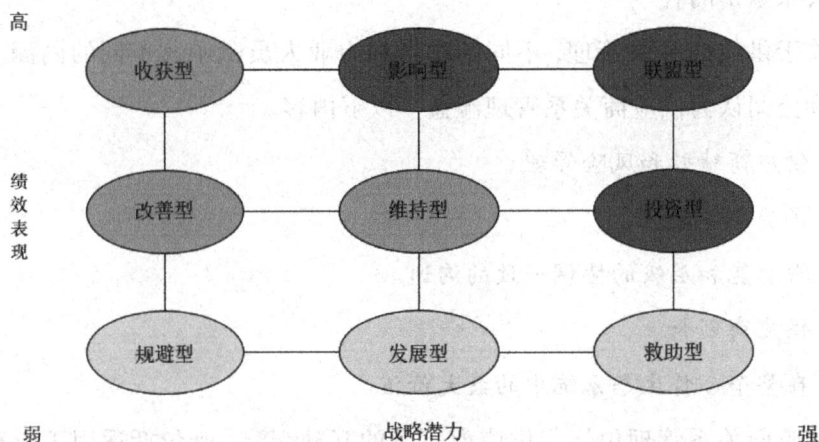

图 2-8 科尔尼供应商关系管理的 TrueSRM 框架

资料来源：舒等（2015）

无论采用何种供应商细分方法，首先都应基于企业与供应商过往的合作，从支出额、交易数量、绩效记录、存在问题、战略潜力、品类重要性和供应商竞争的激烈程度等各方面，进行现有供应商群的分析，从而正确定位不同的供应商，以制定差异化的供应商关系管理策略。当所有这些记录都以电子形式储存在数字化平台时，无疑将大大提高分析效率，并以数据为支撑，避免供应商细分变成各个品类经理争夺资源的"暗战"——部分品类经理希望自己所管理的供应商成为关键类供应商，从而获得企业更多的资源倾斜。

供应商关系管理的一个关键影响因素是，企业内部对供应商的表现的统一认识，各部门一般会口径统一、立场一致地与供应商沟通。那种业务部门"唱红脸"、采购部门"唱白脸"（或者反之）的老派手法只会让供应商感觉云里雾里，不清楚客户真实的想法是什么，完全不可取。同样地，供应商对采购部门或业务部门"分而治之"的做法最终也只会"搬起石头砸自己的脚"。——能够轻易了解客户的真正需求才是广大供应商所喜闻乐见的（舒等，2015）。

传统上，企业内部实现"统一的认识、一致的立场"并不像看起来那样容易，尤其是当某个战略供应商同时服务企业不同的职能部门的时候。在数字化转型之后，企业运用合适的工具，将可以很好地解决这个难题。数字化工具可以从以下 3 个重要方面助力供应商关系管理。

- ·跟踪供应商绩效表现及合规性。
- ·促进内部协作。
- ·促进外部协作。

在跟踪供应商绩效表现及合规性方面，系统会定期（如每隔 6 个月）自动发送通知给该供应商合作的用户部门，让其根据相应的问卷或计分卡提供反馈，从而让采购人员定期了解供应商的绩效表现，并可以根据该信息有效进行供应商筛选和业务量分配，比如，当采购人员为下一次邀标遴选供应商时，系统会根据供应商的绩效得分高低显示排名（即邀标的优先次序）。

一个常见的应用是供应商的绩效仪表板，系统会根据定制的模板生成该供应商的报告。该报告会显示关于供应商的详尽信息，具体如下。

- ·企业在供应商处的支出情况（支出金额、所供物料或服务的品类、所服务的业务部门等）。
- ·供应商信息（联系人信息、资质文件是否到期等）。
- ·合同情况（该供应商名下有多少合同、合同是否到期等）。
- ·履约情况（供应商的合规性表现，曾经是否有任何关于质量、安全等方面的违规行为等）。

· 供应商所参与的采购活动（收到采购方多少次邀标、应标多少次、中标多少次等）。

· 其他信息（内部人员输入的内容，如重要的备忘录等）。

许多注重外部供应商协作的企业，还会开放平台的部分权限给供应商，将其作为与供应商互动的平台，供应商可以通过该平台了解其（在客户眼中的）绩效表现、目前存在的问题；基于企业对系统的设定，供应商甚至可以提供逆向反馈，以便双方达成对绩效表现的共识。

数字化在供应商关系管理中的另一个主要应用是促成供应商创新。正如上一章所述，企业很难以一己之力解决所有业务问题，而必须倚仗供应商的能力。而且，单个企业的研发投入，也肯定不及整个供应商群的研发投入。由于人力有限，企业推动供应商创新时往往只关注支出额较大的部分战略供应商，但事实上，创新很可能来自跨界或专注于某个细分市场的利基供应商，甚至初创公司。企业在这类供应商处往往并没有支付很高的采购额，导致他们"湮没在人海之中"，难以冒尖。通过数字化工具，企业将能够对供应市场和现有的供应商群进行更好的创新能力分析。除此之外，过去供应商创新的另一个障碍是，缺乏有效的渠道和平台。企业不会一个个地敲供应商的大门，询问其有何创新举措；供应商即使有一些好点子，也不知该向企业的哪个部门、哪个人员提交，或者即使提交了，也往往石沉大海、杳无音信，犹如坠入"黑洞"。

而通过供应商协作平台，企业可以建立有效的渠道，从而为供应商助力创新创造条件。企业可以在该平台发布某个特定领域的创新需求，供应商也可以在该平台提交自己的创意。根据不同的创意类别，系统将创意转发给不同的审核委员会进行讨论，然后通过系统追踪讨论结果，并将其发送给供应商，从而使该流程系统化、透明化。供应商知道其创意会被认真对待从而可能有开拓新业务的潜在机会时，会更热心地参与其中。需要强调的是，供应商协作平台只是提供了供应商助力创新的系统化渠道，创新真正实现显然还需要双方在线下大量的通力合作。

总的来说，供应商关系管理方面的数字化应用将改善采购部门在如下领域的表现。

- 成本节约。
- 需求管理。
- 关系管理。
- 创新。
- 风险管理。
- 可持续性。
- 质量。
- 合规性。

案例研究 供应商协作平台推动创新

创新已日益成为采购价值创造的一个重要方面。采购部门可以通过识别和引入拥有关键技术的供应商，以及激励供应商群开发新产品来实现创新目标。数字化平台可以帮助采购方和供应商的工程部门紧密合作，完成任务并激发新的创意。此外，数字化平台还可以使双方的工程部门了解对方目前正在进行的额外举措。

例如，一家大型食品生产商希望缩短创新周期，特别是在乳制品市场，快速变化的客户需求使其有必要比以前更快地开发新产品。但这意味着要频繁地改变供应原料的类型和数量，这在过去常常迫使供应商在最后一刻对生产计划做出调整，导致成本增加（额外的成本最终会通过各种方式转嫁到客户身上）。

为了解决该问题，该食品生产商引入了一个创新和规划平台，让供应商清楚地看到自己正在筹划的新产品。由于能够预测即将到来的生产变化，供应商可以根据需要调整自己的采购策略。更重要的是，他们可以利用该平台的反馈功能，提出改进产品的新方法，并有可能降低成本。反馈功能直接与食品生产商的研发部门挂钩，极大地促进了双方的沟通，并推进了食品生产商的创新工作。得益于这些变化，该食品生产商的平均创新周期从 1 年缩短至 7 个月。

资料来源：波士顿咨询集团（2018）

2.2.8 风险管理

全球供应链一年比一年复杂，极易受到一系列潜在灾害的影响，企业需要具备真正的供应链复原力（Resilience），而风险管理能力是供应链复原力的重要组成部分。

新冠疾病的暴发将采购和供应链从业人员推到了风口浪尖上，也让风险管理毫无悬念地成为供应链管理的重点。虽然保障供应一直是采购部门的核心职责，但新冠疾病爆发后，业务连续性在许多企业被列为了最高级别的优先事项，而供应无法保障的话，业务连续性也就无从谈起。毫不意外的是，在哈克特集团题为《2022 年采购关键议题》（见图 2-9）的研究报告中，供应链风险高居榜首，比 2021 年的排名更进了一位。该报告指出，增强业务复原力和最大限度地减少供应中断的影响以保障收入和盈利能力，首次成为采购的首要任务。而在上文提及的瀚纳仕咨询公司的 2021 年调查报告中，受访的采购从业人员也将供应链的风险管理列为采购部门所面临的第二大挑战（得票率高达 49%）。

英国皇家采购与供应学会将风险定义为"不希望的结果所发生的概率"。风险管理国际标准（ISO 31000：2009）则简单地将风险定义为"不确定性对目标造成的影响"。

风险是不可避免的。没有哪家企业能够完全规避风险，但这并不代表企业只能"坐以待毙""听天由命"。企业可以采取主动性措施，去识别风险、缓解风险，或者降低风险事件发生的可能性，例如实施有效的预防控制措施，或者减少风险事件发生后造成的影响，例如实施合理的应急计划——这就是风险管理的目的。

1 降低供应风险，确保供应的连续性
在哈克特集团的年度关键问题研究中，增强业务复原力和最大限度地减少供应中断的影响以保障收入和盈利能力，首次成为首要任务。哈克特预计，采购部门将继续加强可视性、敏捷性和能力

2 降低成本
降低成本仍然是一个核心优先事项，尽管重点已经转移到减轻当前通货膨胀环境对成本的影响上，无论通过供应商关系管理、合同条款，还是对冲

3 充当企业的战略顾问
采购部门继续认为，成为企业的战略顾问是实现绩效目标和实现不断扩大的企业、职能目标的一个关键因素

4 实现企业的可持续发展
采购的利益相关者（如员工、客户、政府）对供应商可持续性（如环境、会支、治理）的期望和要求，使这一优先事项在采购议程上从2021年的第8位升至2022年的第4位

5 加快采购的数字化转型
数字化转型已成为采购部门预算有限的情况下提供新服务的重要推动力，它具有更好的智能和更高的速度，以客户为中心，并赋予企业竞争优势

6 提高分析、建模和报告能力
采购部门现在认识到，业务成功越来越需要由数据和洞察力驱动的方法来确定价值。一个关键的推动因素是向终端用户提供不断扩大的、可靠的、最新的、前瞻性的数据和情报来源。2022年将需要对通货膨胀的影响进行建模和预测

7 使技能和人才适应不断变化的业务需求
现代的采购愿景需要不断增强的技能和能力，无论是改善利益相关者的参与方式，满足提高的业务预期，还是在可持续性、供应风险和数据智能等领域发展新的能力。"大辞职"浪潮加剧了这一挑战，需要特别关注留住人才

8 实现采购应用平台的现代化
采购部门继续从企业内部的传统系统转向基于云的解决方案，同时完善之前系统的不足或空白

9 提高采购敏捷性
敏捷性不仅仅是指灵活性的变革准备，它还包括对外部市场变化的预测、预报和快速反应的能力。这对于应对快速变化的业务优先事项、供应市场和构建强大的供应风险管理能力至关重要

10 提高以利益相关者为中心的能力
作为一个现代的、战略性的、有利于业务的职能部门，需要关注利益相关者（如客户、内部业务、供应商）的需癖和期望，以及采购本身。该职能部门的运营模式必须通过这些群体的视角来设计

图 2-9　2022 年采购关键议题

注：深灰方框标示的是关键的发展重点，指该项在重要性和满足业务预期的能力之间存在很大差距
资料来源：哈克特集团（2022）

科尔尼咨询公司从供应管理的角度出发，认为风险管理是企业在保持财务绩效可控的情况下，确保客户需求得到满足而实施的各种防御措施的总和（舒等，2017）。从这个定义可以看出，其关键词是"防御措施"，也就是说，风险管理注重的是预防性措施，而不是事件发生以后的反应性措施。因此，风险管理的前提是有效监测风险源。

一方面，在数字化转型之前，由于工作量巨大、所涉及领域太多而人力有限，企业仅能通过有限的手段进行少数关键战略供应商的瓶颈管理。这种供应链风险管理的方式，已经在新冠肺炎疫情暴发后证明了其局限性。另一方面，随着全球范围内不确定性的增加，没有数字化工具而想管理复杂的、不同来源的风险，任何组织都会显得力不从心。这时候，如果企业想进行有效的风险管理，数字化转型便成了关键举措。这意味着在采购的初始阶段，企业应对更广泛的风险敞口进行风险监测，并在整个供应商生命周期中利用实时数据持续监测并减少风险。可视性和及时性是风险管理的关键。企业必须使用适当的数字化工具，最大限度地增强整个供应链的可视性，并利用来自多个内

部和外部来源的市场情报数据（吉本斯和瓦尔登，2021）。

在风险管理方面应用较广的数字化工具主要有大数据分析程序和基于人工智能的风险管理模块。以下是常见的商业化应用。

通过预测潜在的供应中断来减轻风险

风险可能存在于供应链的任何一个环节，如在材料运输途中，利用大数据分析程序可以预测潜在的干扰，包括自然气候事件和社会事件，让采购人员有时间做出更合理的决策。

◎自然气候事件

全球变暖导致的气候恶化、极端天气事件每年都在全球各地上演。寒流会导致糟糕的冰雪路面状况，而大雨、大雪和大雾会影响司机安全和准时交货的能力；此外，极端的高温也会损害对温度敏感的货物。大数据分析程序可以提前分析运输旅程的天气，从而规划最佳路线和运输方式，避免货运延迟。

◎社会事件

社会活动会对城市的交通路线产生重大影响。社会活动包括集会、节日庆典、音乐会和体育赛事等，可能导致运输路线被封锁；或者在新型疫情暴发期间，一些地方为了防止病毒传播，采取的措施，这些都会对物流产生重大影响。基于人工智能和预测分析法的风险管理模块可以从新闻和社交媒体中获取数据，以筛查有价值的信息，并第一时间通知采购人员，使其能迅速采取行动、制定计划，规避或缓解风险。

通过更加了解供应商来减轻风险

理想情况下，采购部门需要不断监测供应商，以核实其经营业绩是否达标、财务状况是否稳定和健康、产品质量是否稳定，以及材料来源或工厂运营是否符合标准。追踪每个供应商的每个数据对采购人员来说是一个不可能完成的挑战，幸运的是，由于可以不受限制地访问历史和实时绩效、合规性和流程数据，以及相关的外部数据源，数字化工具可以帮助采购部门在信息的海洋中对信息进行分类，以识别、减轻或消除风险。

分析供应链数据，包括供应商业绩和合规历史、交易数据，以及来自世界各地的可能影响企业在需要时获得所需物品的外部数据，是大数据分析程序的闪光点。持续的供应商分析不仅可以帮助企业捕捉到外部供应市场的变化，标记出异常情况，对供应商不能及时交付的风险进行预警，而且能使企业更容易与关键供应商建立关系，同时做好应急计划和确定后备供应商，以便在供应链受到威胁时，企业能及时采取缓解措施。

此外，风险管理模块还能实时监控与供应商有关的社会新闻。当供应商卷入负面事件时，风险管理版块会自动通知采购人员并调高其风险级别，从而有助于企业对供应商群在可持续性方面的管理。风险管理模块通过连接和分析社交媒体、电子邮件和行业新闻等数据源，可以为企业在考核供应商时在合规性、声誉或可靠性方面提供宝贵的额外的参考信息。

随着这些数字化工具变得更加直观和普遍，它们不再是晦涩难懂的高科技，而是采购品类经理、决策者和采购部门的其他关键成员可以使用的日常工具。数字化采购将整个组织的供应链风险管理推向前所未有的水平。

案例研究 中东能源巨头通过尽职调查平台管理供应商风险

一家超大型中东能源企业借助 Exiger 公司的数字化尽职调查（Due Diligence）平台管理其复杂的、拥有数千个直接供应商的供应网络。Exiger 公司是一家从事金融犯罪监管与调查、风险管理和合规业务的国际公司，为金融机构、跨国公司和政府机构提供防范违规、应对风险、纠正主要问题和监控持续进行的商业活动等方面的实用建议及技术解决方案。

对于有意与该能源企业建立合作关系的潜在供应商，供应商管理人员会通过该平台发送风险评估问卷，同时借助 Exiger 公司强大的实时数据库，对供应商及其控股人员、企业高层进行尽职调查。该尽职调查的范围包括与诚信有关的风险（经营是否合法或是否符合道德规范），具体包括以下内容。

· 是否有腐败和贿赂现象。

· 有欺诈和不当行为。

· 是否有洗钱、非法融资和逃税行为。

· 是否有其他犯罪活动或不道德的商业行为。

· 是否有利益冲突和交易内幕。

· 是否有受制裁的实体或个人，是否有违反制裁制度和监管框架的行为。

· 是否有重大民事或刑事诉讼。

· 是否有侵犯劳工权利和破坏环境的问题。

· 政治风险。

根据风险评估问卷和尽职调查的结果，该平台会对供应商的风险水平予以评级：绿色代表低风险、橙色代表中风险、红色或黑色则代表高风险。

对于中风险和高风险的供应商，系统会列出其风险来源，例如政治风险（如与政府机构有关联）、地域风险（如所处地区为腐败高发地区）、财务风险（如有财务纠纷）、腐败风险（如公司卷入贿赂事件）等。除非进行进一步的深入尽职调查（Enhanced Due Diligence）或采取其他措施消除风险，否则高风险的供应商将不能通过企业供应商注册系统的审核。

在供应商审核通过后，该平台还能够实时监控供应商与行为守则和风险审计相关的信息。通过自动搜索供应商的相关活动，该平台在发现违规行为或负面新闻时会第一时间通报给供应商管理人员，并可能相应调高供应商的风险评级。采购部门也能够及时采取相应措施，以降低或消除风险。

此外，针对不同风险等级的供应商，该平台也将定期自动通知供应商管理人员重新评估其风险档案。如低风险供应商为每隔 3 年评估一次，中风险供应商为每隔两年评估一次，而高风险供应商则每年都要重新评估。

概括而言，风险管理方面的数字化应用将改善采购部门在如下领域的表现。

· 成本节约。

· 风险管理。

· 关系管理。

· 速度。

· 可持续性。

- 合规性。

- 额外收益：业务连续性等。

▌本章小结▐

　　本章首先从价值的基本定义出发，从外在价值（经济价值或财务价值）和内在价值（非经济价值或非财务价值）两个方面探讨了采购所能为企业带来的价值，包括成本、创新、质量、可持续性、速度、风险管理和关系管理，强调了采购的价值不局限于成本这一传统价值维度。然后，本章从规划到战略、寻源到合同、采购到付款、合同管理、库存管理、供应商关系管理和风险管理等各个采购基础活动出发，介绍了不同的数字化工具能给采购流程带来的增值作用。

第 3 章

电子采购

一本关于采购数字化转型的书如果忽略了电子采购则是不完整的。

电子采购（e-Procurement）没有标准的定义。从最宽泛的定义上讲，任何利用信息技术促进内部和外部信息流动的采购手段都可以归入电子采购的范畴。英国皇家采购与供应学会将其定义为"利用互联网来操作所需服务或产品的请购、授权、订购、收货和付款等交易环节的采购过程"。随着数字化技术的迅速发展，这一定义又略显狭窄。本章所要讨论的电子采购的内涵介于两者之间，即电子采购是指使用电子手段，如互联网、基于云的采购解决方案和基于硬件的软件应用，通过自动化、集成和信息共享等方式来促进采购活动和流程的开展。

本章首先简要介绍电子采购的"前世今生"——其演变史，接着讨论电子采购的各种工具，然后重点探讨谈判流程的数字化——电子竞拍，最后对谈判流程数字化的最新发展做简要介绍。

3.1 电子采购的演变

3.1.1 电子数据交换

电子采购的重要支撑是基于电子数据交换（Electronic Data Interchange，EDI）的信息技术。电子数据交换的起源可以追溯到第二次世界大战结束之后的冷战时期，美国陆军军士长爱德华·吉尔伯特（Edward Guilbert）及其同事开发出了 EDI 的雏形，并将其应用于西柏林物资的运送，从而大大提升了运送效率。20 世纪 60 年代，吉尔伯特退伍后加入了杜邦公司（DuPont），进一步完善了这套系统，从此 EDI 在民用领域迅速推广开来。

简而言之，EDI 是基于一种标准的电子格式，安全、高效地在组织之间或组织内部计算机之间通过网络进行的业务文档通信。其工作流程可以简要地用如下步骤解释，如图 3-1 所示。

· 发送公司使用其内部商业软件创建了一份文件（如采购订单或发票）。

·EDI 软件对该订单进行"翻译"，将其转换成 EDI 文件。

·发送公司通过第三方 EDI 网络服务商（Value-added Network，VAN），以加密的方式将该文件发送给接收公司。

·接收公司收到该文件后，会将 EDI 文档"翻译"、转换成其内部商业软件可读的文件格式。

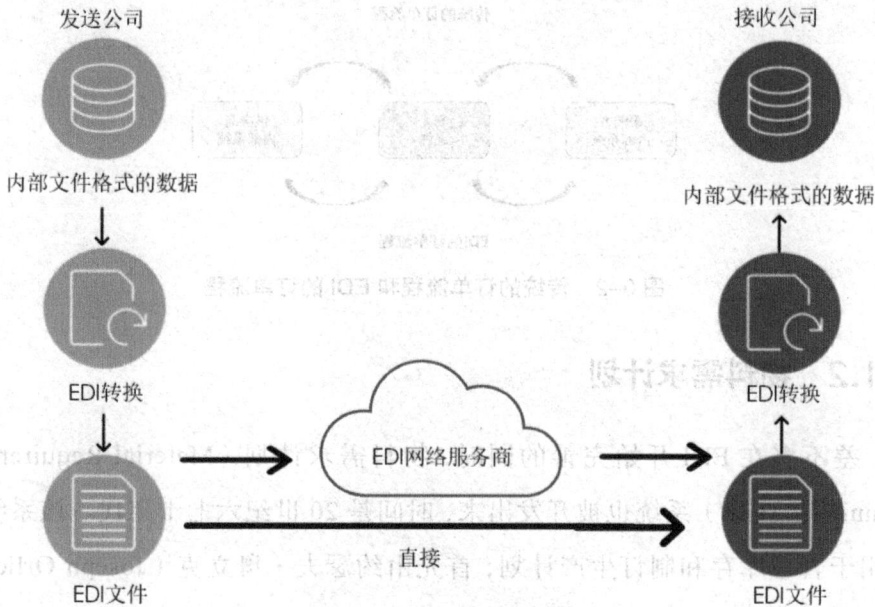

图 3-1　EDI 的工作流程

资料来源：Open Text 公司（2022）

图 3-2 将传统的订单流程与 EDI 的订单流程进行比较，可以明显看出，EDI 具有如下优点。

·自动处理信息、减少文职工作，大大缩短周转时间。

·通过提高运营效率来节约成本。

·消除数据输入错误，提高数据质量。

·最大限度地减少纸张的使用，节省资源。

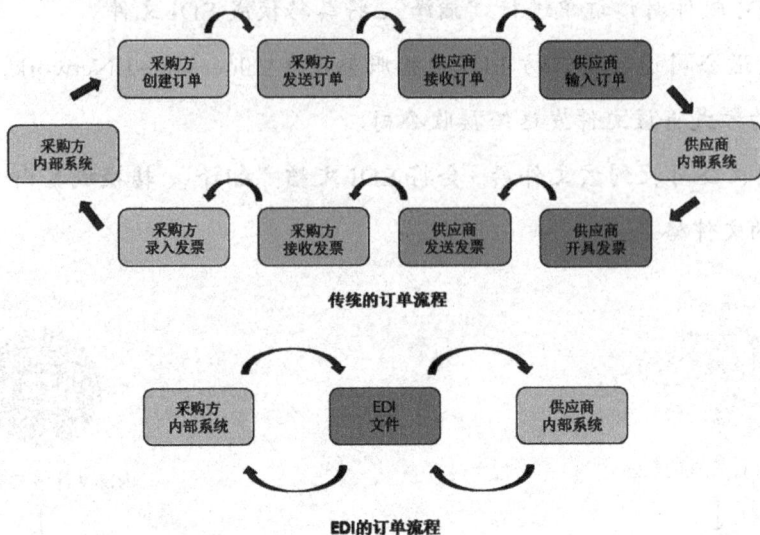

图 3-2　传统的订单流程和 EDI 的订单流程

3.1.2　物料需求计划

差不多在 EDI 开始完善的同时，物料需求计划（Material Requirement Planning，MRP）系统也被开发出来，时间是 20 世纪六七十年代。该系统主要用于管理库存和制订生产计划，首先由约瑟夫·奥立克（Joseph Orlicky）提出，旨在将主生产计划转化为实施该计划所需的物料的需求量和需求时间。当主生产计划、库存状态或产品构成等方面发生变更时，MRP 系统会相应地重新计算所需物料的需求量和需求时间，从而确定加工进度和订货日程。

MRP 系统的理念是将生产控制与库存管理集成，实现的方式是确保原材料和部件只有在它们真正被需要的时候才提供，而不是在此之前（或之后）提供。该系统的核心是主生产计划（Master Production Schedule，MPS）和材料清单（Bill of Materials，BOM）。

·主生产计划是该系统的输入内容，基于销售预测或客户订单、生产能力和工作的优先顺序，告知生产决策者需要的特定产品的数量和时间。

·材料清单则将制造最终产品所需的所有原材料和部件进行分解。

由于每个部件都与现有的库存水平及生产和采购的时间相联系，由此可以制定一个时间表，说明哪些部件必须在什么时候到位，以满足最终产品的供应日期要求。因此，MRP 是一种计划需求的有效方式，其目的是满足预期的服务水平，同时使成本最小化。MRP 系统的运作方式如图 3-3 所示。

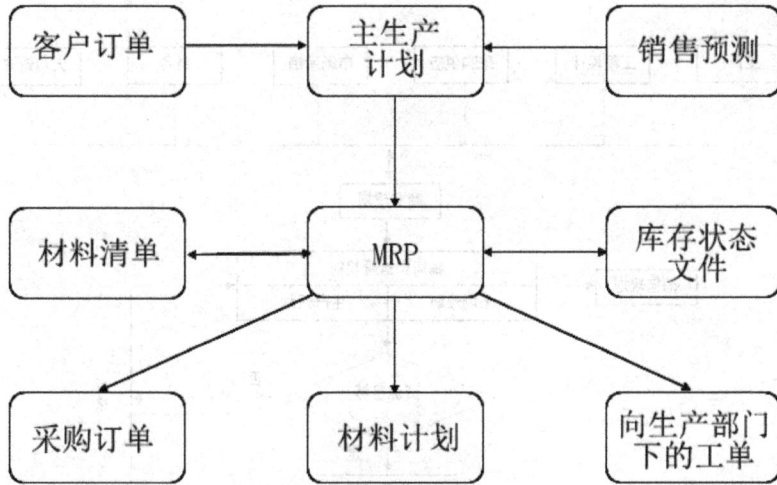

图 3-3　MRP 系统的运作方式

3.1.3　制造资源计划

由于 MPR 系统的局限性（仅考虑材料需求），20 世纪 80 年代，升级版的制造资源计划（Manufacturing Resource Planning，MPRⅡ）系统应运而生，它将生产计划和控制、工程设计、采购、营销、财务和人力资源管理等职能部门都放在一个集成的系统中，整合了生产与财务、市场营销部门和其他部门之间的附加信息流。有了这种更大范围的整合，企业的计划能力大大增强。MRPⅡ系统的运作方式如图 3-4 所示。

从图中可以看出，MRP2 系统可以带来如下好处（莱森斯和法林顿，2020）。

·它协调了生产、工程、采购、营销和人力资源等各职能部门，有利于执行共同的战略或商业计划。

·管理人员能够分析其决策的影响，例如，思考如果现有的生产能力不能满足销售预期应怎么办。

·当计划出现变化时（如收到紧急订单），可以很容易地将其纳入系统。

·协调生产与采购、市场营销和人力资源之间的关系，如供应物的交付时间，通过销售预测来确定主预算，以及计划招聘或减少人员等。

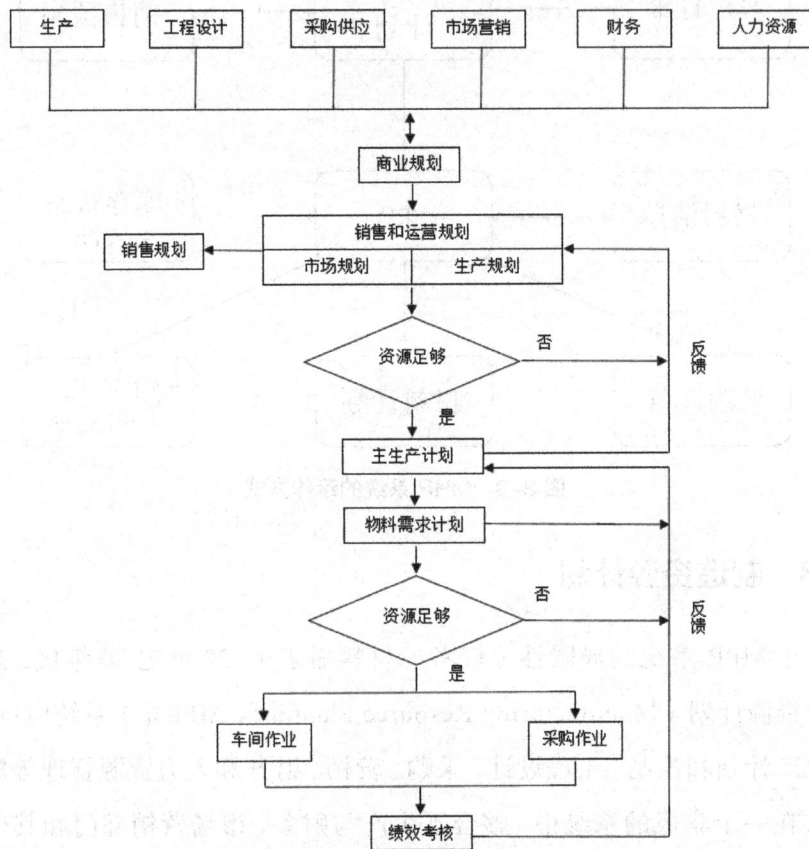

图 3-4 MRPⅡ系统的运作方式

3.1.4 企业资源规划

从 20 世纪 90 年代开始，对整个组织施加更复杂的集成的驱动力推动了企业资源规划（Enterprise Resource Planning，ERP）系统的发展，它涵盖的范围比 MRP 系统和 MRPⅡ系统要广泛得多。MRP 系统也好，MRPⅡ系统也罢，本质上都属于生产制造计划的范畴，并以此考虑物料需求和所需时间。

ERP 系统考虑的则是整个组织的资源需求，因此，ERP 系统能够极大地整合组织内部的信息流。

ERP 系统通常被设计成多模块的软件组，每个职能或功能（如计划、采购、物流、生产、销售、市场营销、财务、人力资源等）为一个模块，每个模块既可以单独应用，也可以与其他模块组合在一起工作，如图 3-5 所示（以甲骨文公司的产品为例，不同 ERP 系统服务商的模块略有不同）。

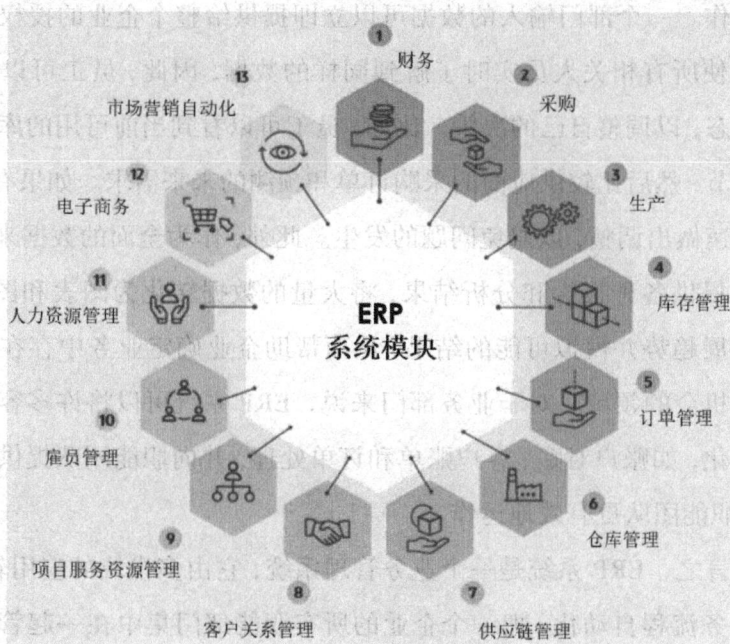

图 3-5 ERP 系统的模块

资料来源：甲骨文公司（2022）

ERP 系统的基本理念是，所有商务活动都是相互作用的，一个领域发生的事情会给其他领域带来影响。因此，ERP 系统的关键是所有模块都基于相同的数据运作，即使用单一数据库来储存系统各个模块的数据。每个模块都从中央数据库获取数据，并将自身模块的数据推送到中央数据库。这个共同的中央数据库增强了所有职能部门的可视性，从而使企业领导者能够评估和比较不同领域的业务表现，了解决策的全部影响。它也为 ERP 系统带来其他好处提供动力，如流程自动化、内部控制改善和更智能的商业情报。在所有模块中，数据最终会被简化为共同的财务指标，让所有职能部门的管理人员对整个企业正在发生的情况有全面的了解，以便他们更好地管理企业。除此之外，所有的数据都是实时的，也即是说，任何数据在产生之后都会瞬时同步到系统的各个模块中，这也意味着，所有授权用户都能第一时间基于最新的、同样的数据做出决策。

显然，ERP 系统也可以改善沟通和协作。ERP 系统通过使用标准的数据结构来工作。一个部门输入的数据可以立即提供给整个企业的授权用户。这种方式可使所有相关人员实时了解到同样的数据，因此，员工可以知晓其他部门的状态，以调整自己的决策。比如，员工可以看到当前可用的库存和客户订单的细节，然后比较供应商的采购订单和预测的未来需求。如果有必要，他们可以迅速做出调整，以避免问题的发生。此外，作为全面的数据来源，ERP系统还能提供各种报告和分析结果，将大量的数据转化为图表和图形，清楚地说明发展趋势并模拟可能的结果，从而帮助企业确定业务中存在的改进空间或扩展机会的领域。对于业务部门来说，ERP 系统可以将许多容易出错的业务自动化，如账户对账、客户账单和订单处理，并向职能团队提供所需的信息，以便职能团队更有效地运作。

简而言之，ERP 系统是一个业务管理系统，它由多模块的应用软件支持，通过使业务流程自动化，把一个企业的所有职能部门集中在一起管理。本质上，ERP 系统以企业为中心，其功能仍然主要集中在管理和支持业务上。

从采购或物料管理模块的角度来看，ERP 系统涵盖了采购流程中的以下各种要素。

· 物料需求计划。

· 订购周期。

· 库存管理。

· 合同管理。

· 供应商管理。

· 付款。

· 基本的支出分析。

3.1.5 电子采购系统

MRP 系统到 ERP 系统是进化性的,但下一个发展阶段——电子采购系统,则是革命性的。

就企业自身的运营和管理而言,ERP 系统对采购的支持已经足够强大。然而,随着互联网和电子商务的发展,共享整个供应链上的所有实时信息以增强可视性和敏捷性,日益成为业务成功的基本保证。从这一角度来看,ERP 系统具有局限性,它不足以优化企业间的协作流程,企业需要专门的采购系统,以使自己能够使用与敏捷采购有关的特定方法和工具。

21 世纪头 10 年以来,能够使采购流程更有效、更高效、更经济的电子采购系统开始出现并不断完善,支持功能也越来越强。对于这些采购系统而言,其连接 ERP 系统的能力对于确保为客户提供完整的解决方案至关重要。这种连接能力能够让客户使用互联网来进行应用程序的远程访问。毫不奇怪的是,过去几年几家主要的 ERP 系统服务商都收购了电子采购软件企业,从而为客户提供端到端的"一站式"采购系统解决方案。例如,思爱普收购了 Ariba。随着电子采购系统的发展,高德纳咨询公司(Gartner)使用 ERP Ⅱ 这个新术语来泛指推进在线商务合作或电子商务发展的系统。表 3-1 列举了传统 ERP 系统和新兴的 ERP Ⅱ 系统的主要区别。

表 3-1 传统 ERP 系统和新兴的 ERP Ⅱ 系统的主要区别

ERP	ERP Ⅱ
20 世纪 90 年代开发	21 世纪头 10 年开发
关注企业内部的优化	通过与贸易伙伴的合作来优化供应链
专注于制造和分销领域	专注于所有部门和业务领域
流程关注企业内部	流程与外界相通
数据在内部产生并供内部使用	数据可以在供应链伙伴之间共享
一体化架构、封闭性	基于网络的、开放的、组件化的

资料来源:改编自 GeeksforGeeks 网站(2022)

在供应链流程数字化等趋势的推动下，信息技术的应用范围不断扩大，而信息技术的进步又反过来推动供应链流程的数字化。电子采购系统使企业与供应商的整合变得容易，有史以来第一次，企业有可能在网上管理端到端的整个采购流程。概括而言，电子采购这一工具能在以下几个主要方面为企业带来益处（见图3-6）。

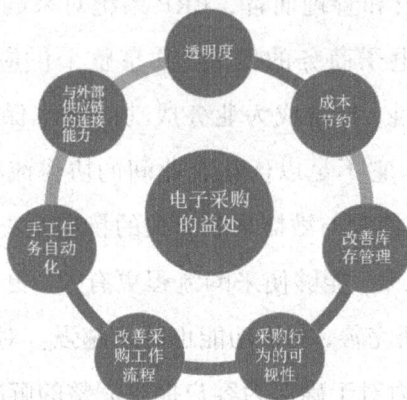

图3-6　电子采购的益处

资料来源：改编自 Deskera 公司（2022）

下一节将详细介绍不同的电子采购工具及其为采购活动带来的价值。

3.2　电子采购工具概述

不同的电子采购系统服务商有不同的解决方案，各个模块的叫法也略有不同。从采购的角度来看，电子采购工具可分为战略性和运营性两大类。

运营性工具主要应用于采购到付款的基础活动，具体如下。

·请购单管理。

·订购周期。

·订单执行。

战略性工具主要应用于以下领域。

·支出分析。

·战略供应源搜寻（包括电子寻源和电子竞拍等工具）。

·供应商管理。

·合同管理。

·采购绩效管理。

需要指出的是，大多数电子采购解决方案都是基于云端的技术，也就是说，虽然全部上线上述所有工具能最大限度地释放企业的潜力，但企业也可以根据优先事项、业务需求、成熟度或预算，选择不同的模块并逐步扩展。此外，许多服务商也开发了相应的移动端应用程序，使采购和其他相关人员能通过手机和平板电脑，第一时间了解采购流程中正在发生的活动，并根据需要采取相应的行动。

下面介绍各项工具的基本功能及其为采购活动带来的价值。

3.2.1 请购单管理

请购单包含企业内部用户向采购部门提出的向外部供应商采购物料或服务的请求。对于大多数采购流程而言，请购单是起点——先有内部需求，才有外部采购。传统上请购单为纸质表格形式，相关人员在上面签字审批。但通过系统，企业可以大大加强请购单管理，最重要的有以下4点。

·完整性。系统可以设置必填信息，从而确保采购人员编制邀标文件或询价单所需的信息都已经在相应的输入项完整地提供。不完整的请购单将无法被提交。这对缩短从提交请购单到下单的时间大有裨益。在纸质流程中，采购人员在收到请购单后往往需要重新跟请购用户再次确认信息有无遗漏，或者不完整的信息发给供应商后，会导致技术澄清的时间增加。两者都直接影响了采购流程的效率。

·准确性。企业可以给不同的输入项设置下拉选项，避免手动输入的错误，或者手动输入的信息如果有误，系统会弹出错误提示且不能正常提交请购单。

·合规性：根据请购项目的预估金额和企业内部的财务授权，系统会将清购单发给相应级别的预算批复人处进行审批，从而避免了管理人员批复超出其授权范围的请购单。请购单也会在系统中被关联至所下的订单，方便了日后的审计工作。除此之外，在某些模块中，当用户部门提交请购单时，系统会确认所请购项目是否已经有现有合同可以满足需求，从而确保采购部门按照现有合同执行，避免浪费各相关人员额外的精力进行重复的采购。该环节也确保了采购部门之前精心谈判合同所削减的成本能够真正"变现"。

·便利性。用户部门如果要重新订购之前订购过的相同物品，他们可以很容易地搜寻之前的记录并直接复制。用户部门也可以很便利地通过系统报告得到过去某个时期内的请购清单和总金额。当请购单被审批通过时，系统会更新其状态并发送邮件通知请购用户和相关的采购人员，无须进行线下沟通。

总而言之，请购流程的自动化消除了许多非增值活动，有利于管理和分析支出，增强了合规性，改善了企业内部的协助和信息共享方式，从而大大提升了效率。

3.2.2　订购周期

订购周期（Ordering Cycle，也有服务商将其称为 e-Ordering）的应用工具主要是电子市场（e-Marketplace）和电子目录（e-Catalogue）。

电子市场一般由电子采购系统服务商提供，类似于企业对企业（Business-to-Business，B2B）的电子商务平台。采购人员或被授权的请购用户可以直接在上面搜寻所需物品并直接下单，或者通过该市场搜寻合适的供应商并进行线下接触再在平台上下单。电子市场是一个快速匹配需求方和供应方的工具。采购活动可以非常迅速地完成。从本质上讲，它特别适用于低价值项目的（频繁）采购。

简而言之，电子目录是以电子形式提供的产品目录，用户部门可以在线查询并直接下单，订单经该部门的预算负责人在线批复之后，直接发送给相应供应商。电子目录有不同的技术解决方案，按更新电子目录的主体来划分的话，电子目录有如下 3 种。

·完全在内部。所有的目录都在企业内部的平台上加载，电子目录的管理模块来自企业已经使用的系统服务商。采用此种技术解决方案时，当电子目录中的产品或价格有变动时，企业需对目录进行更新后再重新发布。

·连接到外部供应商。在这种情况下，用户可以通过互联网访问供应商（如办公用品或计算机配件等的供应商）的目录。这种技术解决方案的好处在于不需要在企业内部为加载及更新目录投资，其弊端是失去了对目录内容的控制，同时需要灵活地适应不同供应商的不同界面。

·连接到外部电子商务平台。在这种情况下，用户可以对外部在线订购目录系统（国外如亚马逊商业用户平台，国内如京东企业用户平台）进行访问并下单。目录完全由在线订购平台管理。

采用电子市场或电子目录的好处是显而易见的，整个过程无须采购人员参与，大大简化了流程、加快了采购速度、提高了效率。由于不需要手动输入采购项目，电子目录还确保了采购订单的准确性。虽然采购人员在操作层面不需要参与，但可以在系统中进行操作，如管理电子目录的品种、价格、条款和条件，管理用户对外部供应商目录或在线订购平台的访问权限、设定交易额的上限、设定目录的有效期限等，从而保证该流程的合规性。所有这些可以让用户部门自行采购常规和标准项目，还可以显著减少供应商数量及采购需要处理的小额订单数和付款次数，从而使采购人员专注于更具战略性的活动。

3.2.3　订单执行

无论是电子寻源流程结束后采购人员在系统中创建了订单，还是用户部门在系统中创建了整订零取订单，系统都会根据订单金额和企业内部授权的设定，将订单自动发送给相关人员进行审批。审批通过后的订单会显示审批人的电子签名及企业的电子印章，并发送给供应商。供应商收到邮件提示后，可以登录平台进行订单确认并开始执行订单。经供应商确认后的订单，其状态会更新，采购人员无须在线下确认。

对于物料订单，供应商可以在系统中提交发货通知（Advanced Shipping

Notice，ASN），说明将运送的产品、数量和送货日期，以方便采购方安排相关人员接收。如接收货物与发货通知所述一致，仓库人员将在系统中对该发货通知进行确认，系统中的库存状态会相应地更新。对于服务订单，在服务完成后，供应商可在线提交服务完成的通知（Service Entry Sheet，SES）并附上相应的支持文件。用户部门的合同管理人将收到该通知并进行确认。

这两种情况（收货确认或服务确认）下，订单的状态都会相应更新。供应商此时可以在系统中提交发票，直接发送至财务部门。如果订单、收货记录和发票3单相符，财务人员会直接根据系统设置的付款条件（账期）进行付款。如果纸质发票原件需要存档或用于增值税抵扣，供应商可以同时线下寄送，财务人员仍然可以节省扫描发票或将发票信息输入系统的时间。

可以看出，整个订单执行的流程（除了线下的发货/收货或服务执行）都在系统中完成。相关人员可以非常便利地通过系统了解订单状态。相比过去需要手动输入并打印订单、印发给各相关部门（用户部门、财务部门等）、供应商手动确认订单、相关人员不断通过电话或邮件确认订单状态，该自动化方式大大减少了手动程序（也因此大大减少了人为错误）和重复的线下沟通和确认，这无疑会显著提升流程的效率和效力，并节约人力成本。采购团队也因此能专注于增值活动。

3.2.4 支出分析

深入而详尽的支出分析是采购战略活动的起点。采购人员只有对企业的支出状况有全面的了解，才能更好地管理支出。

使用该工具时，用户可以根据系统内置的模板或自定义模板，全面详尽地对企业支出从不同的角度进行分析，如供应商、采购品类、业务部门、成本中心、地理位置、采购人员等。系统还提供可视化工具，允许用户通过自定义视图来挖掘数据，生成支出仪表板。更全面的支出数据分析使采购人员更容易发现采购战略重点（如供应商细分）、改进机会（如供应商整合或支出捆绑），以及关键的利益相关方（如支出很高的业务部门），从而更好地扮演其业务伙伴的角色。

支出分析也是识别潜在风险的一个途径，如通过分析单一供应源（Single Source）或独家供应源（Sole Source）的支出，能够发现企业有多依赖某些关键供应商，从而采取相应的风险规避措施。

由于支出分析所能带来的益处在上一章已有提及，在此不再赘述。

3.2.5　电子寻源

电子寻源（e-Sourcing 或 e-Tendering）涵盖了从请购单创建到线上授标的所有采购活动。

电子请购单被相关预算负责人批准之后，系统将根据采购品类、业务专长以及团队的工作负荷进行分配。采购人员可以从系统的合格供应商名录或电子采购平台的供应商数据库中选择合适供应商（取决于不同企业的采购政策），根据系统内置的寻源项目模板，在线编制邀标文件并将其发送给选定的供应商。供应商收到邮件后，登录到电子采购平台确认其投标意向（即是否有兴趣应标），若有意向则提交标书。招标公告、邀标文件澄清等环节也可以通过该寻源项目的"信息"（Message）功能进行，利用该功能，采购人员可以选择和一家或多家供应商在线沟通。

采购人员发布该项目时会设定截标时间，在截标时间前，每个投标人都可以多次提交标书，后提交的标书会覆盖之前的版本（且采购人员无法看到之前提交的版本）。所有投标人必须在截标时间前投标，否则该"事件"（Event）到点即自动关闭，未投标的供应商将被视为放弃投标。

在少数情况下，如投标人因各种原因申请延长投标时间，或恰遇系统问题无法在截标时间前正常投标，采购人员在截标时间之前可选择延长投标时间，或在截标时间到了之后重启投标，但需要采购经理或其他主管人员在系统中批准（企业可自行设定）。当投标时间被延长或提示重启之后，所有确认了投标意向的投标人都会收到通知，被告知新的截标时间。在投标截止之前，采购人员无法看到任何投标人的标书，只会在投标人提交标书时收到邮件通知，并在系统里看到投标人的状态（如"无回复""无兴趣应标""有意投标""已投标"等）。投标截止之后（即"投标事件"关闭），采购人员才能够在系统里"开标"，确认开标之后，所有提交的标书才会显示（也可以设置为投标截止之后自动显示）。这一设置充分保障了招投标过程的公平与公正。

开标之后，采购人员在系统中设定技术标的评标人员，评标人员收到提示邮件后，登录系统查看或下载技术标书开始评标（商务标对技术评标人员不可见，以保证公平性），技术标澄清可以通过线上（用同样的"信息"功能）或线下（电话/视频/面对面会议）等不同方式进行，所有澄清的纪要可以在线上发送给相关投标方。技术评标结束之后，评标人员将在系统中选定技术标合格的投标方。系统将限制采购人员将合同授予技术标不合格的投标人。

商务谈判可以通过线上谈判和电子竞拍的方式进行。这是本章后续部分的重点，在此暂且略过。技术标和商务标的评估结束之后，采购人员在系统中提交授标推荐，采购经理或其他主管人员在系统中完成审批流程。采购人员据此将在线上进行授标，并通知其他投标人（未能中标的）投标结果。

如果电子采购平台和 ERP 系统相关联（如 Ariba 平台和 SAP 系统），当线上招投标结束，供应商选定、合同价格确认之后，ERP 系统将根据投标结果自动生成订单，采购人员核查订单信息无误后，将该订单提交审核，然后系统遵循 3.2.3 小节所述的订单执行流程自动对订单进行处理。

由此，整个招投标流程的每个细节都被记录在系统中，并可以通过系统日志进行查询，最大限度地保证了该流程的透明度。所有的文件都保存在了系统中，也方便审计工作的开展。每次采购方跟投标人的互动，系统都会用邮件通知，大大降低了双方线下沟通的必要性。

3.2.6 供应商管理

供应商管理涉及供应商注册的门户网络和主数据库、供应商绩效管理和供应风险管理等工具。不同的供应商管理工具可以帮助企业进行供应商细分，以及供应商战略开发和执行。更为关键的是，供应商管理工具增强供应商关系和绩效的可视性，促进了企业决策，并缩短了响应时间。目前，市面上主流的电子采购系统服务商都能提供端到端的供应商管理解决方案，帮助企业有效地管理供应商信息、合同生命周期、绩效和风险，并将所有这些关键信息都方便地集成在一个地方。

供应商注册的门户网络和主数据库

绝大多数企业都有自己的合格供应商名录，并规定采购部门只能从该名录中的供应商处采购。供应商注册的门户网站和主数据库为企业维护其合格供应商名录提供了便利。有意与企业建立商务关系的供应商可以自行登录供应商注册的门户网站，填写系统设定的问卷，提交资料、资质文件和所有能证明自身能力的信息和文件。收到注册申请的系统提示后，采购部门的供应商管理人员将对其进行审核，如资料齐全且合乎公司的商业需求，供应商管理人员将根据供应商所能提供的产品或服务，将其分配至不同的类别。除了供应商管理人员之外，企业还可以根据内部程序，设置更高层级的审批人员。审批通过后，系统会为其自动生成独一无二的供应商代码，用于后续合作。应用这个工具的好处是，一些行政工作转由供应商处理，而且供应商档案便于更新，从而确保采购部门始终拥有关于供应商的最新信息；创建订单时所需的供应商详细信息可从供应商主数据库中提取；系统也便于管控供应商风险，如营业执照或其他资质文件到期时，系统会进行提示，如供应商未能如期更新其营业执照或其他资质文件，则系统会自动将其状态锁定，避免交易发生。正确的供应商主数据库资料是支出分析和供应商管理的基础。

供应商绩效管理

当合同到期或执行完毕之后，系统会自动发邮件提示相关部门根据系统设定的问卷对供应商进行绩效评估。系统也会根据供应商在投标阶段的表现对其投标参与度、条款遵从情况、商务竞争力等方面自动打分。两者的综合得分将会决定供应商的评级，该评级会成为招标时遴选供应商的依据。

企业还可以建立一个供应商门户网站，用于交流绩效信息、跟踪改进项目的进展、跟进即将举行的会议，以及与供应商关系中的关键利益相关方保持联系。所有这些都会使供应商关系管理工作更加顺畅。

供应风险管理

这或许是新冠肺炎疫情之后对企业帮助最大的一个工具。供应风险管理工具全天候（每周 7 天，每天 24 小时）实时追踪并整合从多个不同的信息源获得的数据，包括内部数据（如库存、生产、运输）及外部数据（如新闻报道、社交媒体、政府部门、警用无线电扫描器等），利用人工智能工具进行分析，从而第一时间向企业发出警告。如某地发生自然灾害或社会事件，而企业恰巧有物料供应商在该地，系统会提示该供应商的送货时间可能会延迟。供应风险管理工具也会第一时间知悉某供应商的负面报道，从而提醒企业潜在的合规风险。

3.2.7　合同管理

从合同管理的角度来看，电子采购解决方案所提供的工具对采购人员而言是巨大的福音——采购人员多年来花了数不清的时间在合同归档和搜寻文档这些没有太多价值的活动上。电子采购解决方案首先提供了在组织内共享的数据储存库，合同由此不会丢失且更容易被搜到。此外，还有设置对合同到期发出续约提醒的工具。有些工具还可以对合同条款进行扫描，发现异常的条款时，提醒采购人员采取相应的行动，以降低合同风险。所有这些工具的应用都有助于确保采购人员对合同进行积极的管理。

3.2.8　采购绩效管理

由于所有的采购活动都被记录在系统中，更加全面的采购绩效管理成为可能。比如，每个请购单审批或招标流程所花的时间，每个采购员处理的订单数、支出额和成本节约数据，都可以轻松调出，并生成相应的绩效仪表板，一目了然。

利用该工具也易于发现流程中的瓶颈。从发起请购到订单完成的时间是衡量采购效率的一个重要指标，但很多时候该绩效指标不佳并非采购之过，如技术标评标时间太长。在没有数字化工具之前，技术标评标一般在线下进行，难以追踪到这一问题，但当所有步骤都被记录系统中时，这一问题便无所遁形，从而方便采购有针对性地与技术团队合作予以解决。

3.3　电子竞拍——谈判流程数字化

本节将重点讨论谈判流程数字化。谈判流程是上一节介绍的战略供应源搜寻中的一个环节，其目的是从投标人处获得具有竞争力的价格，帮助企业节约成本。

让我们将镜头拉回至上一节的电子寻源。采购人员打开商务标后，可以运用不同的模板对投标人的报价进行对比。之后采购人员可以选择两种不同的方式谈判。第一种是封闭竞价的方式，即采购人员在系统中创建一个谈判项目，告知投标人第一轮报价存在的问题或要求降价的幅度，要求投标人在规定时间内重新投标；根据不同的谈判策略，采购人员可以选择将此谈判项目发送给所有或选定的投标人，投标人必须在截标时间前递交更新后的报价，原理与第一次投标时相同。此类谈判方式可以进行多轮。采用这种方式时，采购人员通常会辅以线下谈判，但公平起见，以最终线上的报价为准，以保证所有更新后的价格都在同一时间被开标。第二种是部分企业采取的一次竞价的方式，即第一次报价即为最优报价，所有供应商都仅有一次报价机会，同一时间截标、同一时间开标，技术标合格的最低价将被授标，没有二次议价。

第二种方式就是本中所要讨论的重点——电子竞拍。

3.3.1　电子竞拍的定义和竞争原理

电子竞拍（e-Auction）没有公认的定义，一般认为，任何通过网络在线进行的动态、实时的竞标都可称为电子竞拍，其目的是使产品和服务在竞争的环境中以当前的市场价格交易。

在电子竞拍中，竞标的供应商都有相同的投标时段（即开始到结束的时间），在此期间，供应商可以看到自己的出价与竞争者的出价相比是否处于领先位置。由于所有参与的供应商都可以在该时段内多次投标，竞争压力往往会加速谈判进程，并优化谈判结果。

在这其中发挥作用的因素是多方面的。首先当然是竞争意识。由于对激烈竞争的感知加上时间上的压力（竞标截至时间以倒计时的方式显示在投标页面），投标人会更快地亮出底牌。投标心理上另一个起作用的因素是所谓的禀赋效应（Endowment Effect）。禀赋效应指的是当一个人拥有某项物品或资产的时候，他对该物品或资产的价值评估要高于没有拥有这项物品或资产的时候，从而导致"害怕失去"的心理。具体到电子竞拍中，当一开始领先的投标人被其他投标人超过时，因为害怕失去的心理，他会更激进地竞价以夺回领先优势。在此过程中，价格会一路走低。

可以说，电子竞拍是采购方"旁敲侧击"而"坐山观虎斗"的谈判流程。如果运用得当，它会给企业带来显著的成本节约和流程效率的提高。

之所以强调"运用得当"，是因为在其诞生的早期，该工具被滥用或错误地使用，不仅未能取得预期结果，还引发了企业内外的抵触情绪。这也是本节花大力气着墨于此的目的——完整地介绍电子竞拍，推广该工具的运用原则和实践。

3.3.2 电子竞拍的类型

很多人将电子竞拍简单地理解为逆向竞标（Reverse Auction）。逆向竞标固然是电子竞拍中最有力的一个工具，但针对不同的情况，电子竞拍还有其他不同的工具可以满足需求。因此，在探讨电子竞拍的具体运用原则和实践之前，让我们首先来了解电子竞拍几种主要的类型——这是采购人员使用该工具时的武器库。

英国式逆向竞拍

英国式逆向竞拍（或称英式逆向竞拍）是电子竞拍中用得最多的一种方式。在这种竞拍方式中，竞标人可以在规定时段内多次投标，每次投标后系统会显示其排名。根据不同的保密设置，竞标人甚至可能看到各个竞标价格。

英式逆向竞拍应用最广是因为其具备如下优势。

· 它在充分竞争和供应商众多的市场中效果显著。

· 这种方式有利于激发竞标人的竞争意识。

· 它有利于最大限度地减少估值的不确定性（即当多个不同竞标人的出价很接近时，大家会心知肚明这是真实的市场价格，自己并没有开出过低的价格成为"冤大头"），从而改善竞拍结果。

· 由于多个竞标人在竞标过程中不断调低其投标价，它可以整体拉低价格水平，通常而言，此类竞拍结束时前两名之间的价差很小。如果授标的方式是多个供应商中标（即业务量在两家或多家供应商之间分配），该方式尤其会显示出其价值。

· 它同时支持单个项目和多个项目的竞拍。

需要注意的是，在电子竞拍开始前，要注意供应商之间的价差。如果收到的第一次报价中，领先的投标人和第二名之间相差 15% 以上，企业应考虑采用不同的方式，特别是在只授标给一家供应商（即"赢家通吃"）的情况下。

荷兰式竞拍

某些电子采购系统服务商将荷兰式竞拍称为电子谈判（e-Negotiation）。在极端情况下，它甚至是一种只有一个竞标人出价的电子竞拍形式，因为其机制是最先接受采购方出价的竞标人将赢得竞拍权。

在这种方式下，采购方会设定起始价格，竞标人可以选择接受或不接受（不接受的话竞标人不需要做任何动作，有些系统则允许竞标人还价）。如果第一轮出价没有人接受，在预定的时间间隔后，价格逐级增加，直到有竞标人接受该价格并结束电子竞拍。有些系统也允许采购方手动还价，直到某次还价被竞标人接受为止。在荷兰式竞拍中，系统施加的压力与英式逆向竞拍完全不同：一方面，如果某个竞标人接受该价格，竞拍就自动结束了，其他竞标人再无"翻身"机会；另一方面，竞标人等待的时间越长，竞拍价格就越高。相对于英式逆向竞拍的直接价格"火拼"，荷兰式竞拍是"风险和收益"的自我博弈——现在接受，还是继续等待？多等待一轮，竞拍失败的风险就增大一级，但相应的竞拍价格也高了一级。

荷兰式竞拍多用于单一物品的竞拍，也适用于多物品的竞拍，其过程是相同的，但竞标人可以选择以一个价格拍下部分物品，而后继续以更高的价格竞拍剩余的物品。

荷兰式竞拍有如下优势。

·当某个（或某些）参与的供应商对所竞拍的标的非常在乎时，这种方式就很有效。这在理论上也被称为竞标人对竞拍物的估值不对称（通俗来说就是，同样的标的对于不同竞标人的吸引力是不一样的），例如，如果竞拍标的金额占某供应商年营业额的比例较高时，在这种情况下，该竞标人有很强的冲动尽快接受出价，以免生意旁落，从而对自己的业绩造成重大损失。

·在竞争有限的市场中，或者在竞标人的初始报价存在较大差异的情况下，也就是说，当其他的出价没有对领先的出价形成预期的压力时，可以利用此竞拍方式对领先者施以压力。

混合式电子竞拍

由于荷兰式竞拍涉及初始价格的设定，如果采购方对市场行情不了解，则可以采用混合式电子竞拍的方式，即竞拍分两轮进行，第一轮为英式逆向竞拍，第二轮为荷兰式逆向竞拍。其目的是，通过英式逆向竞拍压缩竞标人的整体报价并发现合理的价格区间，再根据荷兰式竞拍施加"同步游戏"的压力以进一步削减价格。需要指出的是，这样的安排流程较长，只有该竞拍物是对供应商非常有吸引力的业务而且是"赢家通吃"的方式时，才考虑采用此混合式的方式。

日本式竞拍

日本式竞拍的方式与荷兰式相反，该电子竞拍以预定的价格开始，然后在预定的时间间隔内以预定的递减量降低价格。当价格下行到低于竞标者的底线时，竞标人将选择退出，退出者将不能再看到后面的价格水平。随着价格越来越低，竞标人不断退出，当只有一个竞标者留在竞争中时，电子竞拍就自行结束，赢家就是这个坚持到最后的人。

从日本式电子竞拍的机制可以看出，它可以整体压低竞拍价格，因为每个竞标人在同一时间段内都被迫接受同样的价格。这种方式也非常利于采购方探索市场合理的价格区间。因此，在供应商数量有限且存在一定竞争的情况下，这种方式很适合压低所有竞标人的价格，并不断地削减竞标人的数量。

需要注意的是，在"赢家通吃"的市场中，应谨慎应用这一方式。这是因为中标价是由电子竞拍结束时价格比第二名低的竞标人低一个递减数决定的。如果不同竞标人之间的价格差异很大，则赢家的价格可能仍显著地高于市场价。

计分卡竞拍

计分卡竞拍（Scorecard Auction）也称总价值竞拍（Total Value Auction），它是英式逆向竞拍的升级版，是解决英式逆向竞拍只关注价格的非议而开发出的竞拍方式。

简而言之，计分卡竞拍会考虑竞标人的非价格因素。这些因素一般而言有如下两种不同的考虑模式。

（1）固定比例。这是较简单的也更为通用的模式。在先前的招投标策略中，根据非价格因素的重要程度，采购人员先跟业务部门或其他利益相关方商定技术标在整个评标过程中所占的比例。在电子竞拍之前，技术标已经评定完成，采购人员可以将其折算成相应的比例并在系统中进行设置（采购人员也可用其他方式设定非价格因素的比例）。在竞拍过程中，系统将根据竞标价格和非价格因素的比例，自动计算出综合得分，据此显示竞标人的排名。在投标期间，竞标人不能自行调整非价格因素的比例。

（2）动态参数。与上述模式相对的是动态参数模式，即非价格因素是动态的。竞标人可以通过更改其商务条款在不降低价格的情况下提高他们的排名。具体的操作方式是，竞标人在投标界面上不同参数的下拉选项中，选择预设的值。根据竞标人的选择和价格，系统会遵循设定的价值模型，自动计算出总价值，然后在电子竞拍页面中显示其相应的排名。

计分卡竞拍的优势在于能够将非价格因素在竞拍过程中实时量化，从而反映在总排名中。需要注意的是，计分卡竞拍成功与否与所使用的价值模型息息相关。同时，这类竞拍方式略显复杂，投标前让各个竞标人了解其机制并知晓如何正确投标是关键。

3.3.3 电子竞拍的适用性

关于在什么情况下可以使用电子竞拍的谈判方式，一直以来都有不同的看法。电子竞拍刚刚问世的那几年，普遍的看法是，电子竞拍只适用于规格简单且存在激烈竞争的产品（Commodity）。随着电子竞拍方式的完善和成熟，这种看法已略显片面。只要运用得当，选择正确的竞拍方式，制定合适的竞拍策略，与内外部的利益相关方进行足够的沟通，电子竞拍这一方式可以适用于许多谈判场合。

概括而言，当一个采购项目符合适用性 3 原则（见图 3-7）时，我们就可以考虑电子竞拍。

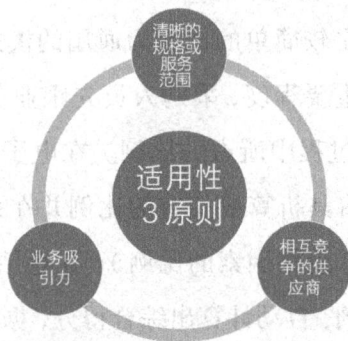

图 3-7　适用性 3 原则

· 有清晰的规格或服务范围。

· 有相互竞争的供应商。

· 对供应商有吸引力。

相对地，如下项目的采购则不应采用电子竞拍。

· 卖方垄断的局面（独家供应源）。

· 对供应商没有吸引力（价格低、供应项目琐碎等）。

· 服务范围不明确。

审核过去一年的采购合同或进行仔细的支出分析，就可能发现，为数不少的采购项目都符合上述适用性 3 原则。即使如此，我们仍会听到各种各样的偏疑，接下来就让我们列举几条，并一一予以澄清。

偏见一：电子竞拍只关乎价格

这是早期电子竞拍被不当运用所造成的偏见。诚然，取得有竞争力的市场价格是实施电子竞拍一个非常重要的目的，但不代表它是唯一目的。采购人员和技术评审团队在前期需要完成大量细致的工作，最终才会走到竞拍的环节。质量、交货期、项目人员的资质、供应商的技术方案、过去的安全表现等各项技术指标都必须先考核完毕。最后电子竞拍的目的，是选出技术标合格且商务上最有竞争力的投标人，而不是在不考虑技术标的情况下，盲目授标给价最低者。如果某些技术指标对项目成功非常重要，我们还可以采用上述计分卡竞拍的方式，将非价格因素纳入考虑。后文会在探讨电子竞拍的具体实践时再详细讲解这一点。

偏见二：电子竞拍只适用于通用商品

这又是一条广为流传的偏见。如上文适用性 3 原则所强调的，适合采用电子竞拍的关键是产品有清晰的规格或服务范围，而不在于其复杂性。文具、个人防护用品等当然更适合使用电子竞拍工具，但这并不代表复杂的设备或服务项目不适用。大量的研究结果表明，电子竞拍项目的复杂度跟电子竞拍成功与否并无相关性。如上一条偏见所述，在最终进行电子竞拍这一环节之前，需要做大量的前期工作，所有的技术澄清必须在此之前完成，如果有任何技术偏离，采购人员和技术评标团队应仔细讨论，并决定是否接受并反映在其技术标得分中。需要强调的是，电子竞拍不是一个快餐式的解决方案——在未对供应商进行详尽的技术评估之前就将其赶上电子竞拍平台杀价。所有的供应商审核、技术评估、技术澄清、商务条款谈判这些在其他采购流程中应有的步骤，在电子竞拍中一个都不能少。

偏见三：电子竞拍会损害采购方与供应商的关系

这其实是偏见一的延伸——电子竞拍只关乎价格，所以它会损害采购方与供应商的关系。在电子竞拍诞生的早期，甚至有企业认为该方式是不道德的杀价方式。这些观念是站不住脚的。

首先，无论从采购方的角度还是供应商的角度来看，电子竞拍都有如下两个好处。

· 公平——高透明度。

· 高效——无论身在何处，只要有网络，竞拍就可以进行。

许多企业的供应商选择标准不透明，投标人尽心尽力按照程序要求认真地提交了技术标和商务标，到头来没能中标也等不到采购方的一个正式通知。相比之下，电子竞拍具有较高的透明度。只要采购方遵守"游戏规则"，即按事先沟通的授标方式选择供应商，电子竞拍的方式只会增强双方的关系，而不是损害。

其次，需要明确的是，电子竞拍的目的是获得当前真实的市场价格，而不是让供应商血本无归。如果供应商无法基于真实的市场价格与采购方合作，而是借助信息不对称来牟取利益，那还有什么信任关系可言？实质上双方关系在电子竞拍介入之前就已经被损害了。

最后，有些人诟病将投标人置于动态的竞拍环境中，通过系统对其施加压力以获取低价这一行为。关于这一点，需要强调的是，电子竞拍本质上是一种谈判方式，是谈判流程的数字化。作为采购人员，我们多年来接受过许多不同的谈判理念。有一些谈判手法会用到"红白脸"的策略，有一些会给对方施加时间压力，有一些甚至用非常规的手段人为地给谈判对手设置一个高压的环境，从而逼迫对手出错而同意谈判条件。以上的种种手法，本质上都是用"欺骗"的方式，来达成谈判目的，但从来没有人质疑这些手法。相比之下，电子竞拍透明、干净、公平、公正，一切都有清清楚楚的规则、明明白白的程序，又怎么会损害采购方与供应商的关系？

偏见四：电子竞拍只适用于下行市场

关于这一点，我们需要再次明确的是，电子竞拍的目的是获得当前真实的市场价格。因此，无论市场是上行还是下行，通过电子竞拍我们都可以获得具有竞争力的市场价格。

偏见五：电子竞拍必须有至少3个供应商参与

虽然对于电子竞拍项目而言，参与竞争的供应商多多益善，但这并不意味着少于3个供应商就完全不能考虑该工具。

从上文电子竞拍的不类型中我们可以看到，如果有两个供应商，我们可以考虑荷兰式竞拍，因为该方式成功与否取决于投标人对竞标物的估值，以及其对中标的渴望程度（即该项目对其的重要程度），而不取决于参与的供应商数量。在某些情况下，我们甚至可以考虑英式逆向竞拍的方式——当双方的初始投标价非常接近时。

案例研究 供应商数量有限下的英式逆向竞拍

由于项目预算的压力，某跨国化工公司在其华南地区的一个改扩建项目中，引入了电子竞拍这一工具。通过分析项目的采购计划和潜在的机会，采购部门定下了采用电子竞拍方式覆盖40%的项目外部支出的目标，并得到了项目组和项目指导委员会的支持。

在机电安装工程的合同招标中，承包商方案安全评估和技术标评估结束后，只有两家承包商合格。这两家承包商在过往的项目中都曾参与过该公司的机电安装工程，熟悉该公司的施工安全标准且技术实力相当。两家承包商都有意延续与该公司的业务关系。

采购人员和项目组在与这两家承包商澄清了技术规格和工程量清单（Bill of Quantities，BOQ）之后，两者初始报价的差距在10%以内。通过细致的成本分析，在做出价格较高的承包商有能力降价10%（从而赶超之前的出价领先者）的判断之后，采购人员决定采用英式逆向竞拍，而非在承包商数量有限的情况下通常会采用的荷兰式竞拍，同时在竞拍开始之前与两家承包商沟通，告知其安全评估与技术标评估已经完成并通过，授标将基于电子竞拍的商务结果。

正如所预料的，排名落后的承包商在经过一开始的试探未果之后（小幅度的降价发现无法提升其排名），将其出价降了 10% 而成为领先者，而被赶超的承包商也开始发力，以期重新夺回领先优势。在竞拍中，双方排名多次发生更迭。最终，与初始投标价格相比，该项目成本削减超过 25%。

同时，由于在电子竞拍之前，采购人员和项目组已经完成细致的工作范围澄清和技术标评估，该机电安装工程在项目执行期间保质保量地完成。

总而言之，只要存在相互竞争的供应商，采购项目对供应商有吸引力且有清晰的规格或服务范围，则电子竞拍就是一种值得考虑的谈判方式。后文将会探讨电子竞拍策略的制定和实践，以助于电子竞拍的成功实施。

3.3.4 电子竞拍的策略

虽然根据适用性 3 原则，为数不少的采购项目可考虑采用电子竞拍的方式，但对刚起步的企业而言，应遵循"由简到难"的策略，也就是说，从可以快速取得成效的项目开始，由此获得的业绩（成本削减的金额或百分比）可以作为进一步推广电子竞拍这一工具的"卖点"，从而慢慢将其应用于更具挑战性的项目。

分析某个项目是难是易，除了对照适用性 3 原则，离不开专业采购人员都很熟悉的几样工具：支出分析和卡拉杰克矩阵。

如上一章所示，卡拉杰克矩阵将支出分成瓶颈型、战略型、杠杆型和常规型。

·瓶颈型项目因供应市场竞争不足且企业业务对供应商的吸引力低，并且成本不是首要考虑因素而应该保障供应，所以应第一个排除在外。

·战略型项目如果满足适用性 3 原则，就可以考虑电子竞拍方式，但其对企业影响很大，牵涉较广，甚至更换供应商（如某些原材料）需要客户批准，需要采购、生产、研发、营销和销售等跨职能部门的通力合作，因此不应优先考虑。部分战略型项目涉及与企业竞争优势相关的关键产品或独特技术，这类项目通常不适用电子竞拍的方式。

· 常规型项目对企业运营无足轻重，可以率先尝试，让采购人员将那些琐碎、不值得一一进行谈判的项目用电子竞拍的方式取得成本削减。但因为业务量太小，成本削减金额不会太高，且如果业务过于琐碎，其对供应商吸引力也有限。

· 杠杆型项目支出够多且存在激烈的市场竞争，所以应作为电子竞拍项目快速出成绩的首选。

此外，通过支出分析，结合上述的卡拉杰克矩阵，我们也可以得到更多信息。

· 如果某项支出不涉及跨业务部门、跨地域的合作，本地工厂即可做决定，则有快速取得成效的可能，应优先考虑。

· 如果某项支出涉及多个不同的业务部门或地域，数据收集整合或不同业务部门和地域的协调或许需要一定时间，则可以在后一阶段才考虑。

除了上述主要考虑的因素之外，也不能忽略"人"的因素——利益相关方对实施电子竞拍项目的支持程度。人的因素在一定程度上也跟其所在业务部门的战略有关。如果该业务在市场上面临激烈的成本竞争，任何能有效降低成本的举措都会得到该业务部门的认可。反之，如果"钱不是问题"，该业务部门则会倾向于继续目前的业务模式。这就需要进行相应的变革管理——下一章将会谈论的内容。

案例研究　通过电子竞拍整合工作服采购

在完成数字化的初步转型之后，某跨国化工公司通过自上而下的方式在全球范围内推动电子竞拍工具在采购支出中的应用，以期获得显著的降本成果。

华南地区的采购团队在进行了详尽的支出分析后，将华南地区各个工厂的工作服采购列为电子竞拍的"速赢"（Quick-Win）项目，原因如下。

· 工作服采购属于常规型项目，不涉及战略支出和供应风险。

· 该公司在华南地区有 4 个工厂，目前不同工厂的采购人员自行与本地的供应商谈判签订合同，没有整合业务量，也缺乏效率。

· 几个工厂的现有工作服供应商分别与本地区的工厂合作多年，出现"自满"情绪，将该公司的业务视为"囊中之物"。

· 虽然该项目会涉及 4 个不同工厂，但由于工作服本身规格简单且工作服种类有限，整合起来一不复杂、二不琐碎，对供应商吸引力大。

项目开始之后，采购人员将各个工厂的需求汇总，在各个工厂现有的供应商之外，还另外引入了两家新的供应商。所有的样品交由各个工厂的行政部确认合格之后，采购人员采用英式逆向竞拍的方式进行竞标，并承诺赢得竞标的供应商将被授予未来 3 年的业务。

电子竞拍进行得非常激烈，原定半个小时的竞拍时间被多次延长到接近 50 分钟（关于延时的设置可见下文）。最终，与现有采购价格相比，该项目实现了惊人的成本削减，其中某个工厂的降本幅度甚至高达 42.9%。由于该项目的显著成效，电子竞拍这一数字化工具也被逐步引入其他更复杂的采购品类中。

3.3.5　电子竞拍的实践

电子竞拍是一种谈判方式，而任何谈判的成功都离不开充分的谈判准备，电子竞拍也不例外。需要再次强调的是，电子竞拍不是快餐式的解决方案，不做足功课，不根据特定的谈判场合因地制宜，简单地将供应商推上竞标平台，就希望能实现大幅度的成本削减，是不切实际的，结果也难如人意。需要提醒的是，由于竞拍时间较短且开始后采购人员无法更多地参与其中，准备工作显得尤其重要。成功实施电子竞拍的前提条件是，在竞拍开始之前，万事俱备，只欠"东风"（投标）。因此，遵循下述"从整体到局部"的流程大有裨益。

步骤一：精心准备招标包

无论招投标是在线上还是线下进行，包含清晰的产品规格或服务范围的招标包都是必不可少的，在此不赘述。这也是适用性 3 原则的第一条。

另外一个需要考虑的是适用性 3 原则的第三条——业务吸引力。如何将不同的项目捆绑，从而平衡采购方的效率和对业务供应商的吸引力，是个需要认真考虑的问题。特别是对长尾支出而言，一方面，从提升效率及节省行政资源考虑，采购人员一般会将其捆绑整合统一招标，从而减少需要管理的供应商数量和合同；另一方面，如果不进行捆绑，少数特别琐碎的业务可能会陷入"无人问津"的尴尬处境。因此，在进行捆绑时，要考虑"肥肉搭瘦肉"的原则，让其在总业务量和整体的供应项目上对供应商有足够的吸引力。

从捆绑延伸出来的一个问题是，需要有相互竞争的供应商群——适用性3原则的第二条。笔者曾经历过这样的情况，在某个行政部的项目中，为了节省内部管理资源，该部门将办公设施维护、文具、茶水间用品、办公室绿化、办公室清洁，以及公司信纸信封打印等各种杂七杂八的项目全部捆绑在一起，导致只有一家供应商愿意承揽所有业务，以致无法形成竞争。最终，该项目在采购部的建议下重新拆成3个不同的招标包才得以继续进行。整体捆绑的复杂度会直接影响供应商的数量，当我们在制定捆绑策略时，必须考虑所捆绑项目之间的相似度。相似度越高，成功的概率越大。

总而言之，这一步是整个电子竞拍项目的"地基"，地基必须打好，才能保证整个结构稳固。

步骤二：制定授标策略

授标策略指的是，竞拍结束后，该项目是只授标给一家供应商（"赢家通吃"），还是授标给多家供应商并在其中分配相应的业务量。跟步骤一一样，无论招投标是在线上还是线下进行，授标策略都是不可缺少的，但电子竞拍有额外的考虑，即授标策略可能会影响电子竞拍方式的选择，后面的步骤会详细谈到。

授标策略需在内部达成共识，并在招投标正式开始之前就确定下来；在邀标文件中也必须明确告知投标人，并在标前澄清会向投标人再次强调，以确保沟通到位。对电子竞拍项目而言，这是最重要的"游戏规则"之一。

步骤三：选择合适的电子竞拍方式

这一步有几点需要考虑。首先要考虑的是，是否需要考虑非价格因素而采用计分卡竞拍方式。笔者的经验是，如果在前期做了该做的工作，大多数项目不需要考虑该方式。这并非说非价格因素不重要，恰恰相反，因为其重要，我们应该将其设为门槛——非价格因素应在技术标评估和商务条款谈判中先行确定，不能满足要求者将不具备参与电子竞拍的资格。计分卡竞拍应真正用在一些采购方需要不同供应商对整体方案进行优化并据此选择最优方案的场合，通过这种方式促进供应商提交差异化方案，从而充分实现成本削减。

需要强调的是，电子竞拍只是整个招标过程中用于优化价格谈判结果的一个环节。在整个评标过程中，有 3 方面需要评估：技术标（技术能力）、非价格商务标（即商务条款）和商务标（价格）。合理的做法如下。

·技术标。质量、交货期（或项目工期）、项目人员的资质、供应商的技术方案、相关项目经验、过去的安全表现等各项技术指标（技术标考核内容因项目而异，以上列举的是常见的技术标评估项目）的评估都在技术标评估中先行完成。如果投标人未能通过技术标评估，将不会被邀请参与电子竞拍。

·非价格商务标。采购方的标准合同应与邀标文件一同发给投标人。跟价格有关的商务条款，如质保期、付款方式、毁约赔偿金、合同年限、赔偿责任上限、验收标准（不同合同模板的商务条款不同，以上列举的是常见商务条款）等，如果投标人有商务偏离，应在评标阶段谈判解决。主要商务条款应对所有投标人保持一致，以保证所有投标人在相同的基础上进行竞拍。如果在关键商务条款上存在严重偏离，如赔偿责任上限或验收标准过低，则投标人将不会被邀请参与电子竞拍（注意：做此决定时应与利益相关方达成内部共识）。

·商务标。在竞拍之前先通过第一轮"密封投标"的方式，获得各投标人的初始报价，以评估应选择何种竞拍方式。

可以看出，经过技术标和非价格商务标的评估之后，绝大多数的电子竞拍不再需要考虑计分卡竞拍方式。在多数情况下，授标给技术标及非价格商务标合格的价最低的投标人都是合理的，且在最大限度上保证了公平。部分情况下，业务部门要求在授标中考虑技术标得分高低——在大多数情况下，这无法准确量化从而变得主观，也因此可能有失公允。如果技术能力对项目成功至关重要，更可行的方案是适当提高技术标评估门槛。当然，如果确有必要，仍然可以选择计分卡竞拍方式来综合考虑技术标和商务标得分（Techno-Commercial Evaluation），以确定排名。

如果各利益相关方都同意不在竞拍中考虑计分卡竞拍方式，对于充分竞争的市场，英式逆向竞拍是个默认选择，除非初始报价中领先的投标人与第二名差距过大（超过15%）。

通常，英式逆向竞拍中，竞标人数量越多则越能达到效果，但这不是绝对的。如果在初始报价中第一名领先很多，而且采购方经过分析后无法确定其他竞标人是否可以大幅度降价以反超之前的领先者，那么竞标人数量再多也应该谨慎考虑采用此方式。因为当竞拍开始后，若其他竞标人连续投了多轮，降价幅度达15%之后发现自己仍然无法领先时，就会深感差距太大而选择放弃继续投标。发生这种情况说明各竞标人对该竞拍物的估值存在较大偏差，因此荷兰式竞拍反而是个更好的选择，因为在荷兰式竞拍中各竞标人无法得到竞争对手的价格反馈，其成功与否取决于竞标人对标的的渴望程度。如先前所说，第一名领先较多说明其对该竞拍物的估值与其他竞标人有较大不同，这从另一方面说明该竞拍物对其公司的重要程度更高。在这种情况下，获得最佳结果的最佳方式是针对该竞标人害怕失去交易的心理施加压力。本质上，荷兰式竞拍只需要一个真正有动机的竞标人。

当初始报价中领先的投标人与其他投标人差距过大时，另一种处理方式是，在决定竞拍方式之前在线下与多个落后的投标人接触，了解其降价的可能性并试探其降价幅度，或者直接告知竞拍的起始价格的大概范围（与领先者价格接近的价格范围），询问对方是否愿意参与竞拍。如果多名投标人接受，则可以重新考虑英式逆向竞拍方式。

另外一个重要的考虑因素是授标策略（这也是授标策略必须提前确定的原因），如果授标策略是多家中标并在其中分配业务量（如为了降低供应风险需要多个供应源），且领先者的初始报价已经达到了采购方的心理预期，那么在这种情况下，即使第一名领先较多，还是可以考虑英式逆向竞拍方式，因为竞拍的目的是拉低整体价格水平——虽然其他竞标人多次降价后仍然无法反超领先者，但通过竞拍，采购方成功地大幅拉低了第二三名的价格。如果第二名降价后实现反超，导致原先的领先者出于禀赋效应而展开激烈竞争，这对采购方而言那更是意料之外的收获了。

如先前所讨论的，为了拉低整体价格水平也可以考虑日本式竞拍方式。总而言之，每种方式都有其优势和劣势，都适用于不同的场合，选择正确的竞拍方式对竞拍效果有直接影响，采购人员必须在策略制定阶段深思熟虑。

步骤四：英式逆向竞拍的可视性设置

这一步开始涉及具体的竞拍设置。可视性决定了竞标人可以在竞拍页面上看到什么信息。可视性设置的原则有以下两个。

· 想要达到的竞拍效果。

· 供应商信息保密。

可视性从强到弱一般分为如下几种。

（1）竞标人可以看到所有价格。这显而易见是高度透明的设置。除了竞标人的公司名字不可见之外，每个竞标人都可以看到有多少个竞争者及其出价。这为竞标人积极参与竞拍提供了动力，因为可以获得极其宝贵的竞争对手的价格信息。但正因如此，它也可能吸引"动机不纯"的竞标人——他们参与的目的不是赢得竞拍，而是洞察市场行情。另一个不利之处是，当落后的竞标人看到与领先者的价格差距过大时，会放弃继续投标，从而无法达到压低整体价格水平的目的。这种高度透明的可视性设置在实践中很少被采用。

（2）竞标人可以看到自身排名及领先价格。与第一种设置相比，此种设置下竞标人无法知道有多少个竞争对手，也无法知道每个竞争对手的价格，但仍然可以看到自身排名和领先价格。一定程度上，竞标人仍然可以通过该设置了解自身在市场竞争中的地位，以及需要将价格降到何种水平才能够胜出。显示领先价格是把"双刃剑"，当领先优势明显时，它可能会让其他竞标人意兴阑珊；当竞争激烈时，它又能激起落后者的"斗志"，形成"短兵相接"之势。该设置在"赢家通吃"的授标策略中有可能会被采用。

（3）竞标人只能看到自身排名。这种设置与第二种设置相比，这种设置唯一的区别在于领先价格不可见。一方面，这保护了竞标人的价格信息——大部分竞标人不希望自己的价格公布于众。另一方面，显示自身排名会刺激落后者继续投标，直至实现反超或触及自己的底线。由于无法看到领先价格，竞标人并不清楚自身与其的差距，因此会多次试探、尝试，如果在此期间实现了对前面一位竞标人的超越（不单单是成为新的领先者，也包括排名上移一位，如从第三名赶超为第二名），会进一步激发竞标人的竞争意识使其再次降价。因此，该设置对压低所有竞标人的价格水平有非常好的效果，这在多家授标的策略中尤其能显示出优势，在"赢家通吃"的策略中也能得到很好的结果。该设置最大限度地平衡了竞拍效果和供应商信息的保密，毫不意外的是，这是英式逆向竞拍中最常采用的设置之一。

（4）竞标人只能看到自身的颜色状态。在这种设置中，竞标人看不到竞标人数量和价格信息，也看不到自身的排名，而只能看到自己的颜色状态。颜色状态由采购方的设置决定，可以指与领先者的价差，也可以指排名范围。比如，在第一种情况中，与领先者的价差在 0 小于 5% 则显示绿色，在 5%~10% 显示黄色，10% 以上显示红色；在第二种情况中，排名范围在前三名显示绿色，4~6 名显示黄色，6 名开外则显示红色。这种设置有如下精妙之处。

· 它给了采购方一定的自由度。如在多家授标的策略中，采购方不愿透露中标者的数量和业务量时。绿色竞标人知道自己会被授标，但不知道还有多少家同时中标，也不知道自己排名第几、可以得到多少业务量。

· 同样在多家授标的策略中，它可以激励排名较后者继续努力。在某些竞拍中，竞争很激烈，价差很小。如果只显示排名，竞标人看到自己排名为 6 名开外时，很可能放弃继续投标，但事实上，其跟领先者的价差可能在 10% 以内。这种情况下，如果用颜色提示其价差很小，竞标人有了目标价，就是继续参与竞拍。

· 它可以用于混合式电子竞拍的第一阶段。在某些对供应市场很有吸引力的项目中，竞标人数量太多，初始价格区间较大，需要先行淘汰一部分竞标人并试探市场价格时，该设置可以很好地发挥其作用。因为只有排名前三的绿色竞标人会进入第二轮，竞标人就会拿出"预赛"中最好的价格水平，且由于竞标人无法知晓自己的排名，这种不确定性会促使他们在第二轮的竞拍（或密封投标中）全力以赴，以免前功尽弃。

需要指出的是，在"赢家通吃"的授标策略中不应该采用此设置，因为绿色竞标人可能都会认为自己是安全的——没有排名不利于激发竞争意识。

（5）竞标人只能看到自己领先与否。这种是透明度最低的设置，竞标人不知道有多少人竞争，也不清楚自己的排名（因此也无法知晓自身价格在市场上的竞争力如何）。采购方选择这种设置实际上更多的是从信息保密的角度考虑，因为与第三种设置"竞标人只能看到自身排名"相比，它并不能更好地促进竞争，而且不适用于多家授标的策略。由于电子竞拍对供应商的重要的吸引力在于其可视性，采购方采用此设置时应谨慎考虑并有充分原因。

步骤五：投标规则设置

该步骤涉及的是具体的投标规则，几种重要的设置介绍如下。

（1）起始价格。对英式逆向竞拍而言，起始价格是竞拍的上限，竞标人无法提交高于此价格的报价。采购方可以根据竞标人所提交的初始报价综合考虑起始价格。对荷兰式竞拍而言，这个价格至关重要，采购方应认真分析各竞标人的初始报价，参考历史价格做足市场价格分析，估计合理的价格水平，并以此为基础下浮一定的距离作为起始价格，切记该起始价格应比采购方所期望的最佳结果还要低一定幅度，因为随着时间的推移，系统（或采购方）会逐步提高出价，直至某个竞标人接受出价为止。

（2）保底价格。该价格可视为采购方的目标价。它可以设置成一开始就为所有竞标人所见，或者当有竞标人达到此价格时才显示。保底价格的意思是，只有竞拍价达到此价格时，采购方才承认此次竞拍的有效性，并据此授标。这一点采购方必须与所有竞标人提前沟通清楚。设置该价格的好处是多方面的。首先，它避免了采购方被迫接受不理想的竞拍结果；其次，它可以激励尚未达到保底价格的领先者，避免其"不思进取"。

（3）是否允许相同价格。在竞拍过程中出现相同价格是个小概率事件，但不代表不会发生。采购方可以设置是否允许相同价格。如果允许，非常重要的一点是要明确规则，即当它出现时，如何显示排名，是原先的领先者仍然排名第一还是后来者排名第一。若遵循"先来后到"的原则，似乎原先的领先者仍排名第一是合理的。但是，从鼓励竞争的角度来看，最好以"后来者居上"（显示后来者排名第一）为宜，从而刺激领先者下调价格——可以想见接下来第一的位置会多次易手。否则，付出了很大努力、提交了相同价格的后来者发现自己仍然未能领先，则会误以为自己仍旧落后，可能就不再继续投标了。

（4）价格结构。除此之外，还需要考虑合同形式，并据此设置竞拍的价格结构。如果招标之后授标的合同是总包合同，那在竞拍过程中填入总包价（也可以分成几个主要细项）就好。如果是"时间—材料"（Time&Material）的单价合同，就需要根据历史开支估计每个项目的数量。比如，对于工程设计的框架协议，需要按不同的工程设计人员的级别（如项目总监、项目经理、项目控制、高级设计人员、初级设计人员、项目协调人员、项目文员等），分别给定合同期间预估的人工时。这样，在竞拍过程中，竞标人输入每个级别的人工时单价，系统就会自动得出总价并据此显示排名。而如果是文具的框架协议，这种方法就不完全合适。为每种文具设定数量是必要的，但有些公司的文具采购可能多达上百个项目，如果在竞拍过程中要求竞标人输入上百个单价，则过于耗时且容易出错。这种情况下有两种方案，一是利用帕累托原则，根据历史记录，如果其中 10~15 种常用文具占到了所有文具支出的 80%，则可以只在线竞拍这些项目，据此授标，并要求竞标人对其他项目提供相同或相近的整体折扣；或者，竞标人可以在线下调整价格，只在系统中投总价。

步骤六：竞拍时长设置

竞拍时长也是决定竞拍效果的重要因素。一般而言，初始竞拍时间不会超过 30 分钟。大部分的英式逆向竞拍，前面的一半时间都是竞标人在试探性投标并熟悉界面，一直到后半段才会开始发力，因此设置太长的竞拍时间没有太大意义且不能形成时间压力。

有相当比例的英式逆向竞拍不会在初始竞拍时间结束时关闭，原因在于该竞拍方式的一个巧妙的设置——延时。延时类似于体育比赛中的加时赛，不同的是，它不是在出现平局时出现，而是一种反"投机"的设置。延时会在竞拍截止前的一分钟（或 X 分钟，取决于采购方的设置）内出现改变授标结果的新投标（出价）时被触发。也就是说，在竞拍快要截止的数十秒内，突然进来一个新的出价，取代了原先的第一名；或者在多家（如 3 家）授标的竞拍中，最后一分钟的出价改变了前三名的排名，此时系统会自动延时，延时的分钟数由采购人员设定，多为 2~3 分钟，一般不超过 5 分钟。此设置是为了防范某些竞标人投机取巧，在临近截标前突然"放手一搏"抛出底价夺得头筹而其他竞争对手没有足够时间做出回应。此延时的设置在"加时赛"中仍然适用，也就是说，理论上延时可以无限进行。但实际上竞拍总会在某个合理的价格区间结束——在正常的商务交易中，很少有人会"赔本赚吆喝"。

对于荷兰式竞拍或日本式竞拍而言，竞拍时间会相对较长，以确保有足够的时间逐级提高或降低出价，从而最大限度地给竞标人施加压力。

3.3.6　与供应商的沟通

显然，一个成功的电子竞拍项目离不开供应商的支持和配合。与供应商的沟通分竞拍前、竞拍中和竞拍后 3 个阶段，分述如下。

竞拍前

由于竞拍的总时长通常为短短的 30~45 分钟，且在此期间采购方无法介入，因此竞拍之前和参与竞拍的供应商进行有效的沟通显得尤为重要。

如果采购方决定用电子竞拍的方式将谈判流程数字化，采购人员需知会各供应商，打消其可能的疑虑，并宣传电子竞拍的好处。电子竞拍对供应商的主要好处如下。

· 高度透明与公平。它是一种公平和透明的谈判方法。愿意参与并有能力提交最有价值的价格的供应商将得到业务，这就杜绝了任何一方"黑箱操作"的可能。在传统的谈判模式中，采购方控制着整个过程，选择与谁谈判，或者谈判之后结果如何，基于何种考虑授标，都不可视。只要清楚这一点，大多数供应商都会赞赏电子竞拍的专业性和客观性。

· 高效率。高效率是针对谈判环节而言的。由于最终的商业谈判回合是通过平台完成的，它不受地点或各谈判相关人员时间的限制，此外，它也避免了采购方和供应商之间在传统谈判流程中时常会发生的来回往复的讨价还价（有时会延续数周甚至数月）。

· 市场洞察力。电子竞拍还让竞标人拥有了真正的市场洞察力。通过了解自己的排名（甚至知晓最低的竞标价格——取决于上文所述的规则设置），供应商能知道市场实时情况，并了解自身在市场中的价格竞争力——这无论对哪个供应商来说都是弥足珍贵的市场信息。

此外，供应商的疑虑可能来自上一节所述的偏见，即"只关乎价格"或"损害采购方与供应商的关系"两点。采购方可以根据上述理由消除其疑虑，并结合上述电子竞拍对供应商的好处让其积极参与进来。采购方需要再次向供应商强调的是，电子竞拍只是商务谈判的最终环节，之前的供应商资格预审、技术标评估、财务状况评估、商务条款的审核等各个关键步骤，会在竞拍之前先行完成，以确保最终参与竞拍的都是有能力承接业务的供应商。

供应商疑虑也可能来自对电子竞拍方式的不熟悉，因此采购方对供应商进行系统培训不可或缺。许多电子采购系统服务商都提供了详尽的模板，具体如下。

· 邀请函：采购方邀请供应商参与某个电子竞拍项目的邀请函，应附有竞拍网址的链接和竞拍的具体时间。

· 招标说明：用以说明电子竞拍的方式，介绍其运作机制（如何才能赢得竞拍）及授标策略是什么（只一家授标还是多家授标，多家授标时是否有固定的业务分配量等）。

·投标人协议：描述了投标人参加电子竞拍的条款和条件，包括对提交的投标的承诺，是对双方具有约束力的法律协议。所有投标人必须接受投标人协议才能参与竞拍。该协议也是在竞拍后处理敏感的投标人反馈或立场的重要手段。

·竞拍实用手册：以截屏的方式一一列明投标的具体步骤，也包含对竞拍界面的详尽介绍。

·竞拍教程视频：以视频的方式展示模拟参与电子竞拍项目的流程，所介绍的内容与实用手册大体相同。

除此之外，在邀请函或招标说明中，采购方还可以提供测试平台的网址，以供供应商学习上述培训材料后在正式竞拍之前自行测试平台的各功能。

即使电子竞拍平台简单明了且足够的培训材料已经提供，采购方还是应在正式竞拍前数天联系各供应商，以确保他们都已阅读并熟悉流程，以及理解授标策略和关键概念（如保底价格的含义）。如果需要，针对首次参与电子竞拍的供应商或重要的竞拍项目，采购方应对其进行在线培训，以确保万无一失。培训除了演示投标界面、介绍竞标机制、解释授标原则、鼓励积极参与竞拍之外，采购方还可以提醒供应商在电子竞拍正式开始之前，在内部讨论确定竞标时的"离场价格"，即当竞标达到离场价格时不再投标；或者如果达到离场价格时需要更高级别人员的领导拍板时，需确保批复渠道在竞拍期间保持畅通。这是为了避免供应商在竞拍期间因为竞争激烈而被"冲昏了头脑"——再次强调，电子竞拍的目的不是让供应商"亏钱做买卖"，而是让其获得有竞争力的市场价格。

竞拍中

如果竞拍开始后竞争激烈，采购方大可"坐山观虎斗"，但如果供应商按兵不动，则采购方需介入，"旁敲侧击"以推动竞拍发展。如联系落后的供应商鼓励其再次出价，或确认其并没有遭遇任何系统故障。而对于领先的竞标人，可以提醒其价格尚未触及保底价格，即采购方有权不授标，从而推动其降价。沟通可以在线下完成，但最好使用系统中的"信息"功能，从而记录所有的沟通内容，以免产生不必要的纷争。

竞拍后

竞拍结束后平等、礼貌、及时地通知对方竞拍结果是维持双方关系，并保持对方在未来继续积极参与投标的意愿的必要事项。如果必要，也可邀请参与竞拍的供应商对整个流程进行反馈，以改进后续的电子竞拍流程。

总而言之，竞拍前、竞拍中和竞拍后与各供应商的沟通，是确保流程公开、透明、专业，以及竞拍项目顺利进行并取得成功的关键因素。

3.3.7　电子竞拍成功的原则

在以详尽的笔墨介绍了电子竞拍的方方面面之后，最后谈一谈电子竞拍成功的原则。电子竞拍作为谈判流程数字化的有力工具，为了使其得以成功应用并推广，使用时必须遵循以下两大原则。

承诺

电子竞拍必须伴随着业务承诺。如果采购方在电子竞拍之后，在竞标价格已经低于保底价格的情况下，不把业务授标给排名第一的竞标人（除非是采用混合式电子竞拍，已提前告知竞标人会有第二轮的竞标），可以想见，竞标人对电子竞拍的信任度、参与度、积极性都会大大降低；而没有供应商的积极参与，电子竞拍就会成为无源之水，无以为继。电子竞拍不是一个对标市场价格的过程，而是一项业务承诺。商鞅变法时，徙木立信，才取得民众信任。对于实施电子竞拍的采购方而言，也是如此，只有遵循"在电子竞拍中提供最有竞争力（无论是基于技术标合格的最低价还是计分卡竞拍的最优总价值）的竞标人将被授标"这一原则，才能真正得到供应商的信任和高度参与，更重要的是，才能维持与供应商的良好商务关系。

遵守"游戏规则"

供应商愿意参与电子竞拍并在其中全力以赴，是因为看中了该流程的公平、公正和高透明度。因此，采购方必须遵守之前设定并已充分告知各竞标人的"游戏规则"，也就是说，采购方必须尊重电子竞拍的结果。比如，竞拍结束后，失利的竞标人（多数情况下是现有供应商）线下联系采购方愿意匹配最低价甚至提供更低的价格，这种行为应坚决杜绝。采购方也不应拿着其所开出的更低报价回过头去要求排名第一的竞标人匹配报价或降价。倘若如此，采购方便是"赢得了一次战役却输掉了整场战争"——在某个合同上拿到了更低的价钱，却丧失了声誉并失去了供应商的信任；而在商界，声誉和信任是立足之本。

电子竞拍成功还有一个重要的因素，即内部利益相关方的支持。出于不同的考虑，有时候内部阻力（而非外部供应商）是电子竞拍策略实施的障碍。该点将在介绍采购数字化转型的变革管理时讨论。

本节以大量篇幅探讨了电子竞拍这一谈判流程数字化工具，原因在于，无论采购的角色如何变化，降本始终是采购的一项重要职责（即使不一定是最重要的职责），也是采购流程增值从而为企业创造竞争优势的重要方面。只要运用得当，以业务承诺为基础，坚持透明、公平、公正的原则，因"地"（不同的场景）制宜，电子竞拍将会是削减成本的利器。

3.4　谈判流程数字化的发展

除了电子竞拍这一非常成熟的谈判流程数字化工具，近年来，随着信息技术的进一步发展，在该领域出现了许多新的工具。这些工具目前尚未完全成熟或大规模推广，但部分业界领先的企业已经开始小范围的试点并取得了一定成效。可以预见，在不久的将来，买卖双方分坐长形方桌的两排，唇枪舌剑地进行激烈谈判的场景将会越来越少，取而代之的，是技术支持下的数字化谈判。本节将简要地介绍谈判流程数字化的新发展以及相关应用。

谈判指导教练

采购人员在其职业生涯中，大都接受过不少有关谈判技能的培训，也亲身参与或主导过许多谈判，对谈判的经典理论都很了解，也明白谈判要因地制宜，根据不同的情况制定不同的谈判策略。但是在实操过程中，许多采购人员往往用惯用的方式处理与供应商的谈判，也因此，谈判效果参差不齐。调查数据表明，有超过半数的情况，采购人员并没有选用合适的工具和策略。

这就是谈判指导教练这一数字化工具诞生的原因。该工具可以根据采购人员输入的谈判场景的信息和背景，如买卖双方的供需博弈力、供应市场状况、参与谈判的供应商数量、谈判对手的情况等，基于自身的数据库和人工智能技术，针对该谈判场景，向采购人员推荐合适的谈判策略和手段，如采用电子竞拍，还是由相关人员进行面对面谈判等。该建议并不具备强制性，采购人员可以遵循建议，也可以继续"我行我素"沿用自己惯用的方式。但采购人员会被要求将谈判流程反馈给谈判指导教练，包括是否采取了建议，如果没有采用则实际采用了何种谈判策略，谈判的最终结果等，以丰富该工具的数据库。随着案例的增多，该工具将可以通过机器学习或深度学习，优化其指导建议。更进一步的谈判指导教练还能帮助采购人员分析供应商的报价，通过评估多个参数，包括供应商在平台上的行为、外部市场数据等，提供还价的建议，从而促成合理的交易。

案例研究 谈判指导教练

许多企业都有大量的杠杆型采购支出。虽然这些项目不构成高供应风险，但它们对企业的盈利能力有重要影响。为了确保从供应商处获得杠杆型项目的最佳价格，企业应针对具体情况使用合适的谈判和招标工具，例如，在进行传统的面对面谈判时使用智能分析工具，或采用电子竞拍的不同方式。但是，大多数采购人员都反复使用同样的方法，而不管其效果如何。

为了解决此问题，一家大型机械加工生产商引入了波士顿咨询集团推出的基于人工智能的谈判指导教练。该工具通过运行决策算法来分析大约 20 个参数，例如有多少合格的供应商或供应商本身的供应情况有多透明。基于博弈论，该"教练"开发了用于指导的"决策树"，其中包括对不同谈判的工具建议。采购人员提供反馈，说明使用特定工具进行谈判的效果如何。通过纳入不同的场景和案例进行深度学习，谈判指导教练可以提供针对每种谈判的最佳选择。

通过使用谈判指导教练，该生产商对何时使用何种工具有了更好的理解，因此大大增加了对电子竞拍、应该成本分析等工具和线性特性定价分析的使用。结果，电子竞拍的使用比例从 20% 上升到 65%，支出平均下降 5%，同时谈判的时间也缩短 30%。

资料来源：波士顿咨询集团（2018）

聊天机器人

聊天机器人也是基于人工智能的解决方案，它可以基于事先设定的模型，根据供应商提交给它的报价和商务条款，通过算法对不同供应商的报价进行比较，还可以在线与供应商进行价格谈判。对于那些采购人员认为没有价值——进行谈判的长尾支出，聊天机器人更显示出其优势，因为它是一个可拓展的平台，可同时处理与多个供应商的谈判。在此期间，不需要任何人员参与，但采购团队可以进行监控，并在需要的时候进行干预。这对大型零售商或电商平台尤为重要，因为他们通常会有数以百万计的商品和数万家不同的供应商。例如，根据 2017 年 10 月的统计，亚马逊网站销售的产品就有 5.98 亿种（张维迎，2018）。因此，毫无疑问，亚马逊公司是利用谈判机器人和算法进行大规模谈判的前沿企业。

案 例 研 究 亚马逊的聪明机器正在从仓库"进军"总部

亚马逊公司一直走在自动化和数字化的前沿，从成立之初至今，该公司一直用数字化的商业模式颠覆着整个零售业。

长期以来亚马逊公司一直使用机器帮助员工在其仓库中搬运商品。如今，自动化也在改变着亚马逊总部的工作。与大品牌谈判的工作正在被软件取代，这些软件可以预测购物者想要什么以及如何为商品定价。

在对于零售业来说很关键的库存方面，机器也正在打败人类。对于决定订购多少书籍、游戏或玩具的采购人员来说，权衡利弊显然很重要：订货太少，你将错过商业机会；订购太多，你将被迫进行昂贵的清仓大甩卖。亚马逊公司的算法，通过多年来对客户行为的监测，正在显著改善公司在此方面的表现。

亚马逊公司几年前开始将零售团队的工作自动化。在一项被称为"双手离开方向盘"的举措下，该公司将预测需求、确定库存和谈判价格等任务转移到算法上。起初，员工可以轻易推翻机器的决定。例如，如果一个品牌通知亚马逊公司即将对某一商品进行突击营销，亚马逊公司的零售团队可以增加库存，以满足算法没有预计到的需求。但随着机器逐渐证明了它们的精确性，这种修补工作越来越显得多余。如今，任何想要凌驾于机器之上的人都必须证明他们的决定是正确的。

随着技术的改进，人们对机器的信心不断增强。员工们很高兴看到像管理库存电子表格这样烦琐的工作被委托给机器，这些机器能更快、更准确地完成工作。

大约两年前，零售团队失去了另一项关键任务：与主要品牌和制造商就网站上被称为"限时特卖"的销售条款进行谈判。这种限时特卖在节假日及重大节日期间很常见，它们有助于在短时间内清除大量库存。

现在，手袋、智能手机配件和其他商品的制造商不需要给他们在亚马逊公司的供应商经理打电话，而只需登录亚马逊公司的门户网站，就能确定亚马逊公司是否喜欢其所提供的订单量及它愿意购买的数量；不需要东拉西扯的闲谈，也不需要来回讨价还价。亚马逊公司花在预测需求、规划营销策略和谈判交易上的数千个工时现在由机器处理，这是效率上的重大飞跃。

"机器知道买什么，什么时候买，什么时候接受交易价格，什么时候不接受。这吸引了数以千计的卖家，而且它们总是比人类更聪明地运行。"一位前亚马逊公司高管说。

资料来源：彭博社（2018）

除了亚马逊公司，零售业巨头沃尔玛也是如此，该公司于 2020 年 3 月 25 日宣布与初创公司 Pactum 合作，采用聊天机器人来进行供应商合同的谈判，涵盖长尾支出中的数千家供应商。如上一章所述，长尾支出交易量大，但采购额只占总支出的一小部分。采购团队通常无暇顾及，只能放任不管。而通过聊天机器人，沃尔玛可以同时与上千家供应商同时进行谈判，而且，聊天机器人和供应商之间达成协议并签订合同后，会将价格和相关条款同步到沃尔玛的内部系统，从而大大提高了效率并显著降低了交易成本（拉尔森，2021）。

案例研究 沃尔玛将供应商谈判自动化

沃尔玛与不同的供应商有不同的合同，以至于采购团队很难一一重新谈判。为了解决这一难题，沃尔玛正在利用人工智能，以较低的成本与供应商谈判并获取更高的价值。

该公司部署了 Pactum 公司基于人工智能的商业谈判平台，以实现与其全球供应商网络的部分谈判自动化。沃尔玛将在一些提供小批量利基产品的长尾支出供应商中试的 Pactum 的平台。

Pactum 的分析师团队在每个项目开始时都会设置谈判中的"价值函数"，即列出不同的参数并为其赋值，这样计算机算法就可以比较不同的报价，而不单单关注交易价格。聊天机器人可以基于这些价值函数，自主地与供应商进行谈判。一旦谈判完成，所有信息都将在沃尔玛的相关系统中自动更新，如 ERP 系统和 CRM 系统。

"我们很高兴能与沃尔玛合作。高效谈判的基本原则是，它不是一个零和游戏。Pactum 消除了低价值、大批量交易中的低效率。"Pactum 首席执行官马丁·兰德（Martin Rand）在接受采访时说。

根据 Pactum 的计算，提高数以百万计的长尾支出供应商合同的谈判效率，对于财富全球 500 强企业来说，意味着创造价值 2000 亿~5000 亿美元的潜在降本机会。

资料来源：Chain Store Age 网站（2020）

谈判流程数字化的 6 个阶段

为了更好地区分不同层级的自动驾驶技术，国际自动机工程师学会（SEA

International）将自动驾驶技术分为 6 个阶段（从 0 级到 5 级）。采购软件提供商 Keelvar 公司的创始人兼首席执行官艾伦·霍兰（Alan Holland）类比自动驾驶技术，将谈判流程的数字化也分成了 6 个不同的阶段，如图 3-8 所示。

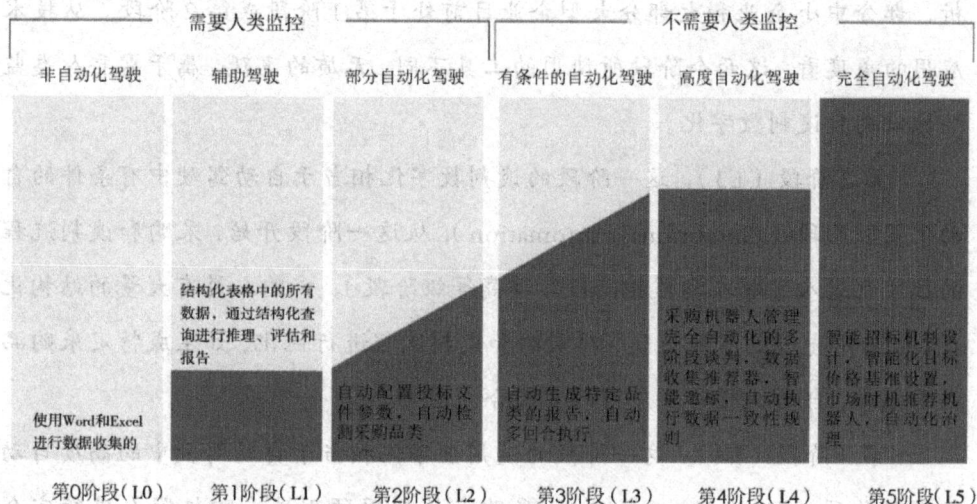

图 3-8 采购和谈判流程自动化的六大阶段

资料来源：Keelvar 公司（2022）

· 第 0 阶段（L0）。完全没有数字化要素的谈判相当于自动驾驶中的人类自主驾驶阶段（即非自动化驾驶，Driver Only），采购人员运用邮件、电话、Word 文档、Excel 表格进行数据收集和谈判工作。采购流程都是线下的，所产生的数据也都是非结构化数据。目前大部分中小企业的采购部门处于这一阶段。

· 第 1 阶段（L1）。这一阶段的谈判数字化相当于自动驾驶中的辅助驾驶阶段（Assisted），采购人员利用电子采购平台进行线上招投标的流程（eRFX）。系统会提供 eRFX 的模板，所有与供应商的互动和谈判，以及相应的数据和信息都储存在系统中。由于 eRFX 有固定的步骤，采购人员可以方便地进行流程的控制。

· 第 2 阶段（L2）。这一阶段的谈判数字化相当于自动驾驶中的部分自动化驾驶阶段（Partial Automation），采购人员运用电子竞拍等在线工具，在对竞拍项目进行系统设置之后，由竞标人自行投标和竞标，根据竞拍规则决定竞拍结果，而无须再一一来回进行谈判。这一阶段的谈判数字化已经有初步的"智能因素"，所得到的数据为半结构化数据，方便采购人员进行进一步分析。部分中小企业和大部分大型企业目前处于第1阶段或第2阶段。从技术应用的角度看，这两个阶段所使用的工具不同，无质的飞跃，属于需要人类监控的采购和谈判数字化。

· 第3阶段（L3）。这一阶段的谈判数字化相当于自动驾驶中有条件的自动化驾驶阶段（Conditional Automation），从这一阶段开始，采购和谈判流程的数字化进入了非人类监控阶段（即高等级阶段）。采购人员有大量的结构化数据，应用先进的智能逻辑，对采购和谈判流程进行优化，如生成特定采购品类的报告，自动执行与供应商的多回合沟通等。

· 第4阶段（L4）。这一阶段的谈判数字化相当于自动驾驶中的高度自动化驾驶阶段（High Automation），采购人员利用预测性采购机器人进行完全自动化的供应商多轮谈判，如上文所述的聊天机器人。领先的龙头企业已经在其部分采购领域试行处于第4阶段的技术。

· 第5阶段（L5）。这一阶段的谈判数字化相当于自动驾驶中的完全自动化驾驶阶段（Full Automation），基于深度学习的自动化机器人将接管人类的大量工作，进行智能投标机制设计、通过智能化应用为谈判的目标价格提供基准、建议进入市场的时间、自动化治理等。

随着电子采购解决方案的成熟，第1阶段到第3阶段已经有完全成熟的技术可以大规模应用或较为成熟的技术开始推广。因此，在未来数年，采购和谈判流程的数字化将朝着第4阶段甚至第5阶段发展。延绵数千年历史悠久的基于面对面交流的谈判，有可能在未来的5~10年出现重大变革，让我们以开放的心态拭目以待。

　　本章详尽地介绍了电子采购这一数字化工具。第一节首先简要介绍了从电子数据交换、物料需求计划、制造资源计划、企业资源规划到电子采购的演变史。接下来第二节介绍了电子采购常见的战略性工具，如支出分析、战略供应源搜寻、供应商管理、合同管理和采购绩效管理，以及运营性工具，如请购单管理、订购周期和订单执行，并探讨了各个工具对采购流程的增值作用。第三节以电子竞拍为重点，通过其竞争原理、类型、适用性、策略、实践、成功原则和与供应商的沟通等方面，详细讨论了谈判流程数字化。最后，以谈判指导教练和聊天机器人为例，简要阐述了谈判流程数字化的 6 个阶段。

第 3 章｜电子采购

127

第 4 章

采购数字化转型的流程

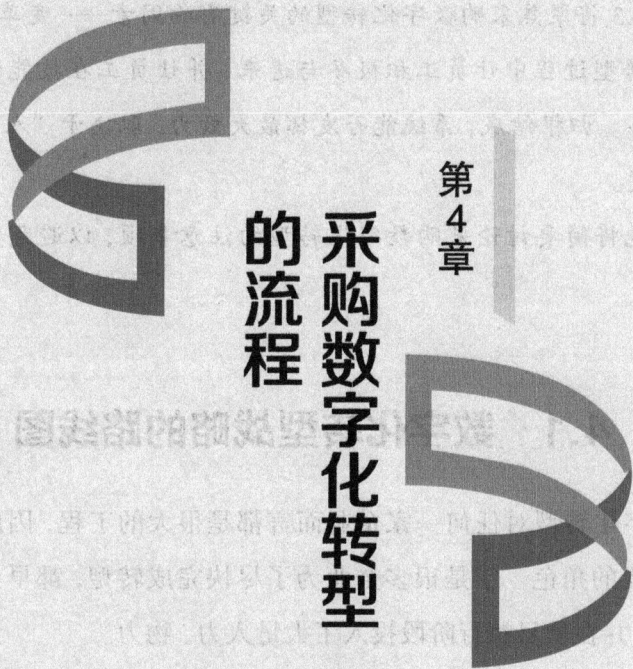

在详细介绍了采购数字化所能给采购带来的增值之后，本章将回答一个大家都迫切想要知道答案的问题——如何踏上采购数字化转型之路。

本章的第一节将描绘数字化转型战略的路线图，即在真正实施数字化转型项目之前应先确立的战略，以形成完善的商业论证。第二节将基于采购数字化转型的成功项目经验，详细介绍企业如何开启采购数字化的具体项目流程，包括每个阶段的具体步骤、所涵盖的范围，以及注意事项，从项目管理和实施的角度为读者提供成功转型的实用指南。

本章的 4.3 将聚焦采购数字化转型的关键影响因素——变革管理，探讨如何在企业的转型过程中让员工积极参与进来，并让员工在技能和心理上都为转型做好准备。归根结底，系统能否发挥最大效力，取决于"人"对系统的熟悉与接受程度。

本章末尾将简要讨论采购数字化转型的注意事项，以避免数字化转型的"形式化"。

4.1 数字化转型战略的路线图

采购数字化转型对任何一家企业而言都是很大的工程，因此项目管理扮演着非常重要的角色。于是很多企业为了尽快完成转型，都早早地跨入了项目管理周期，并在项目执行阶段投入了大量人力、物力。

但是且慢！

如果一开始没有制定清晰的数字化转型战略路线图，就像人不清楚前进的方向一样，早早出发并不能让你更早到达，甚至可能让你南辕北辙。

数字化转型不仅仅是一项技术举措，它还是一种文化的转变，将整个企业的人员、数据和流程结合在一起，在一个数字优先的世界中让企业变得更有复原力和竞争力。但是，数字化转型之路并非一马平川。回顾过去 3 次工业革命可以发现，有传统的阻力、有世人的反抗，数字化转型作为第四次工业革命（工业 4.0）的重要一环，也有可能面临同样的处境。只有当人们走出舒适区，接受它们、学习它们、运用它们时，这些新技术的创新和力量才能真正开始发挥作用。

这些都是一个成功的数字化转型战略所必须考虑的。

毋庸置疑，我们看得到的未来是数字化的。正如本书之前所强调的，数字化转型不再是一个"需不需要"的选择，它是任何有竞争力的企业所必须完成的。但是，数字化转型不应只包含简单的 IT 或技术举措。由于软件解决方案和新技术是数字化转型的核心，一些企业领导者通常会犯"冒进"错误——把转型当作简单的系统升级来对待。然而，欲速则不达。更为明智的做法是，在开始一系列技术转型之前，企业首先要有一个清晰的数字化转型战略，从而避免转型"不接地气"，与企业整体战略脱节、与业务战略脱节、与利益相关者脱节。

以下是制定数字化转型战略路线图需要考虑的 6 个要点。

4.1.1 评估企业当前的位置

在做出任何改变之前，企业都需要评估自身的起点。有些企业目前的采购流程是完全手工的，有些企业可能有老旧的 ERP 系统。因此第一步是审视企业现有的业务系统，以确定当前的技术能力。哪些现有的流程或系统正在发挥作用？它们的哪些地方可以改进？企业希望从数字化转型举措中得到哪些具体的变化？在开始转型之前，收集和分析数据可以让企业了解自己当前的位置。

除了对当前技术能力进行评估，企业也需要对自身的业务进行评估，如运用 SWOT 分析了解当前业务的优势（Strengths）和劣势（Weaknesses）、机遇（Opportunities）和威胁（Threats）。其目的是通过识别内部和外部因素来评估自身当前的业务状态，在此基础上，在存在差距或缺陷的领域采取行动，从而确定数字化转型的重点。

"以终为始"，这一步解决的是"为什么要进行数字化转型"这一基本问题。归根结底，数字化是工具而不是目的，数字化转型是要解决现实的业务问题，而不是本末倒置，"拿着锤子找钉子"，陷入"技术推动"的陷阱。通过了解为什么需要数字化转型，企业可以将业务战略与数字化转型战略联系起来。

4.1.2　设立数字化转型的目标

在清楚了企业可能丰在的缺陷，确定了数字化转型的重点，回答了"为什么"的问题之后，接下来要回答的是另一个关键问题——"要什么"。也就是说，企业通过数字化转型所要实现的目标，该目标需与企业的商业愿望和目标一致。

需要提醒的是，所设定的目标应该是明确、现实、可衡量的，不应是"更敏捷"或"提高效率"这样笼统的表述，才能够有效推动转型进程。设定目标可以帮助企业为成功做好准备，从而更快地收获真正的投资回报。

企业在设定目标时，可以与采购部门及其他利益相关者进行沟通以充分了解其潜力，也可以与主流的不同系统服务商初步接洽，基于他们丰富的项目经验和数据，了解数字化转型后普遍的增值水平以进行对标；同时，也应该考虑最新的数字化转型趋势，将其作为面向未来的基础——数字化转型不应该是短期的。

4.1.3　以客户价值为导向

客户的反馈和意见越来越靠近业务规划的前沿。在德勤咨询公司的一项研究中，超过80%的受访企业领导者表示，客户反馈是"业务决策的核心输入"（德勤，2017）。

同样地，当制定采购数字化转型战略时，也应考虑转型能为客户带来何种价值——更快的响应速度？更好的质量？更低的成本？更可控的风险？更具可持续性？更优的创新？企业应将这些客户价值作为转型的主要驱动力，并由此寻找正确的数字解决方案。

4.1.4 将变革管理作为数字化转型的头等大事

正如上文所述，数字化转型是场文化上的转变，是对现有工作方式的彻底革新。传统的业务流程往往是孤立的，不同职能部门之间存在较多盲点。因此，当涉及数字化转型时，造成问题的往往不是技术本身，而是守旧心理、沟通不畅和孤岛思维。

相比之下，数字化解决方案背后的基本要素是连接性和敏捷性，旨在促进信息畅通无障碍地流动。破阵孤岛思绪和解决脱节问题的流程必须从企业领导者的开放心态、整个企业的精诚合作，以及对变革的承诺开始。其间，变革管理将成为整个数字化转型的重中之重，原因在于，数字化转型的成功在很大程度上取决于企业文化和观念的转变。

在此过程中，企业领导者必须对数字化转型的必要性完全认可，并全力支持。如果没有做到这一点，数字化转型将难获成功。

4.1.5 确定最优先事项和"速赢"突破口

一方面，数字化转型是一段循序渐进的旅程，不会在一夜之间开花结果。但另一方面，企业领导者也想尽快看到转型的价值，从而更好地在内部推动数字化进程以获得内部的认同。因此，企业需要在战略制定阶段就确定最优先事项和"速赢"突破口，从那些不太复杂、容易部署、有价值和财务上可行的项目开始数字化转型之旅。这样做的目的是尽早获得投资回报。需要谨记的是，不要贪多求全，所谓"速赢"突破口就是先锋部队，能够轻松"突进"，迅速解决问题以取得成效。

确定最优先事项和"速赢"突破口时也可以通过审视现有技术能力和业务评估后的结果，看看哪些是最大的劣势。哪些是最大的机遇，哪些是最大的威胁。这些劣势、机遇或威胁能否通过正确的数字解决方案得以快速解决。如果可以，它们就可作为优先的"速赢"突破口，从而获得显著的初期胜利。

再次强调，数字化转型是一个复杂的过程，一次性部署往往是极其困难的，尤其是对那些数字化基础薄弱的企业而言。因此，更合理的做法是，分阶段实施转型工作，或者在扩大规模之前先在小范围（某个区域、某个业务或某个流程）内试行。

4.1.6　创建数字化转型的商业论证

数字化转型的目的是抓住与企业的战略目标一致的商业机会。在正式启动项目程序之前，进行充分的商业论证（Business Case）是必不可少的。商业论证也称项目论证，是指通过对比可识别的项目商业收益与在获得该收益的过程中涉及的可辨认的约束、成本和风险，对项目进行论证。一次全面的商业论证可能要求利用财务和经济建模技术（回收期、财务收益率和折现现金流量）进行详细的项目成本和收益分析与投资评估。简而言之，商业论证的目的是向管理层证明该项目或举措的必要性和经济上的合理性。

在 SWOT 分析的基础上，企业可以通过审视以下问题，完成数字化转型的商业论证。

· 现有的或预测的问题：你的企业现身在何处？

· 客户要求：你是否能满足客户的需求？

· 市场竞争：你是否落后于竞争对手？

· 业务需求：你的目标和指标是什么？你将如何衡量和跟踪它们的实现？

· 技术进步：你是否跟上了技术革新的步伐？

· 战略机会：哪些数字化转型对你来说是最重要的？

一次完整的商业论证还应包括该项目的收益管理计划。该计划描述了项目收益的实现方式和时间，以及如何对其进行衡量。收益管理计划可以包括以下内容。

· 目标收益：通过实施数字化转型，预期获得的有形和无形的商业价值。

· 战略一致性：数字化转型的收益如何支持企业的业务战略并与保持一致。

· 不同时间框架的收益：短期、长期和持续的收益。

· 衡量标准：衡量已实现收益的直接或间接的衡量标准。

· 风险：与实现目标收益有关的风险。

数字化转型战略路线图提供了一个战略框架。至此，数字化转型的前期工作宣告完成。项目管理终于要"登场"了。

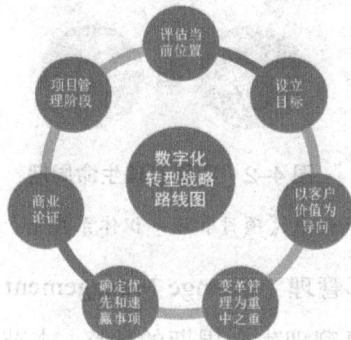

图 4-1　数字化转型战略路线图

4.2　数字化转型的项目流程

4.2.1　项目管理生命周期

在制定采购数字化转型的战略之后，如何落地呢？这需要通过项目管理。美国项目管理协会（Project Management Institute，PMI）制定了项目管理的国际通用标准。在其开发的《项目管理知识体系指南》（PMBOK 指南）中，项目管理生命周期分为以下 5 个阶段，如图 4-2 所示。

不同企业、不同团队的项目管理方式各有不同，如有些企业将前两个阶段归为项目规划（Project Planning），后 3 个阶段归为项目执行（Project Execution），但万变不离其宗，具体的项目管理都离不开上述 5 个阶段。一般而言，每个阶段结束时都有控制点，称为阶段审查（Gate Review），即企业高层或项目指导委员会根据此阶段的交付结果，决定是继续推进项目，还是终止项目或修改项目目标。

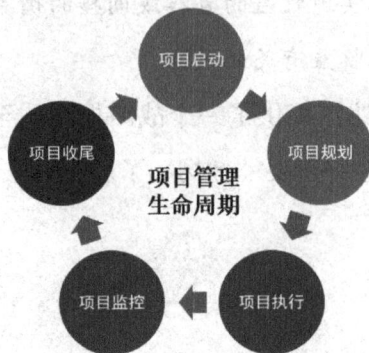

图 4-2　项目管理生命周期

资料来源：改编自《项目管理知识体系指南》，美国项目管理协会（2017）

值得注意的是，变革管理（Change Management）作为项目成功与否的关键影响因素，将贯穿项目管理生命周期的始终，本节先略过不表，下一节再重点讨论。

下面将基于项目管理生命周期，介绍如何成功实施采购数字化转型。需要指出的是，本书并非项目管理的专业书籍，下文仅介绍数字化转型项目中最基本、最核心的部分。

4.2.2　项目启动

项目启动阶段是对项目进行可行性研究，从而获得企业内部对项目的立项批复。启动阶段的主要好处是，只有符合企业战略目标的项目才会被立刻批复，并且从项目一开始就考虑到商业论证、收益和利益相关者。上一节的商业论证将形成项目立项的重要文件。该阶段会形成项目启动文件，该文件称为项目章程（Project Charter）。项目章程在项目和企业战略目标之间建立了直接的联系，并展示了企业对项目的承诺。

除了商业论证外，项目章程一般还包含以下几个主要部分。

项目简介及项目预期结果

项目简介包括对项目的描述、立项的原因，以及要解决的问题（也就是项目任务）。对采购数字化转型项目而言，可以从效率低下、手工流程错误过多、透明度差、合规性难以有效管理、可视性不足、沟通不便、无法实时访问等各方面阐述当前采购流程存在的问题，从而引出数字化任务，并基于采购数字化所能带来的各种增值、回报和收益，对项目预期的结果和收益进行阐述。该结果和收益最好是明确且可量化的。这部分事实上是对上一节所制定的数字化转型战略的概括。

项目范围

在项目章程中应清楚界定项目的范围。如要上线 ERP 系统，是在某个工厂先行试点，还是在整个集团中同时开展？如要上线电子采购解决方案，其范围是包含所有模块还是只包含采购到付款的流程？项目范围会影响项目的目标、成本和进度等各方面，必须在项目启动阶段明确。

项目团队

在该阶段企业需要任命项目经理、项目发起人（Project Sponsor）和项目核心团队，并界定各角色的职权范围。

项目经理的职责是统领项目团队，具体实施项目，以实现项目的目标和利益相关者的期望。项目经理还要在项目发起人、团队成员和其他利益相关者之间发挥沟通作用。可以说，项目经理扮演着最为关键的角色。项目经理通常向项目发起人或项目指导委员会汇报项目成果。

项目发起人通常是企业的高管，对项目的成功负责。其主要职责是确保项目的目标与企业的整体战略一致、从其他高管那里获得支持（并克服阻力），并随着工作的展开提供持续的指导。与主要关注日常执行的项目经理相比，项目发起人更具战略性，专注于为项目成功创造条件，而不是战术性的执行。

项目核心团队来自不同的职能部门，如采购、IT、财务及关键业务部门等。他们将代表不同职能从不同角度对项目提供支持，并协助项目经理完成项目任务。在项目执行阶段及项目范围内，他们归项目经理统筹安排。

在某些情况下，企业还可以设立项目指导委员会（Project Steering Committee），对项目进行指导并做重要决策。项目指导委员会的成员均为企业高层，对采购数字化转型项目而言，他们可以是采购总监、首席技术官、财务总监或其他关键职能部门（如供应链或生产运营）的主管。

利益相关者

利益相关者是指那些在组织、流程、项目执行或决策中具有利害关系或重大利益的个人或团体。在该阶段需要识别关键利益相关者，以及其参与（或阻碍）对项目成功（或失败）的潜在影响。

项目工期

此阶段尚未有具体的项目工期，但预计何时开始、何时完成项目等关键信息仍应在项目章程中体现。

项目启动阶段的控制点（即阶段审查）即项目章程的审批。当项目章程被批准后，项目就正式立项，项目经理被授权组织资源（包括人力资源和财务资源等）开展项目活动。

4.2.3　项目规划

当商业论证和项目章程被企业管理层或项目指导委员会批准通过之后，具体的项目规划将展开。顾名思义，项目规划这一阶段即规划如何执行项目，包括确定项目的具体范围、定义和完善目标，以及制定实现这些目标的行动方案。在此阶段，项目团队所需完成的主要任务有以下几个方面。

制订项目管理计划

制订项目管理计划是定义、准备和协调所有工作的过程，并将它们整合为一个综合的项目管理规划，以确定所有项目工作的基础和工作的执行方式。该计划包括范围管理、进度管理、成本管理、质量管理、资源管理、沟通管理、风险管理、采购管理、变更管理等各部分内容，是整个项目执行的纲领性文件。许多企业可能已经有了很成熟的项目管理程序和项目管理计划模板，不需要单单为数字化转型项目另行开发。

收集需求并确定具体的项目范围

收集需求是确定、记录和管理利益相关者的需求和要求以实现项目目标的过程，它为定义项目范围提供了基础。这一过程需关注现有采购流程中的各种痛点及希望通过转型所实现的成果。

定义项目范围则是为了确定数字化转型项目的边界和验收标准。正如上一节所说，数字化转型是段循序渐进的旅程，不可能在一夜之间解决所有问题。因此，应定义清楚此次转型项目的范围。

制订进度计划表

制订进度计划表是分析项目各活动顺序、工期、资源要求和进度限制的过程。进度计划表会标明完成每项项目活动的计划日期，从而为项目执行、监测及控制创建一个计划进度的基准。该计划表还确定了各个关键的项目节点。

制订资源计划

制订资源计划是为了确定资源需求，包括人力资源需求和物资需求，并确保在需要时企业管理层或项目指导委员会能提供这些资源。

建立风险登记册

建立风险登记册（Risk Register）是进行项目风险管理的有效方式，它包括以下几个步骤。

· 识别风险：逐一识别项目潜在的各个风险。

· 风险定性分析：通过评估各个风险发生的概率（可能性）和风险发生后会产生的影响（危害性），来确定进一步分析或行动的优先次序，其目的是把精力集中在优先级较高的风险上。

· 风险定量分析：评估已确定的每个风险对整个项目目标的综合影响，进行数字分析，从而量化整个项目的风险暴露程度。

· 采取风险应对措施：制定方案、选择战略和商定风险缓解行动，以解决个别项目风险或降低项目总体的风险暴露程度。

制订利益相关者管理计划

制订利益相关者管理计划是根据项目利益相关者的需求、期望、兴趣和对项目的潜在影响，制订让他们参与项目的方法的过程。它提供了一个可操作的计划来与利益相关者进行有效的互动。企业在制订项目管理计划和项目文件时，应充分征求利益相关者的意见并鼓励他们积极参与。此外，作为利益相关者管理的关键环节，项目团队也应制定利益相关者分析图，确定如何管理与利益相关者之间的关系，这将有助于项目的顺利进行。下一节将详细讨论这一点。

项目资金审批

该阶段最重要的任务是取得项目资金的审批。不同企业的流程不同，有些企业阶段性地随着项目的进程（且随着资金需求的逐步明朗化）逐次审批、发放资金，有些企业则会一次性批复项目所需的所有资金。不论哪种方式，项目启动阶段被审批通过的包含商业论证的项目章程都是资金审批的重要支持文件。

资金审批之前要进行项目费用估算。该费用包含内部成本（如人力资源成本和差旅成本等）及外部成本（系统解决方案的采购、部署和维护成本等）。在此基础上，项目经理编制项目资金审批所需文件并递交内部审批。不同企业的审批流程不同，根据数字化转型所需资金的数额，可能需经过财务总监、总经理，甚至董事会的审批。

购买数字化转型解决方案

基于项目章程中设定的目标，及需求收集所确定的具体项目范围，采购人员将与项目团队一起，进行数字化转型解决方案的招投标工作。此项工作由来自采购、IT及其他相关部门的员工组成的职能团队负责，包括评估市面上不同的数字化转型解决方案，并确定最终的系统服务商。此招投标流程是采购人员的老行当，在此不再赘述，只有以下两点需要特别注意。

虽然不同企业做法不同，但一般而言，在项目资金审批下来之前，数字化转型解决方案的招投标流程可以先行开始或同步进行，但最终的项目授标、合同签订需在项目资金审批之后才能完成。一方面，因为这两个任务都需要耗费较长的时间，如果严格遵循"先审批再招标"的原则，显然会拖长项目规划周期；另一方面，某些企业在项目资金审批时需要精确的金额，该精确性要求决定了采购人员必须提前开始招投标工作以得到正式的商务报价，作为项目资金审批的基准。当然，先行开展招投标工作的弊端是，如果最终资金审批不通过、项目搁置，前期的招投标工作就前功尽弃了。

在数字化转型过程中，系统服务商将提供强大的业务转型服务，不仅帮助企业集成新软件和工具，还基于行业最佳实践，与企业一起优化业务流程，甚至确定新的业务模式。此外，数字化转型解决方案还必须考虑可拓展性，即随着企业发展或数字化转型的深入而扩展的能力。

项目规划阶段的控制点即项目资金的审批。项目资金审批下来之后，项目正式从规划阶段进入执行阶段。

4.2.4　项目执行

项目执行，简而言之，就是项目团队协调各方资源按照项目规划阶段制订的计划执行项目的过程。概括而言，大多数软件开发的生命周期都遵循规划、系统需求分析、系统设计、系统开发、集成和测试、实施、运营和维护等流程，如图 4-3 所示。

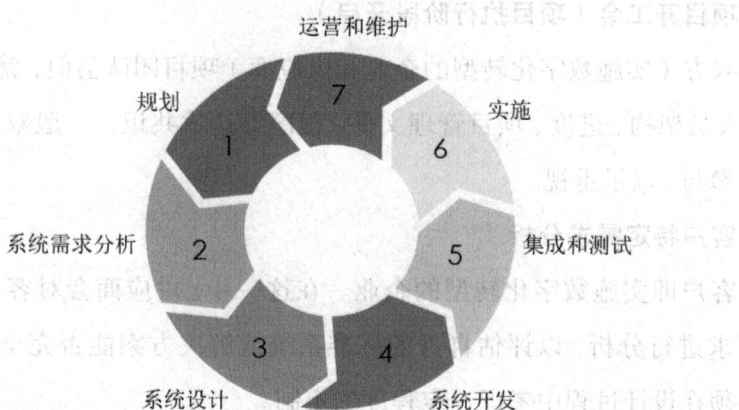

图 4-3　软件开发生命周期

具体到数字化转型的项目执行阶段，资金审批通过后，签订合同，系统服务商（以下简称"供应商"）到位。数字化转型项目执行的流程如图 4-4 所示。下面逐一简要介绍各个步骤。

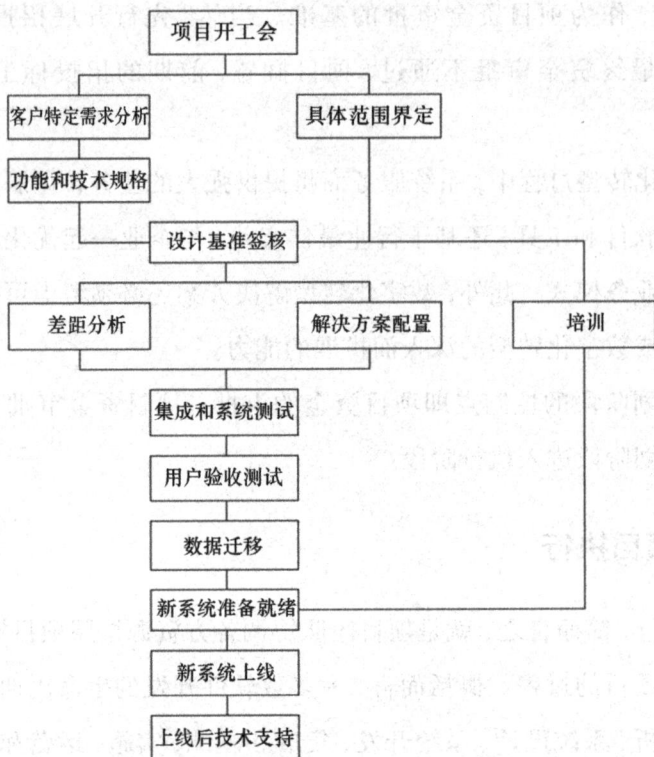

图 4-4 数字化转型项目执行的流程

项目开工会（项目执行阶段开启）

双方（实施数字化转型的企业和供应商）项目团队会面，就项目目标、范围、人员架构、进度、项目管理文件、程序等达成共识。一般双方的高层也会部分参与，以示重视。

客户特定需求分析

客户即实施数字化转型的企业。在这一步，供应商会对客户所提出的特定需求进行分析，以评估自身的标准系统或解决方案能否完全满足需求，抑或必须在设计过程中考虑一定程度的定制。

如果只有通过定制才能满足客户的特定需求，供应商也会尝试与客户沟通，了解其特定需求的背景，即为什么必须满足该特定需求。如果该需求只是一贯以来的工作实践或内部程序要求，则企业应重新审视，该特定需求是否能为企业增值（从成本、效率、质量、敏捷性、创新等任一方面），如果答案是不能，那么企业应认真考虑撤销此特定需求。一般而言，只有当某特定需求能为企业带来竞争优势，如差异化因素，或能为企业增值时，才应考虑对系统或标准解决方案进行定制。应尽量避免定制的原因有以下 3 个。

· 进度：定制意味着系统的设计和部署的时间会被拖长。

· 成本：定制意味着系统的设计和部署的成本会增加，更重要的是，它会增加后期系统维护和升级的难度和成本。

· 效率：标准系统是基于采购流程的最佳实践设计而成的，如果将其定制化，并非必要地嵌入多余的步骤和流程，则有可能影响系统的整体效率，无法完全利用系统的潜能。

简而言之，企业应有开放的心态和思维，在数字化转型过程中审视自己现有的流程，并基于供应商的建议简化、优化流程。正如第一节所强调的，数字化转型不单单是一项技术举措，还是文化上的转变。数字化转型的一个大忌就是，转型后坐拥业界最领先的系统，却要求系统适应企业内部基于多年手工操作所形成的落后流程，这已经不是本末倒置，而是贻笑大方了。

功能和技术规格

客户特定需求分析完成后，如果确定某些需求确实不可或缺（为企业增值、具有差异化因素等），该需求会被转化为功能和技术规格。

具体范围界定

双方以招投标阶段的工作范围文件为基准，对数字化转型的具体范围进行详细界定，区分什么是"在范围中"（In Scope）、什么是"不在范围中"（Out Of Scope），以达成共识。

设计基准签核

完成上述 3 个步骤之后，项目实施的具体范围已完全敲定，形成设计基准，双方将签核此设计基准，原则上在接下来的项目执行过程中不再进行设计变更。

解决方案配置

基于双方签核的设计基准，供应商将配置并部署相应的解决方案。在此期间，双方会开展多轮项目技术讨论会议，不仅企业的项目团队，不同职能部门的利益相关者也会在不同阶段参与进来，进行"差距分析"，以确保所有相关人员"在范围中"的具体要求都能在解决方案中得到满足；或者，如果某项要求之前"不在范围中"，但在差距分析阶段确认了其必要性，项目团队可以通过变更管理程序，将其纳入项目范围。

培训

与此同时，供应商针对客户的培训也将开展。培训分为以下两种。

· 流程培训。

· 系统使用培训。

流程培训的目的是让客户了解数字化转型后在系统赋能之下，采购流程将会是什么样的。该培训对那些通过数字化转型优化了采购流程及工作实践的企业而言尤为重要。流程培训一般较为简短，且可在较早阶段开始。系统使用培训则是教客户如何使用新系统，这一阶段的培训非常细致，将持续数周时间，并结合不同的培训方式，如线下、线上及视频教程等。培训的重要性如何强调都不为过，客户不熟悉系统，功能再强大的系统也是空中楼阁。

测试

项目执行的过程中，测试分多个阶段由不同人员完成。

· 单元测试：又称模块测试，是针对程序模块进行正确性检验的测试工作。其目的在于检查每个程序单元能否正确实现详细设计说明中的模块功能、性能、接口和设计约束等要求，以发现各模块内部可能存在的各种错误。

· 集成测试：又称组装测试，通常在单元测试的基础上，对所有的程序模块进行有序的、递增的测试。集成测试用于检验程序模块的接口关系，旨在逐步将各程序模块集成为符合设计要求的整个系统。

· 系统测试：是在真实的系统运行的环境下，检查完整的程序系统能否和外部系统（包括硬件、外设、网络和系统软件、支持平台等）正确配置、连接，并最终满足用户的所有需求。

上述 3 种测试由技术人员完成。当上述测试逐一完成并通过之后，项目将进入用户验收测试（User Acceptance Test，UAT）阶段，该测试将由系统的用户（包括采购及采购流程中所涉及的所有职能部门的相关人员）完成。

用户验收测试是部署软件之前的最后一项测试操作，指软件通过了单元测试、集成测试和系统测试之后，在上线之前所进行的由最终用户完成的技术测试。其目的是确保软件准备就绪，能够让最终用户执行其既定功能以完成任务。

简而言之，进行用户验收测试的目的是向用户表明系统能够像预期的那样工作。它是对软件系统是否能够满足合同或用户所提出的需求的最终测试。

在进行用户验收测试前，双方应确定测试场景（Testing Scenarios），即哪些流程将被测试，客户还需确保所有涉及的相关人员都会参与测试。所有测试人员都需对所完成的测试进行签核。

用户验收测试所发现的缺陷（即不完全满足要求）可分成以下 3 种。

·重大缺陷：无法满足功能要求，必须在正式上线前解决。

·一般缺陷：不完全满足功能要求，但不影响使用；此类缺陷不影响上线，但需在上线后尽快解决。

·微小缺陷：不影响功能也不影响使用，可以在系统升级时强化。

数据迁移

如果数字化转型是将老旧的系统升级为新系统，则还会涉及新旧系统之间的数据迁移。这一部分非常重要——多年来旧系统已经积累了大量的数据，这些数据丢失对企业来说将是巨大的损失并可能影响业务连续性。

但是，一股脑不加清理地将所有旧数据导入新系统也不是明智的做法。旧数据中可能积累了许多问题，转型时应避免将老问题带入新系统。如供应商主数据库可能存在数据重复（同一个供应商有多个供应商代码）、长期未更新（联系方式早已失效）或供应商已退出供应市场（超过 5 年无任何交易记录）等问题，应予以清理后再进行数据迁移。

新系统上线

新系统上线日期应提前多次沟通，确保各相关部门都已制定了本部门的系统切换计划（System Cutover Plan）及应急方案（Contingency Plan），从而顺利实现过渡，不对业务连续性造成消极影响。

当上述工作全部完成之后，双方将确认所有准备工作完成，签核进行系统切换。旧系统将被切断（旧的工作方式将作废），新系统上线。

上线后技术支持

新系统上线后，供应商将根据双方合同提供为期数月到一年的技术支持（Hypercare），以应对新系统上线后，各职能部门还在"学习曲线"爬坡阶段出现的各种问题。企业的 IT 部门和之前培训的各个部门的"超级用户"也会进入技术支持的行列。新系统上线后数个月内，项目经理将每天召集技术支持团队检阅故障清单，将故障按重要程度分级并排序，从而确保将其对业务连续性的影响降到最低。

·红色：重要程度高，代表该故障会影响业务连续性或合规性要求，必须在 48 小时内解决。

·橙色：重要程度中等，代表该故障会影响流程效率，不及时处理会导致流程瓶颈，必须在两周内解决。

·绿色：重要程度低，代表该故障不影响系统的使用或发生频率较低，可以在两个月或更长的时间内解决。

在上述技术方案的具体实施过程中，还有几个重要事项贯穿其中。

·根据风险登记册，确保商定的风险应对措施按计划执行，以降低项目总体的风险暴露程度，并使单个风险的威胁最小化。

·根据利益相关者管理计划和分析图，与利益相关者沟通和合作，以满足他们的需求和期望，处理相应问题，并促进适当的利益相关者参与，从而使项目经理能够获得利益相关者更大的支持或减小由他们带来的阻力。

·沟通管理：从总经理（或首席执行官）、项目发起人和项目经理等不同层面，在不同阶段、不同场合与将受数字化转型项目影响的受众沟通，展示项目能给企业带来的积极变化并通报项目进展，从而让其在心理上做好准备。

4.2.5　项目监控

项目监控是通过监控项目的进展并在必要的时候采取措施，来保障项目的成功交付。

项目监控分为监测和控制。监测是指采集项目绩效数据，制定绩效衡量标准，并报告和传播绩效情况。控制是指将实际绩效与计划绩效进行比较，分析差异，评估趋势以实现流程改进，评估可能的替代方案，并根据需要适当的纠正措施。两者的作用都是跟踪、审查和报告项目的整体进展，以实现项目管理计划中确定的项目目标。

严格来讲，项目监控不是一个独立的项目阶段，而是与上面的项目执行阶段并行的，如对执行过程进行质量监控（项目验收标准）、进度监控（项目是否按照原定计划进行）、成本监控（项目成本是否超预算）等。

4.2.6　项目收尾

项目收尾是当确认所有的项目任务都成功交付了之后，对项目进行接收从而转入正式运营阶段。项目收尾阶段一般包含以下活动。

· 将项目从项目团队移交给运营部门或用户部门。

· 进行项目后审查，以衡量收益的实现程度。

· 在审查中确定潜在的改进、变化和机会，并将其纳入战略规划进程加以考虑。

· 确定是否需要进行任何改进或修改。

· 总结项目执行过程中的经验教训并将其存档，以利于日后类似项目的实施。

项目成功与否是根据项目目标的完成效果来衡量的。在许多情况下，采购数字化转型成功与否要到项目完成后的某个时刻才会知道。在这些情况下，项目管理办公室（Project Management Office，PMO）、项目指导委员会或采购部门应在以后的日子里对项目结果进行评估，以确定结果是否符合业务目标。有些企业还会据此更新商业论证，以反映实际情况。

本节以美国项目管理协会的项目管理生命周期，介绍了采购数字化转型的项目流程，其中重点讲述了项目执行阶段。本节提及的各个阶段的主要任务都是成功实施项目必须考虑的，但要使数字化转型顺利成功，还离不开下一节要讲的另一关键影响因素——变革管理。

4.3 变革管理

4.3.1 变革管理的定义及理论

美国项目管理协会认为："变革管理以一种全面、循环、结构化的方式，使个人、团体和组织从当前状态过渡到具有预期商业利益的未来状态。"其关键词是"过渡"和"商业利益"。

自 20 世纪五六十年代以来，在变革管理领域涌现出了基于不同角度的各种理论或实践，乃至系统和模型，且不断成熟完善。这些理论或模型总体而言可分为以下两大类。

将变革视为一种心理上的转变

此类理论最著名的是"变革曲线"，它基于伊丽莎白·库伯勒 - 罗丝（Elisabeth Kübler-Ross）在 20 世纪 60 年代开发的一个模型，最初用来解释绝症患者在被告知病情后的 5 个独立阶段，即否认、愤怒、恳求、沮丧和接受（称为"悲伤的 5 个阶段"），后被广泛应用于重大的变革场景中。以此为基础并拓展为 7 个阶段的变革曲线如图 4-5 所示，横轴为时间，纵轴为利益相关者的情绪，以反映利益相关者在宣布和实施一项变革时的心理变化过程。到 20 世纪 80 年代，变革曲线已经成为变革管理中的一个惯用模式。

威廉·布里奇斯（William Bridges）的过渡模型也可以归为此类。该模型很好地解释了，当组织发生变革时，个人心理会发生什么变化。这个模型区分了变革（Transformation）和过渡（Transition）。变革是情境性的，或者说，它在外部客观发生且不以接受者的意志为转移，也就是说，无论人们是否完成过渡，它都会发生。而过渡则是一个内部的心理过程，指的是人们逐渐接受新状况和随之而来的变化。

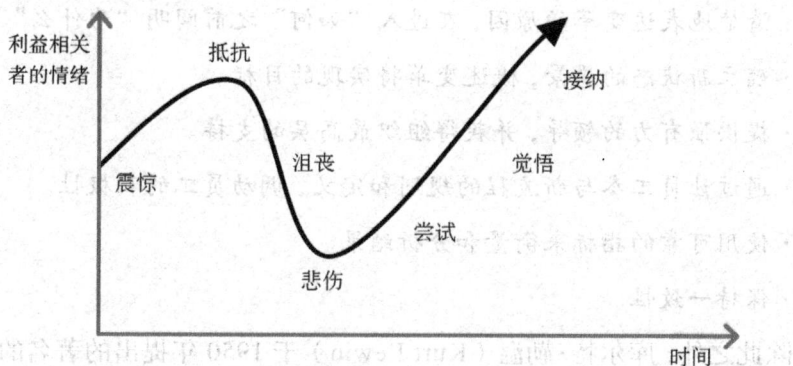

图 4-5　变革曲线

将变革视为一个流程

"领导变革之父"、举世闻名的领导力专家约翰·科特（John Kotter）的变革管理 8 个步骤是将变革视为一个流程的典型模型。该模型基于对上百个不同组织的变革的研究分析，总结出了 8 个关键的经验教训，并将其转化为 8 个步骤（见图 4-6）。

01　增强紧迫感　　02　建立变革领导团队
03　为变革设定愿景　　04　沟通愿景寻求认同
05　消除变革阻碍　　06　创造短期成效
07　巩固获益再接再厉　　08　将变革成果融入企业文化

图 4-6　科特的变革管理八大步骤

资料来源：改编自科特（1996）

科特的变革管理模式通常被认为是"自上而下"的变革方式，即变革的需求和方法来自组织高层，然后向下层层推广至变革的接受者（变革的对象）。

通用电气公司（General Electrk，GE）著名的前首席执行官杰克·韦尔奇（Jack Welch）提出的变革管理模式也可以归为此类，该模式后来成为许多组织的变革蓝图。该模式包含 6 个简明扼要的步骤。

- 清楚地表达变革的原因，在进入"如何"之前阐明"为什么"。

- 确立新状态的愿景，概述变革将实现的目标。

- 提供强有力的领导，并获得组织最高层的支持。

- 通过让员工参与新流程的规划和定义，调动员工的积极性。

- 使用可靠的指标来衡量和分析结果。

- 保持一致性。

除此之外，库尔特·勒温（Kurt Lewin）于 1950 年提出的著名的"解冻—改变—再冻结"（Unfreeze–Change–Refreeze）3 阶段理论，也是理解组织变革全过程的经典模型。

"以人为本"实现变革

即便成熟的变革管理理论和模型多处开花，仍然有数据表明，超过一半的变革未能完全达到预期目标。科特甚至断言，组织中有超过 70% 的重大变革都以失败告终。大部分原因在于，多数的变革太关注技术、流程、绩效衡量、工具、结构和程序这些"硬性"因素，而忽略了认可、承诺、态度、创造性、克服阻力和自我领导等"软性"因素。一份历经重大变革的 327 家企业的数据显示，重大变革项目成功的头号障碍是员工的抵触情绪及无法在变革中对人员进行有效管理（Prosci 公司，2002）。

也因此，杰夫·希亚特（Jeff Hiatt）的 ADKAR 模型应运而生。ADKAR 这个词由认知（Awareness，即意识到变革的必要性）、渴望（Desire，即渴望支持和参与变革）、知识（Knowledge，即懂得如何变革）、能力（Ability，即实施变革所需的技能和行为）和巩固（Reinforcement，即巩固变革成果）这 5 个单词的首字母组成，它代表为了促成变革，每个人需要经历的 5 个阶段，是从"人"的角度来管理变革的。

任何业务变革都需要"个人"以"不同"的方式开展工作，以获得成功，采购数字化转型也不例外。变革通常涉及变化和对现状的破坏，无论是主动还是被动的变化，都会给企业和它的利益相关者带来压力。为了确保员工和企业在变革过程中相向而行，在数字化转型过程中不仅应关注项目管理方面的"硬性"因素，更应关注员工心理建设层面的"软性"因素，"两手都要抓，两手都要硬"。

本节将不拘泥于理论的框架，以关注"人"的 ADKAR 模型为重点，综合上述其他几类不同理论的优点，再结合项目管理的具体实施，以目的为导向，来阐述采购数字化转型中的变革管理，并介绍每个步骤可能会涉及的工具。

数字化转型成功的标准

从"人"的角度，衡量数字化转型成功的标准如下。

· 员工接受、认可数字化的采购流程和活动。

· 员工掌握并熟练运用数字化采购的工作技能。

所谓"以目的为导向"指的是，通过有效的变革管理方式，达到上述的结果。其间，变革管理的四大方面将有助于达成此目标，分别为利益相关者管理、沟通管理、培训管理和阻力管理，如图 4-7 所示。

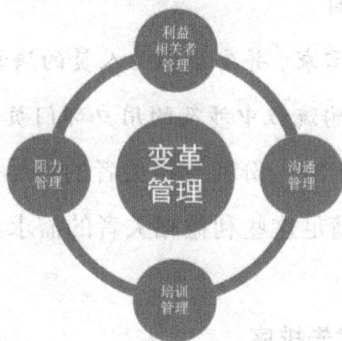

图 4-7 变革管理的四大方面

4.3.2 变革管理之利益相关者管理

以人为本意味着我们首先要弄清楚"谁"会受到数字化转型的影响。这一步会用到的一个强大的工具——利益相关者管理计划。这一步是其他所有步骤的基础，会直接影响变革管理的结果。利益相关者管理计划分以下4个步骤。

（1）识别数字化转型项目的利益相关者。

（2）对利益相关者进行优先排序。

（3）了解关键的利益相关者。

（4）制定利益相关者行动计划。

下面将对上述4个步骤分别进行阐述。

识别数字化转型项目的利益相关者

如上文所述，利益相关者是指那些在组织、流程、项目执行或决策中具有利害关系或重大利益的个人或团体，或者更直接地说，利益相关者是指任何能够影响项目、受项目影响或认为自己会受项目影响的个人、团体或组织。对采购数字化转型项目而言，利益相关者可能包含以下人员。

· 企业高层：作为项目发起人或项目指导委员会成员支持项目。

· 企业中层管理人员：在其所领导的团队中扮演"教练"的角色。

· 相关职能部门员工：从不同职能（如生产、供应链、财务等）的角度，贡献产出。

· 项目团队：执行项目。

· 人事部：统筹培训需求，并安排相关人员的培训。

· 用户部门：所有采购流程中涉及的用户部门员工。

此步骤的目的是制定出一份利益相关者的详尽名单，用于评估在项目计划或其他行动中应如何满足这些利益相关者的需求。利益相关者分析是利益相关者管理的关键部分。

对利益相关者进行优先排序

企业不同的员工对数字化转型的接受程度各不相同，不同级别的员工对数字化转型的影响力也大相径庭，有些人可能有能力阻止或推动变革，有些人可能对变革兴趣盎然，而有些人可能漠不关心。因为有此"众生相"，我们需要对利益相关者进行优先排序，即将每个利益相关者放入以转型的影响为纵轴、对转型的接受程度为横轴的网格中进行归类，如图4-8所示。

抵制者 受转型影响大 接受程度不高	**推动者** 受转型影响大 接受程度高
旁观者 受转型影响小 接受程度不高	**催化者** 受转型影响小 接受程度高

图 4-8　利益相关者图析

此步骤的目的是通过观察每个利益相关者受转型影响的程度及其对转型的接受程度来确定利益相关者的优先次序。

了解关键的利益相关者

该步是进一步深入了解项目的关键利益相关者。项目团队需要知道他们对项目可能产生的感受和反应，以便为他们"量身定做"沟通方式。以下几个关键问题可以帮助项目团队了解其关键的利益相关者。

·转型的结果对他们在经济或情感上有什么影响？是积极的还是消极的？

·他们想从项目团队得到什么信息？

·他们希望如何接收项目信息？向他们传达项目信息的最佳方式是什么？

·一般来说，谁会影响他们的意见？这些影响者在利益相关者图析中又处于哪个象限？

·如果他们不太可能积极响应转型，可以通过什么方式赢得他们的支持？

·如果项目团队不认为能够赢得他们的支持，将如何管理他们的反对意见？

此步的目的是通过确定利益相关者感兴趣的内容、他们将受到的转型影响，以及可能提升他们接受程度的方式，更好地了解关键的利益相关者。

制定利益相关者行动计划

该步是针对不同的关键利益相关者，制订行动计划，内容如下。

（1）针对推动者的行动计划。

· 积极争取其充分参与。

· 密切管理。

· 变革倡导者的潜在人选。

· 使其发挥作用推动他人共同前进。

· 提供积极的反馈，以鼓舞其士气。

（2）针对催化者的行动计划。

· 使其充分了解项目情况。

· 经常进行沟通，以确保没有重大问题发生。

（3）针对抵制者的行动计划。

· 积极主动地进行管理，确定行动和下一步措施。

· 用明确的愿景来"推销"利益，创建共同的目标感。

· 以合作的方式及早并经常性地进行沟通。

· 重视反馈回来的信息。

· 通过充分的培训支持过渡。

· 使其参与风险规划和问题管理。

· 识别抗拒甚至破坏转型的员工并采取行动。

（4）针对旁观者的行动计划。

· 予以关注。

· 不断沟通并"推销"转型的好处。

· 不必花费过多精力，避免过度和不必要的交流。

在此阶段，为了能正确分析"谁"会受到数字化转型的何种影响，项目团队还需要进行变革影响评估，其目的是识别以下 3 方面活动。

· 开始：哪些活动将因变革而开始？

· 结束：哪些活动将因变革而终结？

· 继续：哪些活动在变革后仍会继续？

此步的结果也会跟沟通计划和培训需求分析息息相关，我们接下来会谈到，在此先略过不表。

当上述步骤全部完成时，我们将得到如下结果。

· 确定了关键利益相关者。

· 确定了受转型影响的用户群体。

· 确定了变革的倡导者。

· 确定了关键利益相关者的承诺水平、受转型的影响及对转型的影响。

从项目管理周期的角度来看，确定关键利益相关者应在项目启动阶段完成，利益相关者管理计划的全部事项应在项目规划阶段完成。

4.3.3　变革管理之沟通管理

无论是科特模型中的"增强紧迫感""为变革设定愿景""沟通愿景寻求认同"，或是通用电气公司模型的"清楚地表达变革的原因""确立新状态的愿景，概述变革将实现的目标"，还是 ADKAR 模型中的"认知"（Awareness）、"渴望"（Desire），其本质都是为了解决沟通问题。

沟通是任何变革举措中最具挑战性的一个方面，它是让人们参与变革的关键。成功的变革在很大程度上依赖于参与及涉及其中者如何看待它。任何形式的变革启动时，人们都希望得到足够的信息。有效的沟通是为了树立意识和达成理解，以便获得后续的支持。成功的变革需要大多数的利益相关者接受变革，并致力于实现企业所确立的目标。

正因如此，有效的沟通计划至关重要。所谓有效的沟通计划，是确保正确的信息在正确的时间，由正确的发送者通过正确的渠道，发送给正确的受众。该计划详细说明了哪些信息需要沟通、与谁沟通、由谁沟通、何时沟通，以及如何沟通等内容。沟通计划不能是"骑驴看唱本——走着瞧"，而应该在项目规划阶段就完成，反映出变革的具体需求和复杂性；同时，它是一个"常青"的文件，需要定期审查，并随着项目的进展或情况变化，进行适度调整，以确保实现变革的目标。

需要强调的是，沟通计划不是简单地告诉受众数字化转型的项目情况。

为了避免在沟通管理中犯"形式主义"的错误,在详细阐述沟通计划之前,我们先来区分"告知计划"和"沟通计划"。两者的不同如表4-1所示。

表4-1　告知计划和沟通计划的不同

	告知计划	沟通计划
目的	告诉你"我们"(项目团队)正在做什么	帮助员工树立转型意识并让员工参与到这个过程中来
内容	项目细节、设计细节、状态和进度更新、里程碑	回答员工的问题:为什么?如果我们不这样做会怎样?为什么现在做?这对我们意味着什么?
频率	由项目的里程碑决定	高频率地传递关键信息
方式	一对多,广播信息(通常是单向的)	面对面的沟通、视频演讲、视频会议、小组会议、各种媒介
沟通者	项目团队成员	量身定制,确保信息传递的最佳效果

从对比中可以清晰地看出,两者最大的不同在于"告知计划"是单向的,"我们"(项目团队)告诉"你"项目的进展,它将项目团队变成孤岛,割裂了其与受众之间的联系——这是"项目团队"的项目,而不是企业的转型;而"沟通计划"是多种方式的沟通互动,了解员工的关切,打消他们的疑虑,从而让员工参与到转型过程中来。

下面我们将根据沟通计划的5个关键要素,详细阐释该计划。

目的

如上表所示,沟通计划的目的是帮助员工树立转型意识并让员工参与到这个过程中来。结合我们上文中提及的衡量数字化转型成功的两个标准,沟通计划所要达到的是第一个标准,即"员工接受、认可数字化的采购流程和活动"。

内容

沟通计划的内容是回应员工的疑虑和关切。任何有效的变革的起点都是对商业问题的清晰定义。问题的确定本就回答了受影响人员想知道的最重要的疑问:为什么我们必须这样做?对这个问题的回答可以为员工支持变革打下基础,因此回答必须要有说服力。此外,回答"为什么"至关重要,不仅因为它具有激励员工参与的潜力,还因为它创造了一种紧迫感。

在大多数情况下，要说服一个人，从其自身的利益出发是最有效的。采购数字化转型的变革也不例外。当员工知道做某事的原因以及此事会对其带来的积极影响时，自然而然会更容易接受变化的发生。为了解决变革中"人"的问题，我们需要解释为什么变革是必要的，以及它对员工来说意味着什么。

在项目启动之前的商业论证中早就涉及了这两个问题，但如今面向员工时，解释的语言是不同的。做商业论证时，目的是取得企业高层对项目的支持，因此应该用企业高层能理解和认同的语言，即财务影响方面的语言，如投资回报率；但向员工解释时，应该用更通俗的语言。原因在于，企业高层和普通员工对变革的看法是不同的。企业高层通常将变革视为企业的商业机会，而员工通常将变革视为破坏性的、侵入性的，并可能涉及个人损失。相较于企业的盈利，员工更关心他们工作的稳定性、薪资的涨幅、晋升的可能、培训的机会以及工作任务的吸引力。因此，需要传递给员工的是，企业进行数字化转型，不是因为它时髦，而是因为随着社会迈向工业4.0，数字化将日益成为竞争的门槛，"刀耕火种""手工记账"的年代终将过去，如果不及时完成数字化转型，企业将无法完全满足市场和客户的需求，以致影响企业的发展，从而影响员工的工作、薪资和晋升。反之，数字化转型带来的敏捷性和其他收益将增强企业的竞争力，从而确保员工工作的稳定性；大量的系统培训也使员工个人有了发展新技能的机会，从而提升其"市场价值"：数字化转型带来的全新工作方式也让员工从过去大量烦琐却毫无增值的手工作业中解脱出来，让工作任务本身变得更有趣。

简而言之，虽然数字化转型无疑是企业的一项商业举措，但沟通的内容需要设身处地从员工的个人感受出发，触动正确的那根弦，并依据不同的职能部门和受众群体清楚地描述出数字化转型的关键作用。

频率、方式和沟通者

虽然在项目完成关键里程碑时进行沟通是不可或缺的，但沟通的频率显然不能局限于此。3次经验法则是指一个人需要接收同样的信息5次，才能完全吸收该信息。然而，这并不意味着企业要对员工进行信息轰炸。关于频率这一点，我们将结合沟通方式和沟通者一起讨论。

首先需要明确的是，沟通者不能仅限于项目团队成员。除了项目经理外，以下几个角色也在变革管理的沟通计划中发挥着关键作用。

（1）项目发起人或项目指导委员会成员（企业高管）。

高层的支持不仅仅是参加项目指导委员会和"发号施令"，高管们应该自己成为变革的推动者，并在日常工作中以身作则，引领变革。在项目启动阶段及企业季度（或定期）业绩沟通会中，项目发起人应将数字化转型列为其中一个议题，面向全体转型受众清楚地表达变革的原因并概述变革将实现的目标。项目发起人表述愿景或目标时，应该简明扼要、清晰而有说服力，并概述变革的好处和影响，如改善业务流程（通过增强敏捷性或提高生产效率等），以及这些改善将如何惠及员工。员工需要知道谁会受到影响，如何影响，为什么会受影响，以及转型的具体时间表。除非员工能够看到一个明显比现在好的未来状态，而且对他们更有利，否则他们可能不会接受变革的痛苦并付出努力。

不要介意项目发起人在不同的会议中重复类似的内容，记住刚刚所讲的5次经验法则。重要的是，企业高管要公开表明对变革的承诺。企业高管应亲自参与到变革的沟通中来，这样会发出一个强有力的信号，向利益相关者传达企业对实施变革的认真程度。这不应该是一件可以被授权给下属的事情。企业高管积极和明显的承诺提高了沟通内容的可信度，显示了企业高管对以不同方式开展业务的决心，从而促进利益相关者对数字化转型产生更大程度的认可。

企业高管的沟通方式通常为面对面或视频演讲的方式，确保每个人都接收到数字化转型的重要信息。

（2）变革倡导者。

变革倡导者通常为项目团队的一员（或毛遂自荐，或接受委派），协助项目经理制定沟通计划并推动其实施。变革倡导者参与项目的所有阶段，他们相信变革（数字化转型）是正确的方向，并积极倡导和推动变革，试图为其夺取承诺和资源，但他们并没有实现变革的直接权力（并非领导者）。除了定期沟通项目的进展情况之外，变革倡导者也协助各个职能部门制定本部门的转型计划，并在企业中宣传转型的益处。他们是变革的主要沟通者，并在必要时努力缓和冲突。变革倡导者也通过各种方式激励其他人分享在转型过程中的经验体会，从而促进变革。他们在变革实施中发挥着重要作用。

像采购数字化转型这样重大的项目，变革倡导者应是全职工作者（可采取内部抽调的方式），需要参与项目的许多变革管理工作。在个人的日常工作之外同时承担此职务，可能会让该员工不堪重负并消磨其变革热情，从而对变革管理的沟通工作产生消极影响。经验之谈是，如果变革管理不是某个人的工作，那么它就不会是任何人的工作。"

变革倡导者有多种沟通方式，根据不同的沟通事项或不同的受众，可以采用面对面交流、视频会议（特别是当受众分处不同地域时）、海报、宣传视频、宣传册、企业内部简报（以电子邮件方式发送给全体员工）、内部网发布及问卷调查等方式。根据不同的沟通事项，变革倡导者应进行分析以确定信息的最佳沟通方式。

（3）变革促进者。

在转型过程中，项目团队应在各个关键职能部门中指派变革促进者。变革促进者并非项目团队的正式成员，他们是各个职能部门的变革拥护者，一般是本业务的专家或资深员工，熟悉本部门的工作流程，他们在项目执行过程中提供与本职能相关的项目输入，并在本部门中传递项目的相关信息，收集部门同事对转型项目的意见并释疑。因此，与变革倡导者不同，变革促进者主要负责战术性的项目实施活动，包括设计、部署、测试和本部门的转型计划等，并确保项目的执行能满足本部门的业务要求。

变革促进者的沟通方式通常为部门内面对面的小组会议，频率不定，视项目需要而定。

总之，变革之旅从高层开始，领导层必须接受它并推动其发展。接下来，由变革者倡导者、变革促进者及各职能部门中层管理人员渗透，通过项目团队、跨职能团队定期沟通及解释愿景或目标。最终，基层员工需要被动员起来，参与转型流程，提供输入和反馈，接受培训，并不断得到支持，以实现采购数字化的成功转型。

4.3.4 变革管理之培训管理

如果说沟通管理是为了解决数字化转型成功的第一个标准（员工接受、认可数字化转型），那培训管理就是为了达到转型成功的第二个标准，即员工掌握并熟练运用数字化采购的工作技能。正如本章开篇所述，归根结底，系统需要人的操作才能发挥出其全部潜力，因此，培训是变革管理的重要一环，其目的是为了确保运行新系统的知识和技能由系统服务商处转移到企业内部。

如图 4-9 所示，培训管理应涵盖以下 5 个关键问题：

· 培训何人？

· 何时培训？

· 培训何种内容？

· 用何种方式培训？

· 如何评估培训成效？

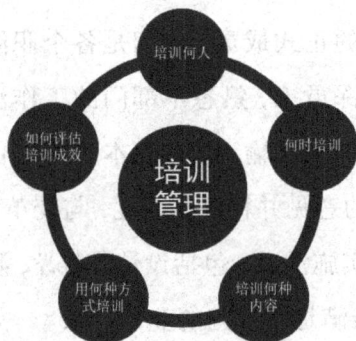

图 4-9 培训管理的 5 个关键问题

基于上述 5 个关键问题，一个完善的培训计划应该考虑以下多个方面。

培训何人——企业内部用户和外部供应商

对于内部用户培训而言，可通过如下方式确定受训人员和培训师。

（1）进行培训需求分析，确定培训要求和每项培训的受众（分析技能差距，为每个角色创建课程）。

（2）培训应包含在系统服务商的合同范围，并在项目规划阶段确定培训师。如果是采用系统服务商培训部分企业内部人员，再由该批受训的培训师去培训其他内部人员的方式，那项目团队应尽早与人事部紧密合作，敲定内部培训师的名单。

除了上述企业内部培训之外，采购数字化转型通常还涉及到对外部供应商的培训，如上线电子采购系统，供应商需在电子采购平台注册其账号并将此账户与企业关联，并应知晓如何在系统中进行相关操作（如确认邀标请求、投标、确认订单、确认服务完成、上传发票等），从而可以在新系统上线之后通过该平台与企业无障碍地进行业务来往。

许多企业在系统中有上千家供应商，在新系统上线之前完成所有供应商的"上岗"（Supplier on boarding）工作几乎是不可能的，因此采购部门的供应商管理人员应对公司的供应商群做优先排序，具体步骤如下：

（1）根据历史记录，圈出在过去五年内有业务往来或邀请参加过竞标的供应商，其他供应商可暂且搁置。

（2）在这一批供应商中，再分出优先次序，即有合同或订单正在执行的供应商为最优先。

（3）另外，应结合公司本年度的采购计划表，过去未曾合作但在当年的采购计划中会邀请到的供应商也需要尽快完成培训。

何时培训——时间安排

对于内部用户的培训，时间安排方面应注意以下两点。

（1）因所涉及受训人员和每人需要完成的培训科目较多，应详尽考虑不同培训科目的推出时间，以免受训人员无法兼顾；确定每个培训科目的持续时间，以作出相应的计划。

（2）确保受训人员和培训师能在所安排的培训时间到位。

而供应商培训一般在新系统上线前两个月开始。原则上，根据上文三个步骤确定的"优先"供应商都应该在新系统上线前完成"上岗"工作，除非部分过去五年内有合作的供应商已经退出市场或终止与企业的商业关系。

培训何种内容——创建培训材料

（1）创建所需培训材料，确保每个人都知道谁负责制作哪一部分的培训材料及其完稿时间。

（2）每个企业的流程和运作方式都略有不同，培训材料需要为此而定制。项目团队和人事部应提前提供一致的指导原则。

用何种方式培训——培训形式及安排

对于内部用户培训而言，培训形式及安排应考虑以下几点。

（1）确定不同培训课程的培训形式。培训形式一般分为以下几种：培训师线下课堂培训（针对关键课程）、培训师在线培训（针对不同区域的同一职能），以及线上自我学习（针对基础的系统通用功能培训）。

（2）根据培训形式对所需设施进行规划，如线下课堂培训应考虑差旅及培训场所，线上自我学习则应创建在线平台及测评模块等。

（3）考虑所涵盖的地理范围。

（4）针对每个培训科目，应考虑在不同时间提供多场培训，以避免受训人员因其他事务错过某个时间而无法完成培训任务。

而供应商培训则一般由以下两种方式主导：

·在线培训，采购部的供应商管理人员通过在线平台以视频教学的方式分批次对供应商进行相关模块的培训。

·录制培训视频，供应商可自行学习，如有疑问再安排时间答疑。不论哪种方式，采购部都应将完整的培训材料（详细记述每个步骤截屏的手册）以电子版形式发送给供应商，以供其日后参考。

如何评估培训成效——界定成功

（1）确定培训成功的衡量标准；每个培训科目都应在培训完成后设置测评，并设定测评的达标线，系统应保存受训人员的测评达标记录，从而计算每个模块各个职能部门的达标率（原则上在新系统上线时，每个部门的达标率都应该在 90% 以上）；

（2）每个相关部门都应考虑将测评达标率列入转型当年本职能部门的平衡计分卡（Balanced Scorecard，即本部门的关键绩效指标）中；

（3）确定对培训师的奖励或表彰方式；

（4）庆祝和表彰成功。

培训管理是个繁重的任务，准备时间长，涉及面广，牵涉到的人多，是整个项目管理和变革管理流程中的重中之重，无论如何不能掉以轻心。早期规划和组织是培训的关键成功因素。培训计划应在项目规划阶段完成，培训的实施与项目执行阶段同步，培训成功与否的衡量应纳入项目监控阶段的范围，以确保万无一失。再次强调，培训管理的失败会直接导致数字化转型项目的失败——空有一个完美的系统，却没有能够使用该系统的内部员工和外部供应商，数字化转型就变成了"花架子""面子工程"。

4.3.5　变革管理之阻力管理

任何变革过程都绕不开的一个主题就是变革阻力，大到国家体制改革，小到企业的流程变革，采购数字化转型也不例外。在最后这一小节，我们将探讨变革的阻力管理（Resistance Management）。

马基雅维利（Machiavelli）在数百年前曾一针见血地指出："改革者的敌人是所有从旧秩序中获利的人。"相比较而言，采购数字化转型并不存在所谓的"既得利益者"，转型的阻力更多源自人的天性——对"不确定性"的担忧或恐惧，例子如下。

· 数字化的工作方式，我掌握得了吗？

· 那么多的培训，我应付得过来吗？

· 数字化转型之后，会不会有组织架构的调整影响我的工作？

这种对数字化转型的抵制有可能会使其在公开或私人场合，发表针对变革的消极言论，散布负面情绪，进而影响到周边的其他员工。

在开始阻力管理之前，我们需要回到上文所述的利益相关者图析，区分不同的员工。

· 有些员工很早就接受并认同转型的方向，并在其中积极倡导及推动，这些人是在阻力管理中值得依赖的变革力量。

· 有些员工对变革犹豫不决或不确定，这些人可能是潜在的阻碍者，应转变其思维让其成为变革的支持者，或至少是变革的顺应者。

· 还有小部分员工是变革的抵制者，从心理上抗拒变革，不愿转型。这些人将是阻力管理的重点。

阻力管理与沟通管理两部分工作相辅相成、相互交叉，从本质上讲，阻力管理就是沟通说服以取得共识的过程。在沟通管理中所提及的"确保员工意识到变革的必要性，并创造变革的紧迫性"这一指导原则在阻力管理中仍然有效。下面将详细介绍阻力管理的六大行动措施。

倾听并理解反对意见，以排除障碍

试图改变对方想法的前提都是先倾听并理解对方的立场，这是放之四海而皆准的黄金法则。犹豫不决甚至抵制，可能源于"误解"。倾听并理解对方的立场，有助于识别其对转型的误解，并提供关于转型的正确和真实的理解，从而打消其疑虑和担忧。即使无法完全消除误解，项目团队至少能够明确识别障碍，以确定企业解决这些障碍的可能方法。需要注意的事项有以下两个。

· 避免辩论或争论。

· 目标是倾听和理解，并澄清转型的真实内容。

专注于"做什么"（目标），放手"怎么做"

当员工参与解决方案的制定时，其对转型的接受程度会更高，这部分源于美国心理学家戴维·迈尔斯（David Myers）在其著作《社会心理学》中所提出的自我服务偏见（Self-serving Bias）心理。

对采购数字化转型项目而言，未来状态的设计基础取决于系统服务商的系统能力，解决方案的制定不可能完全交由内部员工，但在条件允许的情况下，仍可将一部分工作放手交给员工，如通过问卷调查的方式寻求其对转型后的工作方式的期望，在设计阶段组织专题研讨会邀请员工参与设计进程，在实施的不同阶段让员工参与测试并提出改进意见等，都有助于员工的参与，从而让员工慢慢建立对转型的"渴望"（Desire）。同时，项目团队应分享转型后的清晰图像，以及具体的目标和时间表，减少员工的不确定感。

营造希望

这一举措利用了心理学上的"从众心理"，通过员工所尊重并信任的领导人对数字化转型项目的公开承诺和支持，通过分享变革倡导者及变革促进者对转型的热情，为员工和企业营造出对未来更为先进的工作方式的向往，从而触动犹豫不决者或抵制者产生对变革的渴望。

以真实、有形的方式展示效益

对一些员工来说，"耳听为虚、眼见为实"，因此，以一种真实、有形的方式展示数字化转型的好处，可以使员工产生对变革的渴望，可以采取的方式如下。

·分享成功案例，如转型的企业效率提升的真实数据。

·展示转型后流程的实操过程，以及与现有流程的对比——让员工有"高下立判"的真实感。

·在企业内以显著方式展示试点项目（或"速赢"项目）的成功（分享小胜利，公开庆祝成功）。

利用个人关系

在一个紧密合作的团队中，当大多数员工都支持转型，而有个别成员仍然抗拒时，这种行动措施可以派上用场，且在有高度信任和尊重的诚实开放的关系中使用，效果最好。项目团队可邀请支持转型的员工做"转型代言人"，以个人关系说服与其有密切工作关系的抵制者，使抵制者支持转型，或至少以更客观的方式看待转型。

改变态度最强硬的抵制者

此行为措施用一个不是很文雅的短语来形容就是"擒贼先擒王"，当然这也是阻力管理中最具挑战性的一条，其目的是使用特殊战术和干预措施，使"直言不讳的意见领袖"转而支持转型。

采取这一行动措施需要注意的是，将精力集中在个别态度十分强硬的抵制者上，可以采取的方式如下。

· 首先，可以通过数次非正式的"一对一"对话了解抵制者的立场及尝试转变其立场。

· 其次，可以通过在同行中具有影响力的变革促进者的帮助，尝试对其施加影响。

· 再次，可以考虑激励机制。由于数字化转型通常伴随一定程度的组织架构调整，能够迅速或更快适应数字化工作方式的员工将有更多的机会在调整后的组织架构中赢得更好的职业发展。此激励机制必须得到项目发起人或项目指导委员会的首肯。

· 最后，如果其他所有手段都未能奏效，则可能需要高层领导的支持（动用权威），在某个领域有阻力的情况下与抵制者进行单独会谈。

需要强调的是，上述讨论只是基于普遍的变革管理措施，由于不涉及"既得利益者"，在数字化转型项目中未必会出现此类态度强硬的抵制者。

至此，变革管理4个部分的内容都已叙述完毕。结合项目管理生命周期的5个阶段，表4-2列出了在每个阶段所需采取的变革管理措施。概括而言，在项目管理的变革周期框架中，有效变革管理过程的一般准则有如下几个。

表4-2　不同项目阶段的变革管理措施

	项目启动	项目规划	项目执行	项目监控	项目收尾
利益相关者管理	确定利益相关者	制订利益相关者管理计划	执行计划	监控计划并验证成效	评估及记录存档
沟通管理		制订沟通计划	执行计划并视情况微调	监控计划并验证成效	评估及记录存档
培训管理			制订培训计划并执行	监控计划并验证成效	评估及记录存档
阻力管理		视情况管理可能的阻力	视情况管理可能的阻力	视情况管理可能的阻力	视情况管理可能的阻力

· 通过识别和澄清变革的需要，评估变革的准备情况，以及划定变革的范围、制定变革的方案。

· 通过定义变革方法和规划利益相关者的参与过程来规划变革。

· 通过让组织为变革做好准备、动员利益相关者和交付项目产出来实施变革。

4.3.6　变革管理成功的关键因素

最后，我们通过总结变革管理成功的几个关键因素来结束本节内容。

（1）系统地、反复地处理利益相关者的问题。了解变革是如何运作的，对可能出现的问题进行规划，以及监测并采取相应措施，是项目变革管理最重要的内容。此外，重要的是，项目团队要反复从受影响的员工处获得输入或反馈，并重视对其进行培训，使其适应转型的要求。

（2）"与"员工一起实施变革，而不是"对"员工进行变革。"自上而下"家长式的变革在企业中常常未能如愿的原因在于，员工觉得自己被忽略，没有参与变革，这种沮丧感会直接或间接地阻碍变革。

（3）有效沟通是变革成功的关键，以下几点是确保有效沟通的重要方式。

· 应尽早清晰地传达变革的愿景。

· 概述变革的益处和影响。

· 确保企业领导者在整个变革过程中积极沟通。

· 使用多种方法和渠道进行沟通。

· 为受变革影响的员工提供对话机会，让他们能参与其中发声。

· 经常重复变革的关键信息。

· 监测和衡量沟通的有效性。

（4）变革管理的关键是确保受变革影响的人看到变革的必要性（亟待解决的问题或商业机会），以及在确定变革范围和制定变革的解决方案时让其积极参与其中，这样能够大大提升变革的成功率并显著减小变革的阻力。

4.4　采购数字化转型的注意事项

本章以大量的笔墨探讨了采购数字化转型的方方面面，尤其是包括变革管理在内的项目管理流程。在本章行将结束之际，有必要简单谈一谈采购数字化转型的一些注意事项。

4.4.1　采购流程数字化的注意事项

正如上一章所述，许多数字化工具是基于云端的软件，即所谓的"软件即服务"（Software as a Service，SaaS）。在这种软件交付模式中，软件仅需通过网络，无须经过传统的安装步骤即可使用，软件及其相关的数据集中托管于云端。因此，企业可以根据自身需要有选择地部署，但如果要很好地发挥数字化工具的潜能，端到端"寻源到付款"（Source-to-Pay，S2C）的流程数字化并将其与 ERP 系统集成是必要的。所有的采购需求都进系统，从而使采购实现所有支出的可视性。在这基础上，企业还可以根据进一步的需要拓展其他增值应用，如需求预测、风险管理模块等。

同时，必须保证所有不同的系统或模块都共享相同的主数据，如供应商管理系统、订单系统和物料管理系统等，否则多个系统的数据输入、管理和清理会造成巨大的混乱，大大降低数据质量。关于数据质量，我们在下一章会进一步讨论。

此外，正如我们在第 1 章所提及的，采购数字化的益处在于促进协作并改善"供应链三流"尤其是信息流——其作用是"促进"和"改善"，而不是"替代"。无论是企业内部也好，企业跟供应商之间也罢，面对面的交流、互动等沟通方式、协作方式，不是任何数字化工具所能替代的。信息技术工具所带来的便利最终会造成人与人之间的生疏，这一悖论时有发生。就如当年我们还是用纸笔写信时，我们会跟不在身边的好友书信往来（即使一封信邮寄出去要多日才能抵达），而如今通过电子邮件、微信、电话能够随时联系时，我们反而常常数年未能跟曾经的好友说上一句话。这是我们在数字化转型之后所应谨记的——采购仍需要与人打交道。

4.4.2　警惕数字化转型"形式化"

采购数字化转型的另一个注意事项是，警惕数字化转型的"形式化"。

任何自动化举措的最大风险之一是它并没有给特定的流程带来真正的改

变。相反，引入自动化数字解决方案只是增加了流程的复杂度或工作量，因此，其结果是导致人工工作量的增加，而不是工作量的减少（拉尔森，2021）。

这种现象出现的原因可能是多方面的，但是最重要的首推采购领导者的官僚主义或企业的守旧思维。这些领导者或这类企业推动采购数字化，只是因为跟风——"数字化是个趋势，那我也上个系统吧"。

因此，在上系统之前，他们并没有真正考虑数字化应该解决什么样的业务痛点或流程问题，也没有认真考虑通过数字化能够如何优化采购流程，他们所谓的采购数字化，被狭隘地看成把线下的步骤搬到线上完成，甚至造成啼笑皆非的系统设计。一个笔者经常提及的例子（因为它实在是太典型了）是，在数字化转型之前，有些企业在招投标过程中处理密封标书时，会有开标流程；该流程一般要求 3 名采购人员同时在场、一起开标，并在标书的关键信息上（如包含价格信息的部分）签字，同时在开标表上签字。其目的是确保不参与招投标工作的第三方人员见证开标过程，检查标书的有效性，从而保证招投标程序的公平、公正，避免负责该次招投标工作的采购人员在没有监督的情况下人为影响招投标结果。

在进行数字化采购平台的设计时，该企业生搬硬套地要求在系统中模拟线下的开标流程设置开标步骤——负责该项目的采购人员在截标时间到了之后，首先单击"开标"键，系统随后会通知另一名采购人员进入系统单击"开标"键，最后，采购经理也需要进入系统单击"开标"键，通过这一系列令人困惑的操作后，所有的标书才会显示出来。

这就是典型的形式主义，因为原有的系统控制完全可以保障招投标过程的公平、公正和透明。通过简单的系统设计，在截标之前，所有投标方上传的标书将"不可见"，但系统会记录其投标时间，而在截标之后，任何投标方将无法再提交新标书，采购方任何人也无法改动标书。此外，任何人在系统中所做的任何操作系统都会以系统日志的方式记录在案。上述的所谓电子开标程序完全是画蛇添足、贻笑大方，堪称现代版的削足适履。

另一种数字化转型需要警惕的形式主义，是仅通过数字化平台重复之前的工作方式——用新工具沿用老办法，"新瓶装旧酒"。这种方式在一定程度上仍然可以改善其部分流程，比如增强流程的可视性等，但如果没有辅以组织架构的调整、整体人员布局的优化、流程的优化、战略重点的调整等，那么其对采购职能的整体提升是有限的，数字化转型的真正价值也无法体现。举个例子，对于重复性的人工操作而言，如果自动化流程可以提升 30% 的效率，理想情况下，企业应该利用其释放出来的产能去做更有价值的工作，如供应商关系管理、供应商助力创新、风险管理、与其他职能部门建立更紧密的关系等，或者将部分人员转岗，而不是用更多无谓的行政性事务去填补多出来的时间。打个不完全贴切的比喻，当用自动码垛机取代搬运工人时，你并不需要让原来的 3 个码垛操作工去盯着自动码垛机工作。

那什么样的举措会促进采购数字化转型以更好地释放数字化的潜能呢？我们将在下一章中重点讨论。

本章小结

　　本章以详尽的笔墨探讨了采购向数字化转型的具体流程。第一节首先讨论了数字化转型的战略，强调了在真正开启数字化项目之前应关注的 6 个要点，即评估企业当前的位置、设立数字化转型的目标、以客户价值为导向、将变革管理作为数字化转型的头等大事、确定最优先事项和"速赢"突破口，以及创建数字化转型的商业论证。第二节遵循美国项目管理协会的项目管理生命周期，即项目启动、项目规划、项目执行、项目监控和项目收尾，详细介绍了数字化转型的项目流程，重点在于项目执行部分。第三节重点探讨了变革管理这一数字化转型的关键影响因素，并以 ADKAR 模型为基准介绍了变革管理的四大方面，即利益相关者管理、沟通管理、培训管理和阻力管理，并总结了变革管理成功的关键因素。本章的最后提出了采购数字化转型的注意事项，以避免数字化转型的"形式化"。

第 5 章
采购数字化转型
的助推器

诚如上一章所述，采购数字化转型对任何企业而言都是个大工程，除了正确的转型战略、严谨的项目执行和成功的变革管理之外，其他方面的推动因素也不容小觑。本章将着重讨论采购数字化转型的助推器，关注能够推动采购数字化更快、更有成效转型的举措及因素。

本章第一节首先介绍传统的采购组织架构，接着探讨数字化采购的组织架构，然后关注采购组织应该如何调整其架构以更好地实现数字化。组织架构的调整同样源于采购数字化转型后所衍生出的新角色，因此，第二节将讨论数字化下采购的新角色和新技能，通过经典的技能意愿矩阵阐述数字化转型后的人员管理，以培养和发展采购人员的技能并保持其高积极性。第三节聚焦敏捷采购这一主题，探讨采购流程如何支持或阻碍数字化的推广，并论证采购数字化与敏捷采购相辅相成的关系。第四节将阐述数字化对采购绩效管理的促进作用，并探讨合适的绩效管理工具对采购数字化转型的推动作用。5.5 节介绍采购数字化的基础，强调数据在采购数字化过程中的重要作用。

5.1 采购组织架构

5.1.1 传统的采购组织架构

自从采购在 20 世纪下半叶开始慢慢成为一个独立的职能部门之后，采购的组织架构经历了一系列演变。取决于企业的规模、所涉及区域的范围、企业的成熟度、业务的决策方式、企业文化等不同因素，采购的组织架构也呈现出不同的形式，并不存在理论上的"最佳模式"。

传统上，采购的组织架构有如下几种主要形式（见图 5-1）。

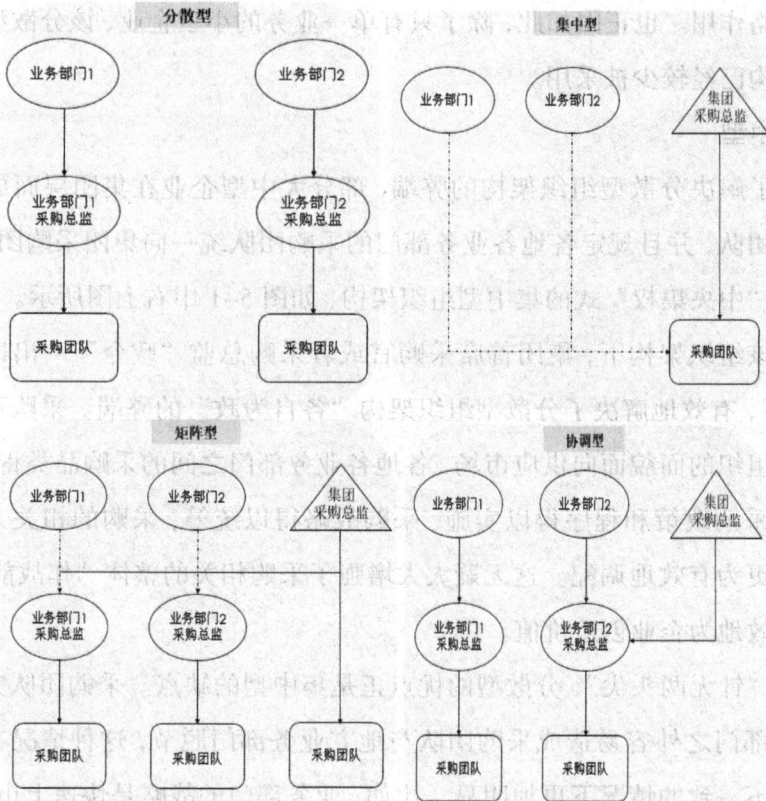

图 5-1　传统的采购组织架构

资料来源：奥纬咨询公司（2017）

分散型

所谓分散型，是指每个业务部门都有自己单独的采购团队，业务部门采购总监将采购需求汇报给采购团队。采购团队分散，分属自己的业务部门，独立运作，各自打理自己的"一亩三分地"，不存在集团的采购团队。通俗来讲，分散型就是"地方自治"型，其组织架构如图 5-1 中左上图所示。

分散型的优点在于采购团队与本地业务部门联系紧密，由于采购团队归业务部门领导，二者比较容易达成战略及优先事项上的共识，但其缺点也是显而易见的。由于采购团队"各自为政"，自成"孤岛"，各地各业务部门的采购团队之间无法实现协同增效，无法在集团层面实施统一的采购战略和举措，这无疑将大大削弱采购团队在助力企业创建竞争优势和增值方面所能发挥的战略作用。也正因如此，除了只有单一业务的小型企业，该分散型的采购组织架构已经较少被采用。

集中型

为了解决分散型组织架构的弊端，部分大中型企业在集团层面成立了集团采购团队，并且规定各地各业务部门的采购团队统一向集团采购团队汇报，这就是"中央集权"式的集中型组织架构，如图5-1中右上图所示。

在该组织架构下，集团首席采购官或者采购总监"政令"一出即可"号令天下"，有效地解决了分散型组织架构"各自为政"的弊端。采购可以以一个整体组织的面貌面向供应市场，各地各业务部门之间的采购品类得以整合，统一的采购政策和程序得以实施，采购战略得以统筹，采购的相关人力资源也可以更为有效地调配。这无疑大大增强了采购相关的整体"作战能力"，从而更有效地为企业创造价值。

但"针无两头尖"，分散型的优点正是集中型的缺点。采购团队完全独立于业务部门之外容易造成采购团队与地方业务部门脱节，这种情况在双方优先事项不一致的情况下更加明显。比如，业务部门的战略是快速上市新产品，而采购团队的绩效指标是降本时，二者就很容易产生冲突。业务部门有时甚至会认为集团采购团队对地方采购团队的"发号施令"是"瞎指挥"，根本不了解实际情况。

非传统的采购组织架构综合型

为了平衡前两种组织架构的利弊，综合型组织架构应运而生。综合型也称中央主导型。所谓的综合型，也就是通常所说的"双线汇报"模式。在该组织架构中，企业在地方采购团队的基础上设立一支精简的集团采购团队。地方采购团队的一条汇报线为所服务的业务部门，另一条汇报线为集团采购团队。实线上级为直接上级，可以对下属做绩效考核；该下属同时需配合虚线上级的工作，并接受虚线上级的指导。就组织关系而言，该员工归属于实线汇报部门。不同企业设置不同，下属既可以实线汇报给集团采购、虚线汇报给业务部门，也可以实线汇报给业务部门、虚线汇报给集团采购团队。其组织架构如图 5-1 中下方两图所示，其中左下角的组织架构也称矩阵型（Matrix Model），所有地方采购团队都向集团采购团队汇报，但归集团采购团队与业务部门共同管理；右下角的组织架构也称协调型（Coordinated Model），地方采购团队汇报给业务部门，集团采购团队则提供指导。

综合型组织架构集前两者之长，避前两者之短，既兼顾了地方需求，又能够在集团层面进行统筹。地方采购团队主要负责本地业务部门的采购活动，为运营层面的交易型采购专员；而集团采购团队负责品类管理、政策和程序制定，以及整体采购战略的制定，主要团队成员为较为资深的战略采购专员。但分工并不绝对，地方采购人员也可能被授权负责某个品类。由于此组织架构的优点，大多数业务单元较多或业务区域较广的大中型企业都采用综合型组织架构。

5.1.2 数字化采购组织架构

当面临数字化这种革命性的变革时，3 种传统采购组织架构都显得不大合时宜，其原因在于数字化所导致的工作方式的转变。

在展望 2025 年的采购运营模式时，SAP 公司将采购组织架构分为以下 3 个层次（沃尔默等，2018）。

·集团采购：风险管理、可持续性和品牌、价值管理、战略伙伴发展和供应商绩效管理。

·业务部门采购：与业务伙伴的协同合作，管理采购品类，运营层面的供应商关系管理、合同、创新和寻源。

·共享服务中心：高度自动化的共享服务中心将涵盖交易活动、主数据库管理等。

也就是说，集团采购只负责战略层面的采购事务，业务部门采购被赋予了更大的职责（品类管理和创新也被包含在其中），与此同时，共享服务中心为各业务部门共同采购事项提供支持。

这是一个可能的未来，但对大多数企业而言，这个步伐显然迈得太大了，可能会使他们无所适从，以致引发数字化转型的变革阻力——这显然与本章所要谈论的"助推器"相违背。我们或许需要在现有常见的综合型组织架构和上述 SAP 公司的专家所设想的框架之间找到一个"中间态"，并对 3 组人员的职能分工进行优化。

企业在搭建数字化转型后的采购组织架构时，需要重点考虑的一点是，架构组织架构如何才能最大限度地发挥数字化的潜能，从而更好地为企业创造价值。采购团队必须在创造更多价值与大力提高采购效率之间取得平衡。

"万变不离其宗"，当涉及组织架构即人员的配置时，一个不变的宗旨始终是"物尽其用，人尽其才"。数字化转型后，以 SAP 公司所设想的框架将采购团队分成 3 组的思路是正确的，但正如上文所说，我们需要对每一组的职能进行优化，在"伤筋动骨"引发变革阻力和释放数字化潜力之间取得平衡。优化后的 3 组采购团队分别如下。

· 集团采购的战略采购团队。
· 地方（或业务部门）采购的交易型采购团队。
· 集团采购的卓越中心（Centre of Excellence，COE）。

三者之间的关系如图 5-2 所示。

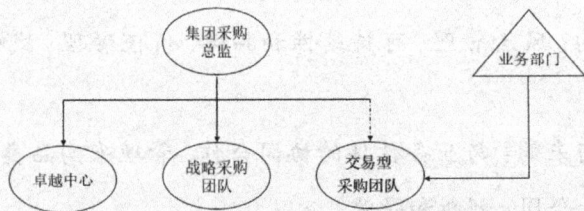

图 5-2　数字化采购组织架构

集团采购的战略采购团队

与综合型组织架构中的集团采购团队类似，数字化转型后的战略采购团队仍将专注于对企业价值最高的核心或战略品类的采购、相应的战略伙伴发展、供应商绩效管理，以及风险管理。这些品类一般来说支出或者降本机会多，但它也取决于企业最为看重的价值维度。如对智能汽车行业而言，创新将是重要的价值维度，而用户界面虽然只是整车的一个小部件，却能直接影响用户的操控体验，因此将可能被列为核心品类。

地方（或业务部门）采购的交易型采购团队

与综合型组织架构中的地方采购团队类似，地方或业务部门采购的交易型采购团队负责运营性的业务，如较小的谈判和供应商跟进，以及交易性和重复性活动，如订单处理，其主要职责是满足本地或本业务部门的日常需求。

集团采购的卓越中心

在上述模式类似的战略采购团队和交易型采购团队的基础之上，集团采购的卓越中心将成为助推采购数字化转型的重要组织。

在供应链的经典理论中，供应链管理本质上是实物流（即产品流）、资金流和信息流（即所谓的"供应链三流"）的管理。数字化工具的应用，从最根本的层面看，是改善了信息流。由于系统和数据连通，集团采购的卓越中心能在共同采购事务上发挥作用。与 SAP 公司的设想不同的是，卓越中心将不涵盖交易活动（交易活动由交易型采购团队负责），而只涵盖采购活动中的精华部分。

卓越中心的职责如下。

· 采购战略和规划的制订。

· 采购政策和程序的制订。

· 收集商业情报，包括市场情报、供应市场分析结果、商品的市场趋势，以及供应市场的整体风险。

· 流程优化，包括系统和采购流程的改进等。

· 建立技术团队，包括主数据团队和数字化工具的技术支持团队等。

· 数字化转型时的变革倡导者（转型时期和过渡期的临时职位，其职责见第 4 章"变革管理"），负责推动数字化转型。

· 人员能力建设，包括制定采购人员的能力要求，以及为采购及其他职能部门提供系统培训。

· 采购职能平衡计分卡的制定和绩效追踪、衡量和报告。

·采购部门的预算制定和控制。

由于不再另设共享服务中心，主数据库管理和数据分析工作也可以包含在卓越中心的职责范围内。总而言之，该中心的每项职能都需要很好地支持其他两个团队（战略采购和交易型采购）的工作，但对两者的支持重点不同。对战略采购团队的支持重点是价值的创造，而对交易型采购团队的支持则侧重于高效率的任务处理。

上述的组织架构调整能在一定程度上保留综合型组织架构中原有的双线模式，即集团采购的战略采购团队和地方（或业务部门）采购的交易型采购团队，因此能大大减轻转型过程中组织架构调整给员工带来的"阵痛"，从而避免绝大部分采购人员对转型的抵触（采购人员对工作稳定性等相关切身利益的担扰是变革阻力的主要来源，他们也不一定能够理解企业高层关于数字化转型的大视野）。同时，设置卓越中心为现有的采购人员开辟了另一条职业发展和上升的通道。负责采购活动精华部分的卓越中心代表了采购职业的发展方向，有志于转型的采购人员可以积极发展相应技能，并主动申请相应职位。

5.1.3　数字化采购组织架构调整的考虑因素

在采购数字化转型中进行上述组织架构调整时，有一些因素需要考虑。

在传统的综合型组织架构中，虽然不同企业的设置不同，也受业务部门的数量和地域的范围等因素的影响，但基本上地方采购团队的人数大抵不会少于战略采购团队人数的两倍，即在一个采购组织中，粗略而言，战略采购团队人数占采购组织总人数的 1/3，而地方采购团队人数则占 2/3。在一些采购组织中，地方采购团队人数占比可能高达 3/4。

而随着数字化转型的推进和卓越中心的成立，人员的配置将相应地发生变化。战略采购团队预计仍将保持差不多的规模，不同的是，借助数字化工具和卓越中心的支持，该团队将能够减少非增值工作，而将更多的时间花在战略任务和价值创造上。

同时可以想见的是，随着自动化程度的提高，运营层面的交易型采购团队的人数将减少，特别是在数字化转型成功一年后，因为一年以后"学习曲线"的爬坡过程将结束，企业各职能部门已经适应和掌握了数字化后的工作方式。缩减的人数可能在15%~30%，取决于企业数字化转型的程度和转型后的成熟度；也有波士顿咨询集团（BCG）的专家预测，随着技术的发展和数字化转型的进展，最终的缩编将可能高达50%（施内尔巴赫和魏泽，2020年）。

在这里顺带提的一点是，大多数企业在数字化转型后的一段时间（通常是六个月的时间），都会经历工作效率不升反降的情况，即所谓的"阵痛期"。这是由于企业员工需要适应新的数字化工具和系统所带来的全新的工作方式。这不应该视为数字化转型的失败。当然，如果在转型过程的变革管理中有效地进行培训管理（见第四章变革管理部分相关内容），则能缩短此"阵痛期"。

让我们回到组织架构的话题。交易型采购团队人数的缩减，所释放的员工编制一部分将由卓越中心填充。卓越中心的部分所需人员可以从原先的采购团队中抽调，另一部分专业人才（如与技术、系统相关的工作）需要从外部招聘。卓越中心虽然承载重要的功能，但由于并不负责日常性的任务，因此将是一支精简的队伍。总体而言，采购数字化转型后，虽然增加了卓越中心这一新部门，从中长期来看，采购组织的总员工数应该会有一定幅度的减少。

数字化使采购处于至关重要的十字路口。决定采购职能将走向何方的最关键考虑因素之一是，它是否有能力在其组织架构中最大化释放和利用数字化所提供的机遇。如果不认真思考数字化背景下的组织架构，就无法做到这一点。

5.2 新角色和新技能

新的组织架构自然将带来新的角色，也意味着新的技能。本节将探讨数字化下采购的新角色及采购人员的新技能，并通过技能意愿矩阵论述如何激励及发展处于不同阶段的员工。

5.2.1　数字化下采购的新角色

数字化转型之后，可以预见的是，在采购职能层面，采购团队将与其他职能部门有更广和更深层次的跨职能合作。

如第一章所述，数字化让采购团队能涉足之前无法企及的领域或做好之前无法胜任的事情。通过数字化，采购团队能够提供成本节约以外更多的价值，也因此采购团队与内部客户和外部供应商的关系变得更加多样。与以往不同，数字化使采购团队能够将其角色从交易服务提供者转变为平等的战略业务伙伴。这要求采购团队了解每个业务伙伴最为看重的价值维度，从而运用相应的数字化优势，支持业务部门实现其战略目标。在这一过程中，采购职能的范围有可能涉足更多领域。

长期以来，采购团队一直在为赢得企业最高执行管理层（Executive Team，即由企业最高层所领导的核心决策层团队）的一个席位而奋斗。建立一个数字化的采购团队，创建新的角色，致力于发挥数字化的全部潜力，确定不同业务部门的战略价值的优先次序并实现企业增值，将帮助采购领导者实现这一目标。

在采购团队层面，卓越中心是全新的角色，并将在数字化时代发挥重要作用。卓越中心的员工将在新的岗位上工作，致力于帮助整个职能部门开发数字化的潜力，具体如下。

· 主数据团队确保所有相关信息不仅被采集，而且被集中储存，以便于核心分析。该团队将确定并监督数据采集过程，以确保所有必要的信息得到储存。此外，所有的数据集中储存还能确定"单一事实来源"，以澄清哪些信息是正确的。

· 技术支持团队将帮助和指导采购人员正确地使用数字化工具，如人工智能谈判教练和机器人流程自动化工具，以提升采购绩效；机器人维护工程师则对操作流程中使用的机器人进行编程或维护。

·流程优化团队将审视现有的采购流程，并对如何优化流程从而更大限度地释放数字化的潜力进行研究，并将其嵌入采购程序。

·商业情报团队将收集市场信息并进行供应市场分析，同时监控市场的整体风险，从而协助战略采购专员有效地管理采购品类。

·变革倡导者则负责推动采购的数字化转型，包括宣传数字化的收益，制定数字化转型计划等，以确保数字化变革在企业各职能部门内被接受和被拥护。

此外，采购团队还必须担任"培训师"的新角色，让所有利益相关者（包括内部的相关职能部门和外部的供应商）做好准备，学会在日常工作中与自动化机器或系统互动。内外部的所有利益相关者都熟悉并适应数字化的工作方式，是采购数字化转型成功的必要条件。

5.2.2 数字化下采购人员的新技能

数字化转型后，随着各种新角色被引入，新的技能要求需要被定义，以发展采购人员的相关技能。

传统上，采购的技能主要分为以下两大类。

·与采购专业相关的技能（Functional Competencies）：有关采购理论和战略的知识、谈判技能、供应商开发、战略寻源、合同管理、供应商关系管理等。

·与行为能力相关的技能（Behavioral Competencies）：战略思维、客户导向、利益相关者管理、变革管理、沟通技能、团队合作能力、计划和执行能力、说服他人的能力、培训他人的能力等。

这两大类技能在过去、现在和未来无疑都是一个优秀的采购人员"行走江湖"的"利器"，但在数字化转型后，与数字化相关的技能将被添加到采购人员的技能必备清单中。

对于战略采购团队而言，战略采购专员需要能够利用大数据、数字分析和人工智能等复杂的工具。但这并不能一概而论，在相同的采购团队中，不同品类的技能要求也不一样。对于依赖供应商创新的采购品类，战略采购专员需要能够初用人工智能或大数据分析等解决方案来寻找具备创新潜力的供应商；而办公用品的采购专员则需要熟悉电子目录、电子市场等解决方案和机器人流程自动化；等等。此外，大多数采购人员都需要掌握电子竞拍等电子采购工具，以实现谈判流程的数字化。

而对于交易型采购专员而言，其目前的技能，如结构化的数据输入和业务跟进，被运用的频率将大大降低，取而代之的是，自动化工具将成为他们处理日常事务的得力助手，由于这类活动通常包含重复性的手工任务，因此可以通过简单的机器人流程自动化解决方案来处理，甚至完全不需要人工干预。比如，在框架协议下，请购单自动根据框架协议转成整订零取订单，并在内部审批完成后自动发送给相应的供应商。

这些新技能必须成为采购人员工作内容的一部分，以便其在日常工作中与机器人合作，或熟练运用相应的数字化工具处理事情。采购人员需要对数字系统的工作原理有全面的了解，更重要的是，需要了解什么时候应该应用何种数字化解决方案，同时确保有效地进行数据的输入和管理。

而对于与技术相关的角色，如卓越中心的主数据专家或机器人工程师等，这些具有核心技能的人员在绝大多数情况下都需要从外部招聘。

因此，采购团队必须积极主动地管理日益复杂、更加多样化、同时也更加灵活的角色和技能。采购人员也必须积极主动地了解、学习并掌握相应的数字化工具，从而能够因地制宜地熟练运用这些工具。

《采购与供应管理》（*Journal of Purchasing and Supply Management*）杂志的一篇研究文章总结了采购领域当前和未来，也就是传统采购和数字化采购的十大能力要求，如表 5-1 所示。可以看出，与数字化相关的自动化、大数据分析法、计算机知识、电子采购技术、流程优化等新技能将取代传统的谈判等技能，成为数字化时代采购人员的"立足之本"。

而对于其他职能部门而言，其员工即使对数字系统没有基本的了解，也需要知道如何使用相应的工具或平台，例如，如何在系统中创建合格的请购单，如何在电子采购平台进行收货确认或服务接收，如何通过电子目录或电子市场直接订购所需的产品或服务等。

表 5-1　采购领域当前和未来的十大能力要求

当前能力要求	未来能力要求
分析技能	分析技能
采购与供应链角色和流程的基本知识	自动化
沟通技能	大数据分析法
跨职能部门的能力和知识	计算机知识
人际交往	电子采购技术
谈判技能	整体性供应链思维
利益相关者关系管理	流程优化
战略寻源	战略寻源
战略思维	战略思维
可持续性	可持续性

资料来源：贝尔斯等（2019）

5.2.3　技能意愿矩阵

正如许多企业领导者经常提及的那样，员工是企业最重要的资产之一。这并不是一句空话。再宏伟的蓝图、再高瞻远瞩的战略、再先进的数字化工具，如果没有人的执行，都会成为虚无缥缈的空中楼阁。但是，"人"由于具有情感、意愿等主观因素，又是企业管理中最复杂的问题之一。

而数字化转型这样重大的项目，让这一问题变得更为微妙。在上一章中，我们详细讨论了"以人为本"的变革管理流程，目的也是解决"人"的问题。本小节将进一步阐述在数字化转型过后，如何应对人员管理这一"永恒的主题"。

在人员管理方面，技能意愿矩阵（Skill/Will Matrix）广受赞誉。该矩阵源自 20 世纪 70 年代保罗·赫塞（Paul Hersey）和肯·布兰查德（Ken Blanchard）开发的情景领导模型（Situational Leadership），该模型用于衡量员工在技能方面的表现能力（即"能不能"）和在动机方面的表现意愿（即"愿不愿意"）。

技能意愿矩阵将员工分为 4 个群组，如图 5-3 所示。

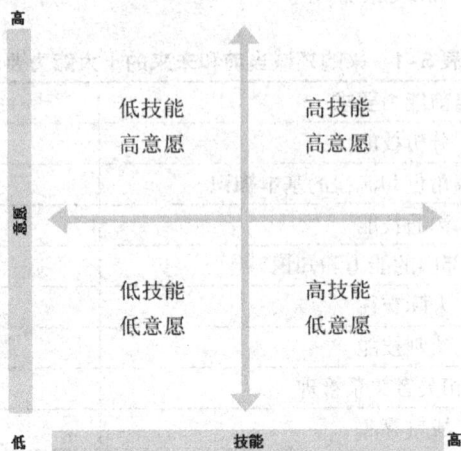

図

<table>
<tr><td>低技能
高意愿</td><td>高技能
高意愿</td></tr>
<tr><td>低技能
低意愿</td><td>高技能
低意愿</td></tr>
</table>

图 5-3　技能意愿矩阵

资料来源：改编自赫塞和布兰查德开发的情景领导模型（20 世纪 70 年代 ）

在采购数字化转型后，采购部门的员工也将被配至以上 4 个象限中。因此，采购部门主管需要与人事部门密切合作，针对每个象限的员工，依据该经典的情景领导模型，制定相应的对策。概括而言，针对不同象限的指导方针如图 5-4 所示。

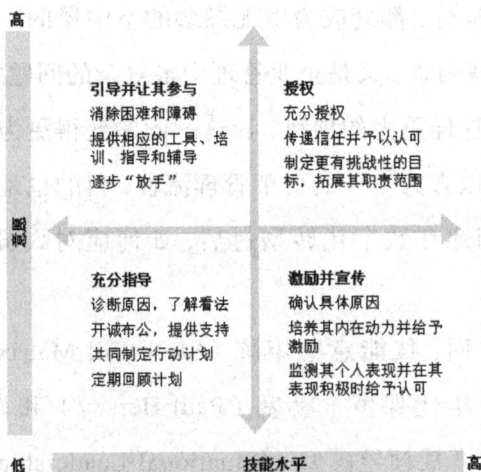

<table>
<tr>
<td>**引导并让其参与**
消除困难和障碍
提供相应的工具、培训、指导和辅导
逐步"放手"</td>
<td>**授权**
充分授权
传递信任并予以认可
制定更有挑战性的目标，拓展其职责范围</td>
</tr>
<tr>
<td>**充分指导**
诊断原因，了解看法
开诚布公，提供支持
共同制定行动计划
定期回顾计划</td>
<td>**激励并宣传**
确认具体原因
培养其内在动力并给予激励
监测其个人表现并在其表现积极时给予认可</td>
</tr>
</table>

图 5-4　数字化转型后基于技能意愿矩阵的人员管理

资料来源：改编自赫塞和布兰查德开发的情景领导模型（20 世纪 70 年代）

高技能高意愿

位于矩阵右上角的员工是那些对采购数字化充满热情，又有很高的采购技能水平（包括在转型过程中充分掌握了采购数字化工具）的资深采购人员。他们将是企业实现采购数字化效益最为倚重的力量。对这一类员工，应给予充分信任和一定的权力，应采取的措施如下。

· 充分授权让他们能够自由地完成工作任务。

· 传递信任并予以认可。

· 在员工共同参与的情况下，制定更有挑战性的目标，拓展其职责范围，将其视为企业的"顶梁柱"。

高技能低意愿

位于矩阵右下角的是那些有很高的采购技能水平但对采购数字化意愿较弱的资深采购人员。一直以来他们在自己的专业领域表现中规中矩，对于数字化转型后自己要改变熟悉的工作方式并学习新的技能心存芥蒂。对这一类员工，应给予激励并宣传数字化的好处，应采取的措施如下。

· 识别、确认其意愿较弱的具体原因。

· 培养其内在动力并给予激励，包括基于个人绩效的经济激励和职业发展的更多通道。

· 展示数字化转型对其个人工作的助益并与其达成共识。

· 监测其个人表现并在其表现积极时给予认可，以巩固其正面行为。

低技能高意愿

位于矩阵左上角的员工是那些对采购数字化充满热情，但采购技能（包括数字化技能）水平不高的采购人员。他们有着强烈的数字化转型执行意愿且乐于学习，愿意不断接受培训以提升自己的相关技能。"态度决定一切"，假以时日他们将会是采购团队的后起之秀。对这一类员工，应给予引导并让其参与其中，应采取的措施如下。

· 了解其在数字化转型后运用新技能的困难和障碍，制定有针对性的提高计划。

· 提供相应的工具、培训、指导和辅导，使其逐步掌握相关技能。

· 在此期间，对其表现进行正面和有建设性的反馈，以促进其提高。

· 不要过于苛责其在此过程中因为数字化工具使用不当而产生的错误。

· 当其逐步掌握相关技能并展示提高成果时，慢慢放松关注的力度，"放手"让其独立工作。

低技能低意愿

位于矩阵左下角的员工是那些采购技能水平较低且对采购数字化意愿很弱的采购人员。一直以来他们在自己所负责的领域表现挣扎，且将采购数字化视为又一个"不得不面对"的工作负担。他们对数字化的效益心存疑虑，而将数字化转型所必需的技能培训当成"麻烦事"，应付了事。对这一类员工，应在了解情况后给予充分指导，所应采取的措施如下。

· 诊断原因，了解这种状况发生的原因。

· 与其交流并了解其对目前状况的看法及其动机和志向，鼓励其分享自己的想法。

· 对其开诚布公，明确指出目前的状况是不可持续的，提供支持以帮助其取得进展。

· 与其一起制定行动计划，使其有明确的目标和清晰的期望值。

· 定期（如每月）与其进行行动计划的回顾，并提供反馈，以帮助其完成计划。

当采取上述行动一段时间（如6个月，根据具体情况可再延长3个月）后，这种低技能低意愿的状况仍然未能明显改变，管理层将不得不采取进一步措施。如上一小节所说，数字化转型一年以后，采购组织的总人数将有所减少，这些停滞不前、"原地踏步"，持续低技能低意愿的员工将成为被精简的对象。

作为"拯救措施"的一部分，管理人员和人事部门也可能考虑将部分员工转到其他职位，前提是该员工在6～9个月的绩效改善计划（Performance Improvement Plan）期间表现出了改进的意愿并取得了一定进展，之所以未能达到预期是因为技能（尤其是数字化技能）水平与岗位不匹配，而非个人态度问题。在这种情况下，该员工仍可能在其他职位发挥作用（俗话说"树挪死，人挪活"）。否则，将其转岗只是将"烫手山芋"转交他人的权宜之计，只会造成其他部门的人员问题，对企业并无助益。

成功的采购组织一直是那些提升员工的技能并保持员工高积极性的公司。基于技能意愿矩阵的人员管理模型，是众多企业推崇的行之有效的人员管理方式。即将到来的数字化变革要求采购人员拥有更多样的技能，同时也要求采购团队的积极性超过以往的水平——不仅要经历数字变革，而且要推广数字变革。这不仅对员工提出了更高的要求，也无疑给人员管理提出了更高的要求。领导采购数字化转型的采购总监必须展现其领导力，始终关注变革管理中"人"的因素，提供所需的资源解决员工的问题，并将数字化转型成败的责任揽于己身。必须始终牢记的是，"人"是数字变革的核心。

5.3 敏捷采购流程

前两节本质上都是在关注与人相关的因素，即如何通过组织架构的调整，提升员工的技能和积极性，从而助推采购的数字化转型。在本节中，我们将关注另一个重要的领域——采购流程。

比尔·盖茨有这么一句名言："任何技术在业务中使用的第一条规则是，将自动化应用到一个高效的操作上将会放大高效。第二条规则是，将自动化应用到一个低效的操作上则会放大低效。"这与我们很熟悉的另一句话"垃圾进，垃圾出"不谋而合。这些对数字化转型都是很好的警示——数字化的结果不能是"更快地生产垃圾"或"看似更有效率实则更低效"。因此，为了跟上数字化转型所推动的变革步伐，我们必须确保采购流程是敏捷（Agile）的。

5.3.1 敏捷采购的定义

由于市场竞争的复杂性和不确定性，敏捷采购（Agile Procurement）越来越重要。英国的专业采购组织 Procurement Leaders 在其 2019 年的报告中指出，敏捷性成为首席采购官在 2020 年的关键优先事项（Procurement Leaders，2019）；而在新冠肺炎疫情出现之后，德勤咨询公司在其 2021 年度的全球首席采购官调查报告中（该报告调研了来自 40 多位国家和地区的 400 多个首席采购官或采购总监），更是将敏捷性列为 2021 年首席采购官应对市场复杂性的"妙方"（德勤，2021）。

关于敏捷采购，不同的采购研究人员从"人""流程""组织"等不同的角度给出了定义。回归本源，敏捷一词，从字面意义看不难理解，即思维或行动灵敏快捷。从采购的角度解读，敏捷采购可以理解为"能够灵活、迅速应对变化的采购运营"。上文提到的德勤咨询公司的报告，将采购的敏捷性（Procurement Agility）定义为以下一系列能力。

· 积极监测快速变化的利益相关者和供应市场。

· 预测并优先处理看似无穷无尽的风险和机会。

· 果断协调内部与合作伙伴的资源，快速灵活地做出反应。

· 对上游供应链进行合理配置，使其变得更加灵活。

· 转变企业文化，使之成为"为发展而建"（即"不断演变"）而非"为持久而建。（即"僵化"）的文化。

可以看出，敏捷采购并不是被动地对周遭变化做出反应，而是以积极的方式，从商业智能、内外部协作、流程设置、人员技能和思维，以及文化转变等各方面，让自己具备快速应变、快速适应的能力。

5.3.2　流程设置与数字化方式的契合

如上所述，敏捷采购是个覆盖面很广的课题，本节只从敏捷的采购流程和数字化转型的关系这一角度进行阐述。

从流程的角度来看，为了促进数字化转型，企业必须审视自己的现有流程，并采取以下措施。

· 用精益方法改进流程，消除不必要的活动。

· 改进流程，让其更适合数字化。

用精益方法改进流程，消除不必要的活动

"敏捷"与"精益"并不等同，有时候甚至会发生冲突，比如，为了实现敏捷，在库存管理中需要一定程度的库存作为缓冲，这并不能完全通过"延迟"（Postponement）策略解决，而增加库存与精益理论相违背。

但"敏捷"所要求的快速意味着流程必须精简，即去除流程中的浪费，而精益管理是消除流程中的浪费很好的工具。概括而言，运用精益方法进行流程改善可以遵循以下几个步骤，如图 5-5 所示。

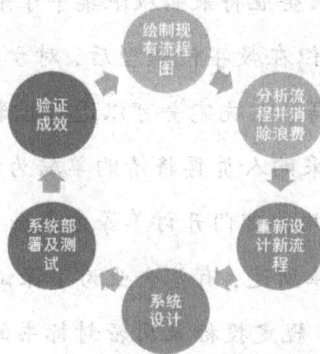

图 5-5　运用精益方法进行流程改善

在采购网络中，各个企业有各种各样的活动，可能会在时间、资金或库存等方面产生浪费。这些活动应该被识别并消除或减少。为了实现敏捷采购，企业必须仔细审查其采购网络中的所有活动，并对其进行改进和优化。

具体到采购流程，它包括供应商开发和准入、请购管理、招投标、谈判、合同签订、订单执行、供应商评级等多个步骤。传统上，为了对采购的合规性进行监管，企业在采购流程中设置了许多"多权分立"（Segregation of Duties）或"第三方见证"的措施。这是手工时代的无奈之举，因为这些措施在大多数情况下只会造成流程低效，并不能为企业或客户增加任何价值。我们可以举出很多这类例子。

·供应商开发和准入。为了防止执行交易的采购人员"任人唯亲"，有些企业将供应商的开发和准入全部归入供应商管理部门的职责范围，即采购人员只负责招投标和合同签署，而供应商管理部门只负责供应商开发和准入，且供应商准入有一系列的烦琐流程，涉及采购部门、用户部门和财务部门的层层审核。但在数字化时代，大多数电子采购系统服务商都有强大的供应商网络，可以对所采购物品或服务进行供应商匹配和推荐；此外，电子市场也提供了快速交易的平台。在这种情况下，沿用旧方式便显得不合时宜，尤其是在需要迅速从新的供应源采购的时候。因此，企业应重新设计其供应商开发和准入程序，除了对其运营至关重要的采购品类之外，应采取更为灵活的采购方式。

· 采购权限。绝大多数企业将采购权限集中于采购部门，只有采购人员可以出订单，以规范支出。但在数字化转型后，对于框架协议下的整订零取订单、电子目录或电子市场等，系统完全可以进行控制，这种情况下，如果还需要用户部门提交请购单，采购人员再将请购单转为订单，则明显为重复工作，应通过自动化设置或授权用户部门开订单等方式进行流程优化。

· 开标流程。如上一章所述，有些企业为了保证招投标过程的公正性，防止采购人员"暗箱操作"，规定投标采用密封标书的形式，并规定需要至少3人在场才能开标，且开标人需在标书及开标表上签核。这些步骤在数字化时代都变得多余，因为可以通过系统轻松进行控制。

此外，手工时代还有许多因为缺乏更先进的工具而不得不为之的活动，如订单的打印及签字盖章、合同的分发抄送、标书和其他纸质文件的存档归档等，许多重复或多余的活动都可以考虑消除。采购团队应将整个采购流程"掰成"细块，逐一审视，该摒弃的就摒弃，尤其是某些需要手工操作、无法自动化的步骤，应从价值创造的角度质疑其存在的合理性及必要性。

各大电子采购系统服务商都有基于行业最佳实践的标准流程，企业可以将自身的现有流程与该标准流程一一对照。如果现有采购流程有更多步骤，则应按照上面的思路进行审视与取舍，专注于增值的活动。如非必要（即除非有很有力的商业理由），切勿对电子采购系统服务商的标准流程进行改造、定制。

在对采购活动进行逐一审视并取舍时，企业应考虑最重要的价值维度。

如果速度是关键，则层层设置审批就是一种流程浪费，但如果成本控制是关键，那相对较少的审批授权就有其合理性。不同企业的实际情况和战略不同，不能"一刀切"。这也是本节只讨论普遍原则，而不谈具体实践的原因。

在上述流程改善过程中，应始终牢记的一点是，采购流程不应成为数字化转型的"牵绊"，企业应大刀阔斧、"毫不留情"地对无用、冗余、重复的活动"断舍离"——"瘦身"成功，才能助力数字化转型跑得更快。

改进流程，让其更适合数字化

毋庸置疑，流程的高效性和有效性将从数字化转型中得到极大提升。更重要的是，流程的正确性极大地决定了采购数字化应用的整体成功。因此，除了上述对流程的精简之外，企业还可以改进流程，让其更适合用数字化，具体包括以下两个方面的内容。

（1）设置流程允许重要性工作的自动化。

数字化转型后，许多重复性工作将会由自动化程序来完成。在设计流程时，应确保这些工作的流程描述清晰、仔细，从而方便自动化程序的设置（如机器人流程自动化工具适合完成描述清楚的"千篇一律"的任务）。同时，应确保这些流程不需要更多的、非必要的人工干预，这些人工干预会让流程自动化"卡壳"，从而削弱自动化所能达到的最佳效果。

（2）确保流程为使数字化工具发挥作用充分采集数据。

数字化工具，如基于人工智能的应用，在很大程度上依赖于正确的数据集，以便做出最佳选择；其他工具如分析技术等，也需要数据的支撑。这也无怪乎，许多企业将缺乏高质量的数据视为数字化转型的较大障碍之一。因此，确保流程为使数字化工具发挥作用充分采集数据起着至关重要的作用。首先应通过对流程步骤的描述，确保数据会在相应的"流程点"被正确输入。比如，每个订单的技术和商业信息的储存应该是强制性的。此外，流程还应定义数据的储存位置。

通过上述方式，企业将慢慢完善其中央数据库，为数字化转型助力。关于数据管理，我们将在本章最后一节具体讨论。

总而言之，采购组织需要彻底审查自身的流程，不仅要看它们是否精简，是否支持企业的整体战略（即最重要的价值维度），还要看它们的设置是否支持数字转型。审查流程，考虑流程设置如何支持数据管理，从而为即将使用的数字化解决方案打下基础，这一点尤为重要。采购组织需要确保新的流程被一丝不苟地遵循，以助推数字化转型。

5.3.3 采购数字化与敏捷采购相辅相成

本书在第 2 章和第 3 章中已经详细探讨过数字化如何推动采购活动的增值，在此不再赘述。针对敏捷采购的几个关键特征，如灵活性、快速反应、适应性、主动性，我们可以总结出数字化转型对敏捷采购的影响，具体如下。

·采用数字化转型，建立强大的云计算基础设施，创造无纸化环境和在线的供应网络，将提升采购的敏捷性。数字化工具的应用可使采购组织对采购流程进行有效管理。强大的数字化能力可以提升数据的可视性和增强采购组织与供应商合作及同步的能力，使采购组织内部和整个扩展的供应网络具有更强的敏捷性。这使企业对市场及其发展有更全面的了解，从而在反应能力方面有大幅度的提升。

·通过投资云基础设施和采用数字技术，利用数据驱动的市场情报和预测分析结果，采购组织可以获得对需要关注的外部条件的早期可视性。这不仅仅有助于管控风险，还可以帮助企业发现机会，即更好的采购机会或进入新市场的机会。

·电子采购的风险管理模块和其他风险管理工具可以在市场出现异常情况时，迅速发出警报，使采购组织能够采取主动措施，缓解风险甚至化危为机。

·此外，电子采购和其他数字化工具连通内外部流程，使所有的活动都能实时地在系统中更新，所有相关人员，无论何时何地，都能第一时间了解采购动态，并采取相应措施。这些数字化工具所配备的移动管理应用，让相关人员可以通过手机或平板电脑便利地访问系统，这让员工在因各种原因处于居家办公状态或遭遇突发状况需要快速做决定时，能够立马行动。

上文所提及的德勤咨询公司的调查报告指出，对先进的数字化解决方案的投资是实现采购敏捷性的一个关键因素，采购敏捷性表现出色的企业有如下几个特点。

- 全面部署高级分析和可视化技术的概率是其他企业的 4 ~ 5 倍。
- 全面部署机器人流程自动化解决方案的概率是其他企业的 10 倍。
- 全面部署人工智能或认知计算技术的概率是其他企业的 18 倍。
- 有 12% 的概率全面部署了预测性分析能力技术（而其他企业为 0%）。

采购敏捷性表现出色的企业在数字化工具的应用上领先于采购敏捷性表现平庸的企业，如图 5-6 所示。在不同的数字化解决方案中，提供最大价值的数字能力包括高级分析技术/可视化、机器人流程自动化、预测性分析，以及人工智能或认知计算等。更加先进的分析技术是大多数首席采购官或采购总监所关注的领域。

概括而言，一方面，采购流程必须精简并改进，最大限度地适应数字化转型，以在流程方面提升采购敏捷性；另一方面，数字化转型是实现采购敏捷性的关键举措，两者相辅相成，从而达到清晰、精简和自动化的目的。

图 5-6　采购敏捷性表现出色的组织在数字化工具的应用上领先

资料来源：德勤（2021）

5.4 绩效管理

绩效管理在任何组织中都是热门话题，归根结底，所有的商业活动都必须有相应的商业价值，并展示出相应的成果。简而言之，绩效管理是衡量组织成员是否达到组织所设定的目标的有力工具。本节将讨论绩效管理中的一些关键要素及挑战，以及数字化转型与绩效管理的相互促进作用。

5.4.1 绩效管理的关键要素及挑战

绩效管理是个老生常谈的话题。通常来说，当一件事情被反复讨论的时候，说明我们做得还不够好。事实也正是如此。不少企业都有年度或者定期的员工意见调查，"企业在绩效管理方面的表现"这一栏的得分一般都不会太高，在一些企业中甚至是倒数的几项之一。造成这一局面的主要原因在于，缺乏共识。这里所说的共识，包含了下面几个方面的内容，它们也是绩效管理的关键要素。

关于"目标"的共识

所有绩效管理的起点都是目标的设定——员工或职能部门要实现什么样的目标，从这一点看，绩效管理无疑是以结果为导向的。

关于目标设定有经典的 SMART 原则，这一原则多年来享有盛誉，至今盛行不衰。SMART 由 5 个英文单词的首字母组成，即在设定目标时所要遵循的5 个原则，具体如下。

· 目标必须是明确的（Specific）。

· 目标必须是可以衡量的（Measurable）。

· 目标必须是可以达到的（Attainable/Achievable）。

· 目标必须和其他目标（如部门或企业目标）具有相关性（Relevant）。

· 目标必须具有明确的期限（Time-bound）。

SMART 原则是非常合理且行之有效的目标设定方法，因此，许多企业直接就进入了按照 SMART 原则设定目标的阶段，而忽略了一个极其重要的环节，即对目标达成共识。

传统上，就采购职能而言，通常可以从不同维度设定职能部门和员工的目标，常见的采购绩效指标如表 5-2 所示。该表只展示了常见采购绩效指标的示例，并不是完整的清单，根据不同的职位和企业的战略，有繁复的不同的绩效指标。而繁复的绩效指标引发的共识问题是，哪些才是关键绩效指标？

如第 1 章所说，传统上，由于缺乏相应的数字化工具，采购职能的重点大多局限于降低交易价格这一领域。虽然价格是"永恒"的话题，但随着新冠肺炎疫情所造成的不确定性增多和客户需求不断变化，许多其他的价值要素也需要考虑。比如，随着温室效应带来的全球环境的持续恶化，越来越多的消费者和企业关注"可持续发展"这一议题。如联合利华在其可持续生活计划中，承诺以可持续的方式采购 100% 的农业原材料。对这些企业而言，可持续性是其价值主张，业务部门需要采购部门的支持以实现这一目标。但如果成本是采购部门最关注的，则两者就会产生一定程度的冲突，因为从短期来看，绿色原材料的成本显然高于普通原材料。

如果采购部门"闭门造车"，依据传统自行设定目标，到头来可能是"自我感觉良好"但业绩无法得到企业内部的认可。与企业整体战略保持一致，与所支持的业务部门达成共识，让采购部门的绩效指标能真正对企业价值创造产生影响，才是采购绩效管理"正确的打开方式"。

表 5-2　常见的采购绩效指标

类别	目标	指标
成本	成本节约	成本节约的金额或基于采购额的成本节约百分比
效率	采购周期	从请购单到订单产生所需的周期时间
	供应商开发周期	从供应商递交注册申请到审核通过的时间
	框架协议	有长期框架协议覆盖的材料和服务的支出比例
	准时交货率	供应商的准时交货率

类别	目标	指标
质量	缺陷率	供应商交付的产品和服务的缺陷率
人员 ★	人员培训	为员工制定培训发展计划及计划完成百分比
	员工意见调查	员工意见调查后的行动计划及计划完成百分比

注：打星号（★）的一般为采购经理或采购主管的绩效指标

关于"衡量方式"的共识

在采购部门和业务部门或财务部门，甚至在采购经理与其下属员工之间，经常发生的争论是，采购人员或采购部门声称过去一年实现了数额巨大的成本节约，而业务部门或财务部门却表示完全看不到节约的成本，甚至只看到了采购成本在上升。

问题就源于各方在绩效的衡量方式上未达成共识。

以上面成本节约的绩效指标为例，传统上，不同的采购组织对成本节约有不同的定义，分别如下。

· 对于规格相同的采购项目，本年采购价格与上一年采购价格的差值。

· 对于新的采购项目，最终选定供应商的初始报价和最终成交价的差值。

· 技术规格优化或价值工程所产生的成本规避。

· 采购支出相对于预算的差值。

· 付款账期延长所带来的运营资金节省。

· 实施供应商管理库存或寄售库存所带来的运营资金节省。

无论采用哪种衡量方式，或多种衡量方式结合使用，最重要的都是各方位就衡量方式达成共识，设立每个项目的基准。同时，应有核准机制，财务部门的成本控制人员对采购部门所通报的成本节约（尤其是大宗交易），依据达成共识的衡量方式进行核准，从而确认采购绩效。

关于"实现方式"的共识

关于"目标"的共识是采购部门与业务部门之间的共识；关于"衡量方式"的共识既存在于采购部门与其他职能部门之间，也存在于采购部门上下级之间；而关于"实现方式"的共识主要存在于采购部门内部。

上文提到，绩效管理是以结果（目标）为导向的，但目标并不是唯一重要的，其实现方式，即过程，也同样重要。如果以"末位淘汰"为威胁，逼迫员工实现既定目标，或者放任员工以弄虚作假的方式"美化"数字，显然不是正确的方式。采购管理人员需要提供必要的工具、给予辅导和培训、提供所需的支持，帮助员工更好地发挥其能力，实现其目标。

关于"实现方式"的共识，还包括对责任的确定。比如采购周期这一常见的绩效指标，采购组织对该指标的衡量方式一般是计算从请购单批准到下单给供应商的时间。该绩效指标就目标的定义和衡量方式而言都是清晰的，但在实际的采购过程中，采购人员经常碰到由于业务部门提交的请购单信息不全，或者工作范围描述不清，在招标前或者招标过程中需要花大量时间进行澄清，这无疑大大延长了采购周期，最终导致采购人员无法完成设定的目标。如何确定目标未能达成的责任的归属，各方各执一词，缺乏共识。

挑战

在非数字化时代，采购绩效管理所面临的挑战在于，即使采购部门与业务部门就目标或衡量方式等达成了共识，由于缺乏有效的手段和工具，采购部门也很难"大展拳脚"，尤其是对于一些非财务性的价值维度，如风险管理和可持续性管理。这类工作单纯依靠人力将很难完成，显然超出了采购人员的负荷和能力，也违背了 SMART 原则。采购部门需要借助数字化工具来应对这一挑战。

5.4.2 数字化和采购绩效管理相互促进

相互促进

一方面，数字化工具拓展了采购职能的范围，使采购部门可以在更多的价值维度上支持企业或业务部门的战略和价值主张，从而让采购绩效真正直接地与企业的整体表现相关。另一方面，由于数字化工具会帮助采购团队实现其绩效，这也会促进采购人员对数字化转型的支持。

比如可持续性的绩效指标，电子采购平台的供应商数据库让"绿色供应商"的寻源工作变得简单。针对所要采购的原材料，电子采购平台会推荐一系列在 ESG 方面表现良好的供应商，以及预测从此类供应商处采购会如何改善采购组织在可持续性指标方面的绩效表现。

而对于风险方面的绩效指标，电子采购平台的相关模块或专业化的尽职调查平台，会实时通过公开信息监控供应商，一旦该供应商所在地发生自然灾害、社会事件或工厂发生意外情况（如火灾或爆炸），或者供应商有商业道德方面的丑闻，该平台会第一时间发出警告，提醒采购人员采取相应措施，并相应调高该供应商的风险级别。

此外，对于上文所述的采购周期，通过电子采购平台，所有的采购步骤都会被记录到系统中，这样很容易界定责任的归属。如请购单信息不全，采购人员可直接将请购单退回要求相关人员补齐资料，而如果技术标评估时间过长，系统也会准确记录，在分析报告中可以很容易甄别并剔除此类"扭曲因素"，从而对采购人员的绩效做合理的评估。

正如我们在上一章"变革管理"部分所述，只有采购人员了解数字化对他们有什么好处时，他们才会真正支持数字化转型。作为绩效管理的一部分，绩效考核关系到员工的薪酬、奖金、升迁等切身利益，当他们可以运用数字化工具更好地实现自己的绩效目标，且该绩效目标能够真正地与业务部门和企业的战略契合时，这无疑会在财务因素和成就感等不同方面促进员工支持数字化转型。

所测即所得

西方有句俗语 "What gets measured gets done"，有人将它翻译得很雅，叫"所测即所得"（丰祖军，2006）。也就是说，只有当某件事情被测评、检查或考核的时候，才会有人去执行它。这也正是绩效管理对采购数字化转型的第二个助推作用，即可以通过给员工设定与数字化相关的关键绩效指标来促进数字化转型。

比如在数字化转型的当年，给员工设定参与所有数字化相关培训的指标并要求员工通过所有的培训考核。正如我们在本书中多次强调的那样，只有员工真正掌握了数字化工具并能灵活运用，数字化转型才能真正发挥效力。人在工作中是有惯性和惰性的，如果不通过绩效考核的方式"推动"，员工可以会将"重要但不紧急"的培训再三延后，而埋头于"紧急但不重要"的日常事务中。

此外，采购部门也可以为采购人员设定数字化工具应用方面的绩效指标。如为了在成本优先的企业中推广电子竞拍这一电子采购方式，采购部门可考虑以下的某个关键绩效指标。

· 采用电子竞拍的次数。
· 采用电子竞拍的采购额占总支出的比例。
· 采用电子竞拍的采购额占适用于电子竞拍的总支出的比例。

通过绩效管理的方式推动数字化转型的原因在于，不是所有的数字化工具都像 ERP 系统那样是强制采用的。有些数字化工具针对的是特定的应用场景，不采用也不会影响采购流程的执行。但如果员工在数字化转型后仍然习惯用固有方式开展工作，则数字化的潜在巨大效益会大打折扣。因此，KPI 的设定及随后的绩效考核，可以推动员工逐步适应数字化的工作方式。此外，企业也可以设定有挑战性的绩效目标，让员工主动寻求相应的数字化工具为自己赋能，以实现绩效目标。在此过程中，数字化转型与绩效管理相辅相成、相互促进。

5.5　采购数字化的基础

在探讨了采购数字化转型的方方面面之后，在本章的最后一节，我们来谈一谈采购数字化的基础——数据。数据和正确的数据分析是数字化的支柱。

所有高耸入云的摩天大楼都始于牢固的地基，采购的数字化转型也一样。没有数据这一坚实的"地基"，数字化只会变成"空架子"——没有"数字"（数据），就没有数字化。基于此，本节将提出关于数字管理的一些措施，从而助力采购的数字化转型。

5.5.1 没有"数字"，就没有数字化

每年年底，各大网站和服务商就会给你发来你的年终总结。银行给你发来你的信用卡年度支出分析，音乐网站给你发来你的年度听歌记录，出行网站给你发来你的年度旅行轨迹，电商网站给你发来你的年度购物分析，微博给你发来你的年度发文记录和与他人互动的记录……

把所有这些报告汇总到一起，即使他人与你素不相识，也能依据报告这些知道你的大致情况——你喜欢住什么样的酒店、你是否有小孩、你喜欢听摇滚乐还是爵士乐、你开哪个品牌的车、你喜欢看哪一类的新闻……

因此，各大服务商可以依据大数据精准投送广告和推荐内容，从而增强你的用户黏性。人工智能听起来很"高大上"，以至于至今还有人认为在一部关于采购的论著中谈论人工智能是一种"噱头"，但实际上，人工智能已经渗透我们生活的方方面面。而渗透的基础是，我们在各大网站留下了我们的足迹，也就是使用数据。

这就是 DIKW 体系的具体应用。DIKW 由 4 个英文单词的首字母组成，即数据（Data）、信息（Information）、知识（Knowledge）和智慧（Wisdom）。单纯的数据本身并没有太大意义，通过分析，从杂乱无章的数字中提炼出信息，数据才开始显示出其价值。更进一步，对所提取的信息通过归纳、演绎、比较等手段进行挖掘，依据逻辑关系将相互连接的信息片段转化为知识，并在实践中应用以获得预期的结果，才最终升华为智慧。简而言之，DIKW体系就是获取数据—提炼信息—总结知识—通晓智慧的过程（idealclover，2019）。就如上面的例子，你听了什么歌、你买了什么东西、你看了什么新闻，这些都只是无序的原始数据，但从中我们可以提炼出有价值的信息：你爱爵士乐、你家中有婴幼儿、你喜欢足球。再根据机器学习总结出爵士乐、婴幼儿、足球的有关知识，推断出你对什么东西感兴趣，从而进行精准的推送。这些都是通过基于大数据的人工智能来完成的。如果没有数据，人工智能将是"巧妇难为无米之炊"。

采购数字化转型也是同样的道理。德勤咨询公司在其发布的 2017 年全球首席采购官调查报告中总结了数字化转型的三大主要障碍，即数据、人员、系统，其中数据相关的障碍高居榜首（见图 5-7），涵盖了以下 4 个部分。

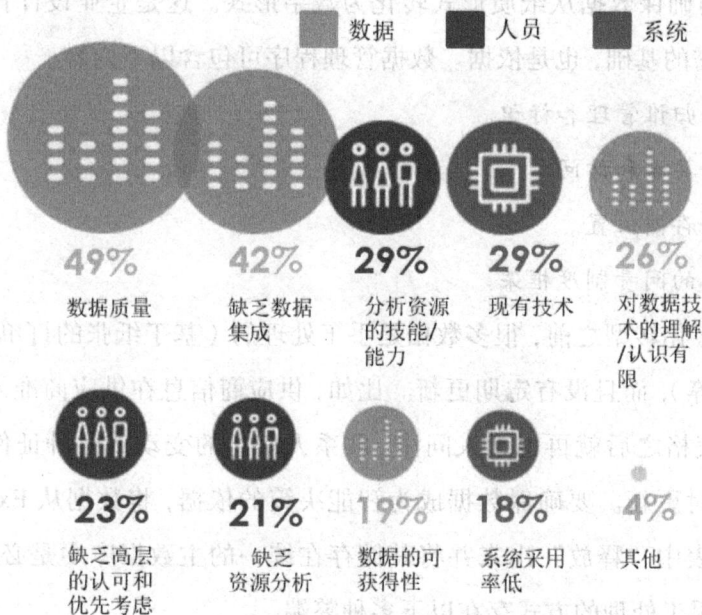

■ 数据　　■ 人员　　■ 系统

49%	42%	29%	29%	26%
数据质量	缺乏数据集成	分析资源的技能/能力	现有技术	对数据技术的理解/认识有限

23%	21%	19%	18%	4%
缺乏高层的认可和优先考虑	缺乏资源分析	数据的可获得性	系统采用率低	其他

图 5-7　数字化转型的主要障碍（多选）

资料来源：德勤（2017）

- 数据质量：49%。
- 缺乏数据集成：42%。
- 对数据技术的理解 / 认识有限：26%。
- 数据的可获得性：19%。

这充分说明了数据是许多企业面临的共同难题，而为了摘取数字化转型的成果，我们必须直面这一问题并跨越这一障碍。

5.5.2　数字管理的措施

在数字化时代，数据将成为决策的核心力量。为了提高数据质量，在数字化转型时，必须采取一些数字管理的措施。

建立数据管理程序

"没有规矩,不成方圆"。数字管理的重要一步是建立数据管理程序,即规定什么样的数据、应以什么样的方式、储存在什么地方,并配置相应的数字化工具,从而确保数据从纸质形式转化为数字形式。这是企业设计自己的数字化战略所需的基础,也是依据。数据管理程序可包含以下内容。

· 数据归谁管理和标识。

· 数据共享和访问。

· 数据存储位置。

· 整体的问责制度框架。

在数字化转型之前,很多数据是手工处理的(基于纸张的订单、合同、供应商信息等),而且没有定期更新。比如,供应商信息在供应商准入阶段被录入 Excel 表格之后就再也无人问津,联系人信息的变动或各种证件的到期日也没有及时更新。要确保数据成为智能决策的依据,将数据从 Excel 表格等手工记录表中"释放"出来并将其储存在统一的主数据库中是必要的工作,因为这种手工处理的方式存在以下多种弊端。

· 需要更多的人力。

· 维护成本很高。

· 安全性弱。

· 数据存储量非常小;

· 检索非常困难,也非常耗时。

非系统的方式还会导致以下多种问题。

· 数据重复,如同样的信息以不同的方式出现在不同的文件中。

· 数据不一致,即同一数据在不同地方的不同副本中不匹配。

· 数据分离,即数据分散在不同的文件中,而且文件的格式不同,检索数据很困难。

在数字化转型后,所有这些数据都应该在主数据库中管理。此外,应制订相应的程序,要求所有的采购活动(除了少数按照内部规定可以通过采购卡执行的活动，或不在采购职能范围内的项目）遵循"无订单，无付款"的原则，确保所有的支出都被记录在系统中。

创建系统控制，确保数据被正确输入

"上有政策，下有对策"，有时候规定不一定会被有效执行。也正因如此，必须创建系统控制，以确保数据被正确输入。比如在请购单或订单中，将所采购项目的物料分类（Material Group）和总账科目（General Ledger Account）设为必填项，且不允许用户自由输入，而只能从系统所组的分类中选择。当用户选择错误时，所选择的物料分类和总账科目不匹配，系统会提示错误信息，阻止请购单或订单的提交；或者订单中供应商的选择和物料分类不一致（如在给原材料供应商的订单中选择了 IT 的物料分类）时，系统同样也会阻止订单的生成。通过系统"铁面无私"的控制，可以将每一笔支出都正确记录在相应的总账科目和采购品类中。

统一的主数据库

过去，为了管理数据和控制信息流，大多数企业通常将不同职能部门的数据分别管理。但在寻求业务数字化的企业中，专业人员（或数据科学家）需要大量值得信赖的数据，以便选择、调整和部署正确的算法，以满足业务需求。这往往需要对企业的数据管理方法进行根本性的改变。对于采购职能而言，所有的采购数据应以统一的方式进行管理，所有的系统应该只有一个统一的主数据库，所有的模块应互相关联并集成。信息流的控制则可以通过为每个数据源设置适当的访问权限来解决。

比如，供应商主数据库与订单系统和财务系统连通，供应商如果营业执照到期，则其状态会被自动锁定，无法再开立新订单或发送新的邀标文件。若没有统一的数据库，在不同的系统中逐一更新则是繁重的工作，而疏漏将导致同一个供应商在不同的系统中有不同的记录。

主数据库统一并"打通"所有的模块是利用数据来改善流程的基础。例如，对供应中断的感应。如果一个供应商经常未能准时交货，则系统应该发出警告，让采购人员意识到这种情况，使他们能够在早期消除供应中断的风险。

如果数据储存的模块都是"孤岛"，则这种信号不会被识别，当发生供应中断时再来补救就为时已晚。

此外，统一的主数据库也能保证所有的采购文件都能以快速和有效的方式被所有相关方访问，以确保所有利益相关者都有唯一的"事实来源"。数据流需确保在中央系统中只有单一的"真理源"。

数据清理

如果你的主数据不完整、不准确或不存在，则许多数字化解决方案的功能将相当多余，因为其根本无法被有效采用。可以说，将数字化采购集成到日常采购活动中，关键在于采购人员是否愿意做艰苦的工作——对主数据进行清理。没有高质量的数据库，一些数字化解决方案所能发挥的效力是相当有限的。

比如，在数字化转型过程中进行数据迁移时，应对旧数据进行彻底的清理（对大型企业而言这可能需要几个月的时间）。异常和过时的数据应予以剔除，以避免将旧系统的"垃圾数据"导入新系统。供应商的联系人可能已经换了好几拨了，工厂或办公室也搬迁了，甚至营业范围也拓宽或变更了，这些信息都需要更新完之后迁移到新系统，否则将导致以下问题。

·联系人信息：数字化转型后，采购订单将通过电子采购平台直接发送到供应商客户经理或销售代表的邮箱（供应商通过该邮件登录电子采购平台），若联系人信息有误，则采购订单将不会被及时处理。

·工厂搬迁：工厂地址是风险预警的一个因素，若信息有误，则系统无法在工厂的新地址发生意外情况时及时发出风险预警。

·营业范围：营业范围拓宽或变更意味着供应商所能提供的服务范围有了变化，如所能提供的物料从两种拓展到三种，如果基于旧的信息，当需要采购新增物料时，该供应商不会被系统识别，采购人员就不能下单给该供应商。

创建数据团队

正如本章第一节所说，在卓越中心创建数据团队将是释放数字潜力的重要举措。数据团队将帮助采购组织更好地进行数据分析，从而为战略采购团队赋能。数据团队还将帮助采购人员运用更先进的数字化工具，如人工智能谈判教练和机器人流程自动化工具，来提升采购绩效。

总而言之，数字化转型无疑将改变采购团队在数据分析和利用、供应商互动等方面的工作方式。但是，如果没有对数据质量进行控制，许多数字化工具将成为"无源之水，无本之木"，最终都会变成"纸上谈兵"的"花架子"。

所以我们说没有"数字"，就没有数字化。

5.5.3　大处着眼，小处着手，快速成长

可以预见，基于大数据分析、人工智能技术的采购解决方案将在未来几年逐步成为主流，数字化转型应由此"大处着眼"，从现在开始，从"小处着手"，从基础的电子采购模块或数字化应用起步，建立或改善采购组织的数字管理程序，其间通过合理的治理措施和员工培训"快速成长"。由此，当采购的智能化时代全面到来的时候，我们已经做好了准备。

┃**本章小结**┃

本章重点探讨了采购数字化转型的助推器，即从不同方面讨论了有助于数字化转型的因素。第一节首先介绍了数字化下采购的组织架构，强调了在数字化阶段采购的组织架构中应引入卓越中心以释放数字化的潜能。数字化转型也意味着采购将有能力在成本以外的领域为企业做贡献，因此第二节论述了数字化采购的新角色和相应的采购人员的新技能，以及如何通过技能意愿矩阵来提升员工在数字化转型后的技能水平和积极性。为了最大限度释放数字化的潜力，流程的优化起着重要的作用，第三节基于此介绍了敏捷采购，并论述了数字化与敏捷采购相辅相成的关系。第四节转向绩效管理，概述了绩效管理的关键要素及挑战，并介绍了数字化如何助推采购绩效管理。本章最后探讨了采购数字化的基础，强调了没有"数字"，就没有数字化，并介绍了数字管理的措施。

第 6 章

采购数字化的
未来

本书的立意是阐述采购数字化的"现在"，以及如何成功实施数字化转型。但我们"现在"所做的一切，都是为了更好的"未来"——未来始于现在。因此，在介绍完采购数字化的方方面面之后，本章将展望未来，对尚未大面积普及但已经被部分前沿组织采用的、最新的采购数字化工具进行介绍，如大数据分析、机器人流程自动化、人工智能和认知型采购、区块链等新兴技术，并探讨了此类工具如何升华采购数字化。

6.1　采购数字化的 3 个层级

采购数字化不仅仅是信息技术发展的下一个阶段，同时也是由技术推动和需求拉动所导致的大变革。这样的变革显然不会是"忽如一夜春风来，千树万树梨花开"。埃森哲咨询公司（Accenture）在一份题为《新一代数字化采购》的报告中指出，采购的数字化进程将经历 3 个层级（见图 6-1）。

·第一层级。这一层级的特点是注重使用数字化平化来实现流程自动化，并记录已经发生的事情，如执行的交易、采购的物品、签署的合同、支付的发票等。在这个数字化平化中，我们能看到钱花在了哪里，但看不到更多信息。处于这一层级的数字化平台通常是自我封闭的系统，侧重于提高企业内部流程的效率，并没有打通整个供应链，但这是企业数字化的起点，具有一定规模的企业大多已经处于这一层级。

·第二层级。越来越多的企业已经处于或正在迈向这个层级，这也是本书所谈论的数字化转型的参照点。在这一层级中，数字化平台打通了供应网络，不再是一个自我封闭的系统。它不仅记录了交易，而且记录了交易发生的过程和背景。这些信息至关重要，因为它是建立人工智能预测模型的基础，有助于改善未来的决策。数字化工具也为采购团队赋能，在各个方面提升绩效，使得采购职能更具战略性。

·第三层级。一些领先的企业已经开始逐渐步入这个层级，在未来数年的时间内，它将成为这些企业的差异化竞争优势。在这一层级中，企业将不仅仅依赖自身的数据生态系统，还广泛地获取自身供应链之外的信息，并与之互动，从而实现认知型采购解决方案。比如，风险监控平台实时通过外部信息监测并解读潜在的供应商风险，而由大数据分析和人工智能技术驱动的智能化工具将超越简单的交易执行范畴，能够实际指导决策的制度，甚至在某些情况下，制定商业决策。

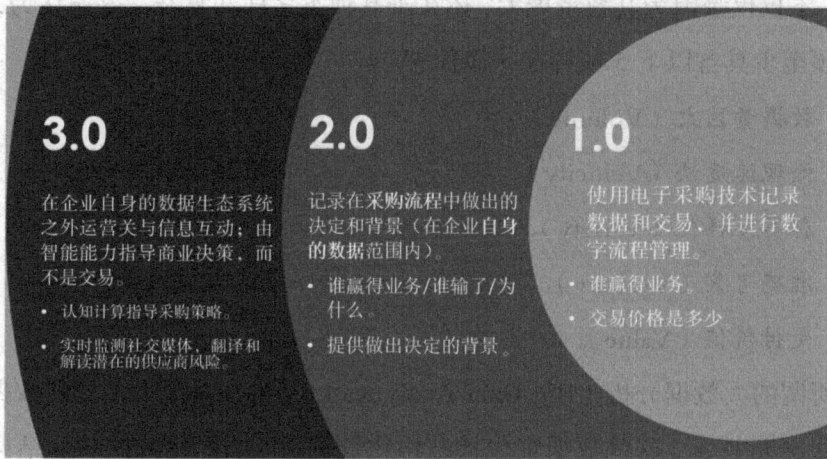

3.0

在企业自身的数据生态系统之外运营关与信息互动；由智能能力指导商业决策，而不是交易。

- 认知计算指导采购策略。
- 实时监测社交媒体、翻译和解读潜在的供应商风险。

2.0

记录在采购流程中做出的决定和背景（在企业自身的数据范围内）。

- 谁赢得业务/谁输了/为什么。
- 提供做出决定的背景。

1.0

使用电子采购技术记录数据和交易，并进行数字流程管理。

- 谁赢得业务。
- 交易价格是多少。

图 6-1　采购数字化经历的 3 个层级

资料来源：埃森哲咨询公司（2017）

"修炼"到第三层级离不开更先进的数字化工具，下面将介绍其中几个主要"角色"。

6.2　大数据分析

让我们来看看这样一个问题：你们公司每天都在生产的东西是什么？

答案并不在生产车间或服务部门。无论你就职于制造商、贸易商还是服务公司，你们公司每天都在大量生产的东西是数据。

由英特尔创始人之一戈登·摩尔（Gordon Moore）提出的摩尔定律告诉我们：集成电路上可容纳的晶体管数目，约每隔两年便会增加一倍。摩尔定律终会有失效的一天，但全球的数据会继续以几何级数增长，这一点大概没有太多人会质疑。20多年前，大家用容量为1.44MB的硬盘储存文件，如今看来无法想象，因为如今移动硬盘的容量动辄几TB。我们无疑徜徉在大数据的海洋中。

大数据（Big Data）一词适用于描述大小或类型超出传统数据库以低延迟捕获、管理和处理数据的能力范围的数据集。大数据之所以被称为"大"数据，不仅仅是因为其数量庞大，还在于其种类多样和复杂。普遍认为，大数据必须至少具备以下5项特性（简称5V）。

· 数据量巨大（Volume）。

· 处理速度快（Velocity）。

· 种类多样化（Variety）。

· 准确可靠（Veracity）。

· 交付价值（Value）。

所谓的大数据分析（Big Data Analytics），是指针对庞大多样的数据集使用高级分析技术，这些数据集包括结构化数据、半结构化数据和非结构化数据，它们有不同的来源，大小从数TB到数ZB（Zettabyte，泽字节）不等。大数据分析可以被定义为任何旨在从大量数据中获得更强洞察力的分析活动，以产生商业价值。其基本理念是，通过结合各种来源的数据，发现数据的发展趋势和相互的关联性。如今，许多企业利用现有的数据库和支出立方解决方案，但尚未充分利用来自内部和外部的大量数据。应用大数据方法不仅可以利用企业现有数据，还能利用内、外部的大量数据，从而获得重要的洞察力和收益（参见上一章所述的DIKW模型）。

大数据分析是一项相当成熟的技术，并被证明在采购中具有巨大价值。采购活动会产生和储存大量的数据，这些数据往往广泛地分散在不同的系统、业务和地理区域中。在大数据分析出现之前，这些数据就真的只是"数据"而已。企业主要通过费力的流程，从合作伙伴那里汇编内部的结构化数据，汇编这些数据往往需要数周甚至更长时间才能完成。如今，数据库包含更多不同的内部和外部、结构化和非结构化的数据，这些数据大多是在自动化程序中实时获得的。筛选所有这些数据以找到企业正在寻找的洞察力对人类而言是"不可能的任务",越来越多的采购团队开始依赖大数据分析来帮助指导决策和开发高效、准确的采购流程,大数据分析工具的重要程度日益增加。

如上所述,大数据分析可以在纷繁复杂的海量数据中找出某些模式和规律,传说中的"大海捞针"变得可能;同时它也是预测需求和市场情况转变的一种手段。大数据分析也可以改善供应链和业务成果。数据驱动的采购的好处是显而易见的。通过结合历史数据、实时信息和客户洞察力,企业可以采取积极主动的决策方法,优化供应链,并为外部因素可能导致的破坏做好的准备。图6-2列出了大数据分析在采购中的几个应用。

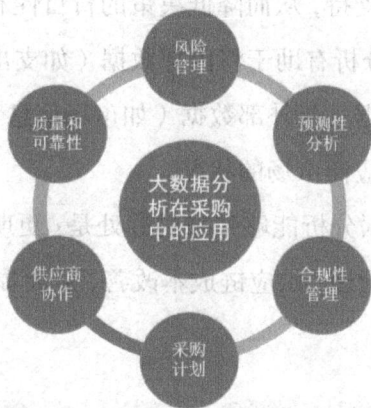

图6-2 大数据分析在采购中的应用

概括而言,大数据分析主要在以下4个方面提供商业价值(索特,2016)。

(1)管理供应风险。大数据的一个强大应用在于识别作为供应链风险预警信号的趋势和事件。例如,监测公开的新闻或社交媒体,识别与企业的供应商或特定的供应市场相关的事件。这样的系统可以帮助企业持续更新有关供应商和供应市场的风险概况,甚至在遭遇自然灾害等突发情况下启动应急计划。

(2)采购成本的改善。大数据分析也可以帮助企业发现更好的采购机会。许多物料采购合同有跟某些价格指数相关的价格浮动机制(例如很多化工产品的价格与原油价格直接相关)。如果企业价格分析的数据库与原油的市场价格数据和宏观经济预测数据相关联，那么大数据分析可以不断发现新的机会并提醒企业采取行动。

（3）组织效率和敏捷性。尽管ERP系统在许多企业中被广泛使用，但采购人员仍然在信息搜索方面花费了大量时间。大数据分析将所有相关信息联系起来并进行汇总，从而大大促进并加快了战略和运营采购活动。根据理特咨询公司（Arthur D. Little）的模型，通过广泛使用大数据分析技术，采购团队的效率有可能提升高达30%。

（4）基于事实的决策。通过大数据分析，基于事实的决策将有机会成为普遍的现实。利用大数据分析技术，所有重大决策和报告的业务问题都将有以数据为导向的证据的支持，从而降低决策的盲目性和主观性。

举例来说，大数据分析有助于将内部数据（如支出数据、合同数据和与供应商关系管理有关的数据）与外部数据（如市场信息和社会信息）联系起来，以随时随地提供相关供应商市场的状况。

一言以蔽之，大数据分析能够带来的好处是：更明智的决策、更好的可视性、更好的供应链风险管理、供应链成本改善，从而提高采购部门在企业中的价值。

案 例 研 究　利用大数据分析技术进行风险建模和经济预测

一家大型服饰和清洁用品服务公司将其大部分产品外包给其他国家的低成本厂商。为了管控供应风险，该公司引入大数据分析进行风险建模和经济预测。其目标是获得足够的数据来保证预测的正确性。

该公司成立的分析小组探讨了经济活动、消费者需求与其产品需求之间的关系，发现了几个影响消费者需求的关键参数。这些数据包括从某些国家中央银行经济数据库、生产者价格指数、采购经理人指数中提取的数据，以及内部数据，如公司销售队伍的规模。

利用多元回归模型，分析小组利用数据分析工具开发了一个预测性模型，并为从海外供应商采购的不同品类的产品制订具体的预测计划。作为这一模型的一部分，该公司开始跟踪其主要供应商的发货准时率。他们还在统计过程控制（Statistical Process Control，SPC）图上跟踪其变动。通过监测 SPC 图上超出可接受阈值的趋势和异常值，该公司可以判断是否出现了可能导致生产订单交付延迟的重大问题。该公司的管理人员指出："每当看到风险趋势或 SPC 图阈值以外的点，我就在给供应商打电话，果不其然，总是有一个我们必须解决的问题或需要缓解的风险——它在发生之前就被发现了！"

资料来源：汉德菲尔德（2018）

6.3 机器人流程自动化

机器人流程自动化（RPA）是指使用机器人执行之前由人类完成的重复性任务。它是一种软件技术，可轻松创建、部署和管理机器人，使机器人模拟人类行为，与数字系统和软件进行互动。最适合采用这类技术的是涉及大量重复性手工处理工作、有固定规则、结构化数据较多的作业。

RPA 并非多高深的技术，也不需要很多的投资，一些简单任务的 RPA 编程甚至只要数小时或者一两天就能完成。它就像人类的小帮手，负责处理冗余和重复的任务。所谓的"机器人"，其实是被设定成完成特定任务的程序，就像人类会被训练来完成单一的工作步骤一样。

采购流程中存在许多重复性的行政工作，这部分工作很适合用 RPA 来处理。在订单创建、发票处理、需求与供应计划、库存管理、合同管理、品类管理、供应商关系及风险管理、供应商主数据管理、支出管理、绩效管理等各方面，RPA 都能发挥作用。下面是几个例子的简要介绍。

合同管理

在合同管理中，人工审查合同通常是件很耗时的差事，而通过 RPA，机器人可以快速审查这些合同，将其与标准模板进行比较，并指出存在偏差的非标准条款和条件。然后，机器人会向采购人员发送一份摘要，供其与供应商谈判时使用。机器人可以帮助采购人员利用额外的时间，对战略合同进行更高水平的审查和监督。

品类管理

依靠人工很难准确、及时地对交易进行分类。而利用 RPA，机器人可以在请购时对交易进行分类，使用机器学习和智能逻辑，根据请购单的内容确定可能的品类。如果请购单中的信息不足，机器人可以向请购人提出问题，以确定支出品类。这可以帮助企业在源头上将支出归到正确的品类中，减少后期重新分类的工作——重新分类往往很耗时，而且准确率不高。类似地，RPA还可以创建"聊天机器人"，与支出分析系统无缝连接、互动，回答相关人员有关支出的询问等。

绩效管理

数据可视化是向利益相关者传达结果的一种有力方式。采购的绩效评估通常需要提取各种各样的数据，包括采购周期、采购品类、成本中心、支出明细等。在大型企业中，不同业务部门使用不同的采购系统的情况并不少见。RPA 可用于自动化与数据提取、加载和转换，以及与报告和分析有关的所有活动。这些活动通常是基于规则的重复性任务。机器人可以被设置为在特定时间从多个系统中提取采购数据，并将这些数据储存在特定位置，接着进行数据转换。通过数据提取和转换，基于设定的规则，机器人可以在数据可视化工具中创建仪表板，从而展示采购部门或采购人员的绩效。

供应商主数据库管理

大多数企业在维护可被视为"单一事实版本"的数据源方面存在困难。供应商主数据库管理就是一个很好的例子。供应商主数据库涉及供应商名称、地址、联系方式等。由于供应商信息会在不同的系统中被使用，在不同的系统中创建、更新和维护供应商信息有时会导致数据的重复或错误。机器人可以扫描现有的供应商主数据库，并识别那些名字输入错误的供应商。

订单创建

利用 RPA 也能够自动创建标准订单，如整订零取订单，这类订单的产品描述和价格都已经由框架协议设定的，其他的订单输入均为标准操作，不需要人工干预。关于 RPA 在采购到付款流程中的应用，本书已多次提及，在此不再赘述。

概括而言，RPA 在采购流程中的应用能带来以下益处（见图 6-3）。

改进报告工作
通过自动生成的动态仪表板呈现详细的日志和报告

降低成本
降低 25%~60% 的手工交易业务流程成本

增强可扩展性
可扩展且灵活的虚拟资源、可以用最少的成本轻松部署，也可以在必要时随时缩减规模

改善合规性
通过基于规则的自动化和更好的审计跟踪管理，提高准确性和合规率

优化流程
加快流程，从而提高产量和生产率，且可以在正常工作时间以外运行

改善服务交付
最大限度地减少人工干预，大大缩短周期，以释放更多可管理的资源

图 6-3　RPA 给采购活动带来的益处

资料来源：哲禹普公司（2022）

· **改善数据质量**：当数据更新得更快且没有错误时，数据的质量和准确性就会提升。

· **流程透明化和标准化**：通过标准程序执行重复任务，RPA 实现了流程的透明化和标准化。

· **提高速度和生产率**：RPA 通过整个过程的自动化，最大限度地减少人工干预，消除手工作业，加快流程，提高效率，使采购团队能够专注于其他战略举措。

· **成本节约**：RPA 投资的回报期短，但其产生的成本节约是持续性的。

如果使 RPA 的收益最大化，则需要将 RPA 与其他技术，特别是人工智能很好地连接。人工智能可以使 RPA 更智能，因为它以算法的形式考虑到人类的建议，以进一步加快流程。此外，算法允许人工智能的自动化流程学习并作出决定，然后"要求"人类确认。

案例研究 **RPA改善付款和物料管理流程**

一家领先的勘探公司的财务团队使用手工流程来接收、验证和支付工单（每月 3500~4000 份），这需要耗费大量的人力。毕马威咨询公司（KPMG）

帮助该公司创建了机器人流程，使发票匹配和验证过程自动化。这个过程还包括接收电子邮件，然后在多个系统内进行审查（取决于供应商和执行工作的地点）。这大大减少了所需的人力，并加快了效率、提高了准确度。

在另一个案例中，一家全球领先的能源供应商希望将其上游的物料入库（收货）和出库（发货）的流程自动化。这两个过程都是物料管理流程的一部分，以保证货物进出仓库的库存记录准确。毕马威公司帮助其创建了一个机器人程序来实现这两个流程的自动化。该机器人帮助该公司对进出仓库的货物进行准确核算和盘点，并节省了人工收发货物过程中花费的数千个工时。

资料来源：毕马威（2018）

6.4　人工智能和认知型采购

从20世纪50年代至今，不同的专家学者从不同的角度对人工智能提出过自己的定义。学术界的教科书式定义为：人工智能（AI）是有关"智能主体（Intelligent Agent）的研究与设计"的学问，而"智能主体是指一个可以根据周遭环境采取行动，以达到目标的系统"（罗素和诺维格，2016）。

简单来说，人工智能是指可"模仿"人类智能地执行任务，并基于收集的信息对自身进行迭代式改进的系统和机器（Oracle）。也就是说，人工智能具有自我学习的能力。相比之下，RPA只是模仿人类行为的程序。通常情况下，人工智能软件的开发是为了比人类更好或更有效地完成复杂的任务。

人工智能在采购中的应用

围绕人工智能有很多炒作和误解。我们需要避免以下两种极端看法。

·一种认为人工智能仍非常遥远，在采购论著中谈论人工智能是一种"噱头"，对此嗤之以鼻。

·一种认为人工智能将很快接管采购员的工作，"自身的饭碗不保"，惶惶不可终日。

事实上，在可以预见的未来，采购领域的所有人工智能解决方案仍将需要采购人员积极的指导和监督。但即便如此，以技术飞快的发展速度，人工智能有能力在未来几年影响采购的运作。人工智能正在改善许多耗时的任务的完成方式，或给采购人员提供基于极其复杂的大型数据集的额外洞察力，使企业能够利用计算机算法更有效地解决复杂问题。

人工智能能够"模拟"采购人员在采购方面的决策和思维过程。当前采购人员的选择大多基于自己的直觉或有限的数据，人工智能改善了决策过程。它以数据为基础，推导出结论，并做出正确的选择。例如，人工智能背后的先进算法使其有可能在涉及若干不同供应商或场景的复杂谈判中迅速确定最佳解决方案。人工智能还有助于收集供应市场情报，并改善需求预测方式。如果技术进一步成熟并运用得当，人工智能可以带来所有数字化采购工具中最高的效益，因为它可以在采购人员产生价值的核心，即战略决策上，为其提供指导。

李开复在《人工智能》一书中将人工智能高度概括为"大数据 + 深度学习"（李开复和王咏刚，2017）。因此，人工智能在解决涉及大量数据但有明确定义的成功衡量标准的复杂问题上表现得很出色。它可以被嵌入一些软件中，在如下的采购关键领域中提供支持。

· 做出更好的决策：人工智能可以提供及时的分析和数据驱动的洞察力，以做出更好的采购决策。

· 识别潜在的新机会：通过对海量数据的分析，人工智能可以发现新的成本节约或收入增加机会。

· 改善运营方式：人工智能可以使许多耗时的任务自动完成，从而精简或调整内部业务运营方式；例如，通过处理更多的常规任务，人工智能可以释放采购资源，以便采购人员将资源用于更有创造性或战略性的任务，如关键供应商关系管理。

· 改善风险管理：人工智能可以帮助采购组织捕获相关的新数据来源，例如，从互联网等外部数据来源等，从而更好地管理风险。

· 识别新的供应商或市场：通过对大量外部数据的访问，人工智能可以帮助企业识别新的供应商，乃至进入新的市场。

·优化供应商关系：基于数据和信息，人工智能有可能使采购组织优化其供应商关系管理。

认知型采购是人工智能在采购领域的应用的典型代表。"认知"这个短语源于先进计算机科学的一个新兴领域，即"认知计算"（Cognitive Computing）。认知计算是指任何模仿人脑的硬件或软件，它模拟人脑如何感知、推理并对刺激做出反应，以完成特定的任务或挑战。在认知型采购中，自我学习的人工智能技术，如模式识别（Pattern Recognition）、自然语言处理（Natural Language Processing，NLP）、机器学习（Machine Learning，ML）和自动数据挖掘（Automated Data Extraction）被用于采购的各种场景，以"模仿"人类。图 6-4 所示为人工智能在采购中的应用。

图 6-4　人工智能在采购中的应用

资料来源：Simfoni 公司（2022）

支出分析

在采购支出分析中，机器学习算法被广泛用于改善和加快分析流程，包括支出品类和供应商的自动匹配。例如，审查大量的订单并将支出自动归入不同的采购品类，或者将某个跨国供应商不同地区子公司相应的发票和订单的金额都归入该供应商的支出，从而得到从该供应商处采购的总支出金额。人工智能产生的高度准确的数据为企业的支出提供了更清晰、更详细的洞察。事实上，德勤咨询公司在其一份题为"采购领域中的人工智能机遇"的报告中称，人工智能创建的支出分类已达到 97% 的准确度（德勤，2019）。

合同管理

人工智能在合同管理方面有许多成功的应用案例。合同包含很多对采购有价值的信息，过去，采购部门需要人工查询存储在档案室或共享的在线文件夹中的合同以获取信息，这非常耗时。而采用自然语言处理技术，采购部门能够通过一种称为文本解析的方法挖掘合同中的有价值数据。合同管理软件可以利用解析算法来有效地扫描和解释大量冗长的合同文件，以寻找潜在的成本节约机会。

供应商风险管理

人工智能在采购中的一个强大应用是供应商风险管理。人工智能可以准确和快速地识别有关供应商或供应市场的突然变动，从而监测和识别整个供应链的潜在风险位置。例如，使用自然语言处理或大数据分析等技术来寻找和捕捉有关供应商或特定市场的数据，筛选数以百万计的不同数据，监控社交媒体等渠道以获取有关供应商风险状况的信号，并在供应链风险管理软件中进行提示。此外，人工智能也能够帮助企业剔除高风险的供应商，从而避免由供应关系带来的麻烦。

新供应商的识别

人工智能为识别、管理和利用公共和私有数据库中的供应商数据提供了新途径。例如，利用机器学习技术，根据从互联网上获得的、经过清理和充实的信息，更有效率地识别潜在的合格供应商。

谈判指导机器人

正如第 3 章所述，基于人工智能的谈判指导机器人能够指导采购人员在不同场景下采取不同的谈判策略，以获得最佳谈判成果。

此外，认知型采购解决方案也可以利用外部市场数据和内部支出数据，通过算法预测哪些品类应该进入市场，以及何时是进入市场的理想时间。本质上，它是利用人工智能对市场的价格走向进行预测。相比于人工分析，它大大提高了预测的精准度。

全球知名科技咨询与研究调查企业国际数据公司（International Data

Corporation，IDC）在其发布的报告《世界的数字化——从边缘到核心》中预测，2025 年全球数据量级将增长到 175ZB。1ZB 大约等于 1 万亿 GB。这是难以想象的巨大数据量，而且它还将以几何级数增长。有这种海量数据供机器深度学习，在不远的将来，人工智能将可以在许多采购场景中发挥作用。根据德勤咨询公司 2019 年的一项调查，51% 的受访组织在使用先进的分析技术，其中 25% 的首席采购官表示已经在采购流程中试点人工智能或认知型采购解决方案（德勤，2019）。过去几年，这个比例还在不断上升。

的确，现阶段人工智能还未达到完全集成的端到端系统的地步，但它已经跃出地平线，并正在迅速崛起。

6.5 区块链

区块链（Blockchain）是一种安全共享的去中心化的分布式数据账本。区块链技术支持一组特定的参与方共享数据。简单来说，区块链是一个记录系统，能够以可靠、安全的方式记录各种交易信息以及任何资产的所有权信息，其可被理解为实时、不可变的交易和所有权记录。所谓的分布式数据账本，是一个记录交易信息的无法删除、无法修改的特殊数据库，在多台计算机或多个区域之间共享和同步，无须集中管控。区块链的参与方都拥有一份相同的记录，如有任何新增内容，所有记录都会即时自动更新。作为一个用于记录交易历史的共享账本，区块链的以下几个特质使其引人注目。

·首先，账本不能被更改，这确保了可追溯性和可审计性。

·其次，它位于云端，可由多个参与方访问，并允许各方在其间分享信息。其记录系统（即分类账）的分布式性质使各方不必都拥有自己的分类账，从而建立了交易的"单一事实版本"，这种"数字信任"有助于提高效率和避免欺诈，以及降低错误的风险。

·一旦发生交易，交易记录就被放入一个区块，每个区块都与前一个区块和后一个区块相连，形成所谓的"区块链"。含有新信息的新区块总是被添加到链条的尾端，且每次添加的新区块都会生成相应的数字签名或哈希值（即一系列随机的数字和字母）。将区块添加到区块链后，如果篡改这个区块中的某个金额或数字，这些数字签名将校验不通过。在这种方式下，每笔交易都被封锁在一起，每个区块都以不可逆的方式被添加到链条中。

·此外，除了所有交易永久存储在系统中之外，由于共识机制（共识机制是指以去中心化的方式就网络的状态达成统一协议的机制），所有交易都需得到其他参与方的验证和确认，因此区块链是一个安全可信的数据集，在保障安全方面有着重要作用。

区块链"不可篡改"的特点，在存证、溯源、防伪、征信等方面的作用，及其透明性，使其能够实现优于传统中心化系统的应用。SAP公司总结了区块链技术的透明性和不可篡改性为企业带来的诸多优势。

·透明性。所有参与者都可以查看区块链中的信息，但不能修改信息。这有助于减少风险和欺诈，从而建立信任。

·安全性。得益于其分布式和加密的特性，黑客要想篡改区块链中某个区块的数据，就必须对该区块前后的所有信息进行相应的更改，这导致区块链很难受到非法攻击。因此，该技术能够保障业务和物联网的安全性。

·可追溯性。区块链的数据不可篡改，因此非常适合复杂供应链中的物品跟踪和追踪或溯源。

·提高效率和投资回报率。分布式数据账本将帮助企业打造更精简、更高效且更具盈利能力的流程，让企业快速获得投资回报。

·加快流程速度。区块链可以加快多方交易场景中的流程执行速度，不受办公时间的限制，加快交易处理速度。

·自动化。区块链具有可编程的特点。通过编程，在满足条件的情况下，区块链技术可以自动触发行动、事件和付款。

·数据隐私。虽然信息在添加到区块链之前需要通过共识机制进行验证，但数据本身转换成了哈希代码。参与方无法在没有密钥的情况下破译这些信息。

区块链在采购中的应用

从技术角度来看，区块链是一个在计算机网络中运行的特殊数据库。通过提供一个共享视图，区块链消除了通过文件、信息、网络连接、电子邮件、电子表格和电话等方式在组织之间传输信息的必要性。它有助于消除供应商和客户之间的任何（微小的）数据差异。此外，由于这种验证技术确保了产品或信息在多个交易步骤中的真实性，区块链可用于验证产品的合法性和原产地，节约检查和认证成本。

例如，区块链可以用来处理诸如供应商质量证书、所有权证明、供应商报价、合同和采购订单等事宜。它可以通过检索在整个订单到付款过程中采集到的端到端数据，帮助企业快速解决交货差异问题。它也可以向审计人员提供证据，证明材料为经认证的"绿色来源"材料。由于整个供应链中产品的真实性可以被追踪，整个过程的透明度得到了提高。同时，由于可以轻松地追踪产品，特别是在确保道德和可持续供应链的背景下，采购人员可以从这一功能中受益。

区块链技术还可以用于创建"智能合约"（Smart Contracts）。智能合约是以区块链技术为基础，能够自我执行的条约；一旦满足条件，就可以自动触发行为或付款。

图 6-5 列出了区块链在采购中的应用。由于区块链技术可以提高整个供应链的透明度，目前开始落地的应用是使用该技术来跟踪和追踪物料源头，证明其真实性和来源，避免产品召回问题，并加快货物流动速度。

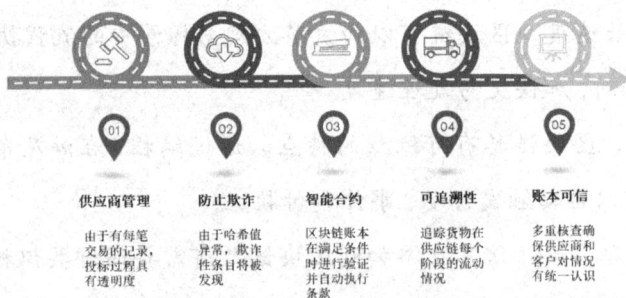

供应商管理	防止欺诈	智能合约	可追溯性	账本可信
由于有每笔交易的记录，投标过程具有透明度	由于哈希值异常，欺诈性条目将被发现	区块链账本在满足条件时进行验证并自动执行条款	追踪货物在供应链每个阶段的流动情况	多重核查确保供应商和客户对情况有统一认识

图 6-5　区块链在采购中的应用

资料来源：哲禹普公司（2022）

案例研究 区块链在采购中的应用

区块链应用在采购领域流传甚广的一个案例是，位于美国旧金山的珠宝公司 Brilliant Earth 公司通过该技术提高其钻石供应链的透明度。

钻石从采矿到零售需要经过许多交接环节。通过传统手段追踪所有环节以确保钻石的来源符合道德规范并非易事，但 Brilliant Earth 公司成功地通过区块链实现了这一点。该公司将 Everledger 公司（易藏录）的区块链集成到其供应链中，追踪从矿山经营者到每个生产步骤的各个环节，从而更安全地追踪其钻石的来源。

在该案例中，区块链促进了钻石及其所有支持文件的追踪，包括发票和认证证书。当客户购买钻石时，所有细节都包括在内，他们可以看到完整的供应链的详细信息，包括钻石的产地、来源地区和该地区的开采效益、毛坯重量、批号、毛坯钻石的图像，以及抛光钻石的 360 度视频。基于每颗钻石的独特区块链代码，该公司有史以来第一次能够验证其钻石从矿山到全球商店的真实性。这大大降低了公司被指责其在供应链中存在不道德行为的风险，被视为该行业的一个重大技术突破。

另一个区块链被广泛应用的领域是食品供应链，例如，总部位于美国加州的 Naturipe Farms 公司使用 SAP 云平台区块链服务来跟踪蓝莓从采摘到餐桌的过程。在采摘和包装蓝莓后，种植者将二维码置于外包装上。当蓝莓抵达商店或超市后，消费者可以用智能手机扫描蓝莓包装上的二维码，查看蓝莓的种植地等产品关键信息，甚至了解农场的可持续发展实践。

此外，Bumble Bee Seafood 公司也使用区块链来追踪黄鳍金枪鱼的来源；而医药巨头默克则在尝试利用区块链解决假药的问题。

资料来源：罗森克兰斯（2020）

除了上述案例之外，沃尔玛也运用区块链追踪其易腐食品从农场到超市货架的整个过程。这样，如果有产品需要召回，沃尔玛就可以使用区块链准确找到涉事批次，从而减少大范围召回造成的浪费和成本（范·霍克，2021）。

把目光投向国内，腾讯公司在数年前就开始在区块链领域布局，目前已经有多项应用在建筑金融、政务、司法、能源等产业方面的应用，如与深圳市宝安区住建局合作，打造全球首个建筑材料溯源区块链平台，从材料质量的追踪上入手，解决"豆腐渣工程"问题；腾讯还与多个省市合作，将区块链应用在财政电子票据管理系统中，从而降低电子票据的社会化应用成本；其他应用还包括帮助银行降本增效、预防招投标"暗箱操作"等（鹅厂黑板报，2022）。

腾讯公司的区块链应用已经超出物品信息追踪的范畴，毋庸置疑，科技企业对于区块链如何应用的探索仍将继续。高德纳咨询公司（Gartner）预计，到2030年，区块链创造的商业价值将达到3.1万亿美元，其商业化步伐将越来越快。

6.6 其他新兴技术

除了上述技术之外，英国皇家采购与供应学会和墨尔本大学合作发布的一份题为《采购和供应的数字化》的报告中还介绍了其他几项新兴技术。

3D 打印（3D Printing）

3D 打印，也称增材制造（Additive Manufacturing），是一种根据 3D 数字模型创建三维物体的过程或方法。它主要是一个不断"添加"的过程，即在计算机的控制下逐层叠加原材料。其打印出的三维物体可以拥有任何形状和几何特征。3D 打印机属于工业机器人的一种。3D 打印具备以下优点。

· 设计灵活。

· 原型制作快速。

· 按需打印。

· 部件坚固而轻巧。

· 设计和生产快速。

· 最大限度地减少废料。

· 成本效益高。

· 环保。

通过利用 3D 打印制作原型，生产小批量的定制产品和个别部件，尤其是对汽车或航空航天等行业的复杂或关键部件进行 3D 建模，企业可以节省大量成本，例如，新西兰航空公司正使用 3D 打印技术生产飞机内部的轻质部件，以节省资金并避免部件更换的延误（英国皇家采购与供应学会和墨尔本大学，2019）。

物联网（Internet of Things）

物联网是一个由无处不在的传感器支持的，由相互关联的计算设备、物体和人组成的系统，提供在没有人类干预的情况下通过网络传输数据的能力。它允许物理世界与计算机通信，以"去中心化"分析和决策，从而通过识别业务趋势，实现实时反应（英国皇家采购与供应学会和墨尔本大学，2019 年）。物联网有两个决定性的特点。

- 自动化：独立的设备、仪器和其他硬件之间的直接通信，不需要人为干预。
- 连接性：通过世界范围内的网络加强连接，使人们能够方便地获取各种信息。

物联网具备以下优点。

- 高效的资源利用，成本效益高。
- 最大限度地减少人力劳动，提高员工的生产力。
- 高效的运营管理，节省时间。
- 提高数据采集效率。
- 提高工作安全性。

物联网的一个具体应用是，通过使用智能设备实现对用户特定数据的采集，企业能更好地了解客户的期望和行为。物联网还通过控制售后工作来改善客户服务，如自动跟踪和提醒客户所购设备在预定使用期后的必要维护、保修期的结束等。

传感器技术（Sensor Technology）

与物联网密切相关的是传感器技术。传感器是一种监测装置，能检测环境中的事件或变化，并将测量到的信息发送给其他电子设备，从而实现信息的传输、处理、存储、显示、记录和控制。传感器的特点包括微型化、数字化、智能化、多功能化、系统化、网络化。它是实现自动检测和自动控制的首要环节。

传感器技术具备以下优点。

· 加快流程，使之更加准确。

· 实时采集流程和资产数据。

· 准确、可靠、持续地监控流程和资产。

· 提高生产率，降低总拥有成本。

· 减少能源损耗。

传感器可以在全球各地的运输过程中提供关于企业产品的位置和状况的数据。该技术也可以提供实时的库存跟踪数据和客户的产品使用行为数据，同时帮助企业优化采购活动，例如，如果库存水平不足，传感器将检测需求，决定何时补货，然后计算机将自行订购材料，而无须人类（采购人员）的干预（英国皇家采购与供应学会和墨尔本大学，2019）。

除此之外，该报告中提到的其他数字化技术还包括增强现实（Augmented Reality）、云计算（Cloud Computing）、射频识别技术（Radio Frequency Identification，RFID）、模拟技术（Simulation Tools and Models）和全渠道零售（Omni Channel）等，如图6-6所示。除了全渠道零售更多应用在市场和销售环节，其他各种数字化技术都能在采购和供应领域中发挥作用。有兴趣的读者可以通过各类专著自行了解每项技术的原理和具体应用。

图6-6　数字化技术

资料来源：英国皇家采购与供应学会（CIPS）和墨尔本大学（2019）

6.7 采购4.0

在过去几十年的发展过程中，采购职能从无到有，从小到大，从"无足轻重"到"不可或缺"，走过了漫长的路。在第四次工业革命的大背景下，随着本章所介绍的各种数字化工具的发展，采购职能无疑将随之继续演变，升级成采购4.0。

采购4.0是从工业4.0中衍生出来的概念，反映了工业4.0的尖端技术和数据管理对企业战略和运营采购的影响。不同的学者和专业人员都对采购4.0提出了自己的见解。在探讨采购4.0可能的方向之前，让我们来看看之前的采购"版本"所指为何。

采购1.0

采购1.0为起步阶段，只包括采购的基本职能，即尝试将正确的产品，在正确的时间和正确的条件下，送到正确的地点。由于供应链不发达，该阶段的采购通常只是在工厂的周边地区寻源。采购活动采用手工方式，没有系统支持。

采购2.0

在采购2.0阶段，采购开始向综合性采购服务的方向发展。由于采购品类的复杂化，各企业开始雇用具有机械、电气或工程等专业知识的专业采购团队。此外，随着集装箱运输业的发展，全球采购开始兴起，采购管理越来越多地在全球范围内运作。

采购3.0

在这一阶段，随着全球化成为主流，企业的关键供应商可能位于世界各地且远离自身所处的工厂，因此，发展供应商关系并进行有效管理变得至关重要——采购3.0是基于合作和伙伴关系的采购，不再是单纯的价格博弈。同时，随着计算机应用程序的发展，许多软件被开发出来用于采购管理，包括仓库管理系统和运输管理系统，以及其他技术解决方案。在采购 3.0 的后期，电子采购开始出现并逐步普及。与此同时，仓库管理的自动化是采购领域的另一大进步。随着采购管理变得越来越全球化和专业化，许多企业重组其采购组织架构，设立中央采购团队及品类管理团队。

采购 4.0

显然，当本章所介绍的各种数字化技术逐步实现商业化且被大面积应用的时候，采购职能将迎来巨大的转变，即所谓的采购 4.0。推动这一变革的因素是过度竞争、全球化、供应链风险、资源稀缺等，但最重要的是技术——大数据、数字化流程和自动化的发展。

传统上，采购流程被分解成几个基本步骤，以确保企业以有竞争力的价格采购必要的材料。这当然是重要的。但正如第 1 章所言，新的数字化技术让采购可以涉足以前无法企及的领域，或在之前无法胜任的领域发挥作用。事实上，大数据分析、深度学习、人工智能、物联网和其他信息技术有改变几乎所有采购领域的潜力。例如，通过使用综合信息流的数据管理平台，采购人员梦寐以求的端到端的供应链可视性，将会是一个可以实现的目标。而通过挖掘网络物理系统的潜力，采购 4.0 使供应链专业人士能够更好地利用数据。

鉴于工业 4.0 正在推动的变化，采购 4.0 将可能对下一代供应链产生变革性影响。物联网的使用为"万物互联"的互动提供了重要的支持——不仅是人的互动，还有物的互动，这得益于越来越多的传感器和互联网对数据传输的支持。与此同时，由于分析技术的发展，数据被用作创造价值的工具，可为客户和组织创造利益。此外，使用智能手机和平板电脑可以使客户在任何时间、任何地点与系统和其他操作人员互动。

随着物联网技术和人工智能更好地利用设备采集数据，数据集成和感知平台将能够把这些信息实时利用——有效地绕过旧的、不可靠的、低效的信息共享和行动手段。这意味着采购领导者有一天将能够同步来自供应商、第三方物流公司、内部团队、网络物理系统和客户的数据，以利于采购部门和整个企业的运营，这样不仅能为企业节约成本，而且能为业务部门确定新的收入来源、伙伴关系和机会。

工业 4.0 也需要采购 4.0——它应是敏捷的、以客户为中心的及价值驱动的。整个范式（Paradigm）将从流程治理和成本节约转换为价值创造、执行速度以及与企业和供应商的关系管理（德夫伽连科，2020）。所谓的范式转换（Paradigm Shift），是托马斯·库恩（Thomas S. Kuhn）提出的一个概念，是一门科学学科的基本概念和实验实践的根本变化；这种改变后来亦被应用于其他各个方面的巨大转变。拥有了高阶的数字化"新型武器"的采购部门，不再只是采购程序死板的"把关人"，也不再仅仅关注最终的交易价格，其关注的重点将转变为以下内容。

- 价值的创造和获取。
- 商业伙伴关系和咨询。
- 供应商合作和创新。
- 高效的运营模式。
- 供应和需求管理。
- 供应风险管理。

本节并未尝试对采购 4.0 做出定义，显而易见，在未来的一段时间内，关于采购 4.0 的讨论还将继续升温，将有更多、更成熟的见解涌现，百家争鸣。无论其最终被大众所认可的定义如何，有一点都是肯定的，那就是，依托先进的数字化技术，采购职能将大大拓宽其影响领域，从而全方位地为企业创造价值——采购将真真正正成为一个战略职能部门。

在笔者正撰写本章之际，世界经济论坛于 2022 年 3 月 30 日在瑞士日内瓦公布了第八批全球"灯塔工厂"（Lighthouse Factory）名单，此次共有 13 个"数字化制造"和"全球化 4.0"示范者入选。灯塔工厂指的是成功将第四次工业革命技术从试点阶段推向大规模整合阶段的工厂，他们借此获得了重大的财务和运营效益。全球灯塔网络项目由世界经济论坛（The World Economic Forum）于 2018 年携手麦肯锡咨询公司启动。该项目旨在推动第四次工业革命技术的落地。

在今年入围的名单里，不仅有国外的跨国巨头，也有中型企业，还有国内的名企，如海尔、美的、京东方。截至目前，全球共有来自22个行业的103家工厂获此殊荣，其中有37家来自中国，占比超过1/3，总数位居世界第一。在过去10多年的时间，中国制造业以前所未有的速度在升级。数字化在其间扮演着重要的角色。而对于绝大多数制造业企业而言，采购支出占企业总支出的50%之上，有些企业甚至能达到20%~80%。采购职能必须跟上制造业升级的步伐——很难想象，这些灯塔工厂如果没有数字化采购赋能会是什么样。"智能工厂"必然要有数字化采购做支撑。

是的，未来已来。

▌本章小结▌

　　本章将关注点从采购数字化的"现在"移到不远的"未来"，首先介绍了采购数字化的3个层级，即从"知其然"（第一层级）、"知其所以然"（第二层级）到"自动化集成内外部数据以指导和制定商业决策"（第三层级）；接着探讨了一些尚未大面积普及但已经被部分前沿企业采用的、最新的数字化工具，如大数据分析、机器人流程自动化、人工智能和认知型采购解决方案、区块链，并简要介绍了3D打印、传感器技术和物联网等，探讨了此类新兴工具如何升华采购数字化；最后简要介绍了采购职能从采购1.0到采购4.0的发展，再次强调了数字化是采购彻底蜕变为战略职能部门的关键。

结语

『人』才是采购数字化转型最重要的因素

两年前，当笔者的公司在筹备一个采购数字化项目时，一个采购系统方面的专家曾经说过这么一句话："系统不会比人更聪明。"

迄今为止，信息技术的发展都是为了辅助人类更好地完成任务。强人工智能（Strong AI 或 Artificial General Intelligence，指的是可以胜任人类所有工作的人工智能）或超人工智能（Artificial Super Intelligence，指的是在科学创造力、智慧和社交能力等每一方面都比最强的人类大脑聪明很多的人工智能），至今仍只是科幻片的素材。而范围更广的纳米技术（Nanotechnology）、生物技术（Biotechnology）、信息技术（Information Technology）和认知科学（Cognitive Science）的发展（这 4 个学科合起来简称"NBIC"），会不会推翻该专家的结论，使人类变成机器的附庸品，现阶段我们不得而知。

从采购数字化转型的角度而言，我们应该警惕的是硬币的另一面，即低估采购数字化的进度，认为这些技术的落地还为时尚早，只是科技企业或咨询公司的宣传"噱头"。

低估科技的进步速度一直是人类的通病，甚至该领域的专家也不例外。1970 年，因预言核糖核酸（RNA）的存在而获诺贝尔奖的生物学家雅克·吕西安·莫诺（Jacques Lucien Monod）说："基因组的微观尺度可能导致它无法被操控。"仅仅 5 年后，第一次基因操控就开始了；还有基因测序，仅仅在几十年之前，伟大的生物学家们自信地说："要么人类永远无法对所有染色体进行测序，要么必须等到 2300 年。可是基因测序在 2003 年就完成了（一凡，2021）"。或者让我们看一个更广为人知的例子。2007 年，第一代 iPhone 横空出世，引发全球的抢购热潮，并迅速将世界推向"移动时代"。而在此之前的三五年，更受消费者喜爱的手机是诺基亚小巧的蓝屏功能手机 8210——如今回头看，这两者在性能上有云泥之别，而如此重大的行业突破仅仅发生在数年之间。科技是加速发展的，事实上，正如本书所展示的，在采购领域已经有大量成熟的数字化工具付诸实践。

那么，这一切对采购人员或企业管理者来说意味着什么？

是的，我们可以说，即使没有采购数字化，到目前为止，我们的采购组织的绩效也完成得不错。比如，没有数字化工具，我们一样可以通过电子表格手工收集数据并进行基本分析。

没错，大约 1400 年前，玄奘法师靠着双腿和马匹花上数年时间也能到达天竺取经，但是，如今乘搭飞机只需短短数小时。

当整个工业发展迈向第四次工业革命，工厂向"智能工厂""灯塔工厂"转型，城市变成"智慧城市"的时候，采购仍然能够凭借"刀耕火种"的方式满足客户和市场的需求吗？"小米加步枪"的配置能够让企业在市场竞争中击败那些拥有数字化"新型武器"的竞争对手吗？

"以史为镜，可以知兴替"，历史是最好的老师。回顾历史，每一次的工业革命都伴随着行业和职业的大变革。蒸汽机的发明让很多手工作业的纺织工人不再有用武之地，汽车的发明让最优秀的马车夫失去了价值。在数字化的变革下，有些工种会被转移，有些工作会被彻底取代，如果采购从业人员有志于在采购行业深耕 5 年甚至更长时间，那么采购的数字化转型是个必须要面对的课题，因为可以预见的未来，将是人机协作的时代。

让我们扪心自问。我们能否比分析工具更快地分析数据？我们能否比电子采购系统更好地管理流程？我们能否比人工智能更全面地管理供应风险？如果这些问题的答案统统是否定的，那么，我们或许应该重新审视一下目前所做的工作的价值在哪里，然后再思考，我们应该做什么，才能让自己和整个采购职能变得更有价值——对自身的发展而言、对企业的战略而言、对客户的需求而言。

事实上，"系统不会比人更聪明"这句话的真正含义是，"人"必须清楚自己想要的，然后选择合适的系统和数字化工具，通过数字化的赋能，来解决实际的业务问题——数字化是手段，而不是目的。

采购数字化转型的目的是提升内部和外部的有效性。对内部而言，它意味着采购部门和其他职能部门之间更好地协作；对外部而言，它意味着更好地管理纷繁复杂的供应市场，以及与供应商进行更好的合作。正如本书所多次强调的，数字化的赋能将全面升级采购职能，让采购能够在多个核心领域

"施展拳脚"，真正成为对企业来说举足轻重的战略职能部门。如果我们故步自封，守着"采购到付款"的"一亩三分地"，待在"合同谈判"的舒适区，当采购数字化全面铺开的时候，我们可能会是那只"温水里的青蛙"。

在决定企业能在多大程度上以多快速度推动自身采购的数字化转型的因素中，技术是次要的。企业的数字化准备，尤其是人员的数字化准备，对于成功的采购数字化转型才至关重要。通常，在实施新工具时，其效果只有 10%取决于正确的选择，20% 取决于可用的数据，而 70% 取决于人们对变革的接受和适应程度（施内尔巴赫和魏泽，2020）。也因此，"人"，而不是科技，才是采购数字化转型最重要的因素。采购从业人员只有走出自己的"一亩三分地"和舒适区，才能够真正推动采购数字化的成功转型，从而为企业创造价值——采购存在的价值在于为企业创造价值。

生物界也好，人类社会也罢，这个世界从未停止演变、进化。而正如达尔文在《物种起源》中所言，"能够生存下来的并不是最强壮的物种，也不是最聪明的物种，而是对变化反应最敏捷的物种"。

参考文献

[1] Accenture. Next Generation Digital Procurement: Upgrade Your Thinking. Accenture OL, 2017.

[2] Alicke K, Rachor J, Seyfert A. Supply Chain 4.0 – the Next-Generation Digital Supply Chain. McKinsey & Company OL, 2016.

[3] A.T. Kearney, CIPS, ISM. What Good Looks Like. A.T. Kearney OL, 2016.

[4] A.T. Kearney. Making Supplier Relationships Work. A.T. Kearney OL, 2013.

[5] Baily P, Farmer D, Crocker B, Jessop D. Procurement Principles and Management in the Digital Age. 12th Edition. New York: Pearson, 2022.

[6] Bals L, Schulze H, Kelly S, Stek K. Purchasing and Supply Management (PSM) Competencies: Current and Future Requirements. Journal of Purchasing and Supply Management, 2019: 25 (5).

[7] Berthiaume D. Walmart Automates Supplier Negotiations. Chain Store Age OL, 2020.

[8] Bienhaus F, Haddud A. Procurement 4.0: Factors Influencing the Digitisation of Procurement and Supply Chains. Business Process Management, 2018, 24(4): 965-984.

[9] Blanchard K, Zigarmi P, Zigarmi D. Leadership and the One Minute Manager: Increasing Effectiveness through Situational Leadership II. New York: William Morrow, 2013.

[10] Bridges W. Managing Transitions: Making the Most of Change. 3rd Edition. London: Nicholas Brealey Publishing, 2009.

[11] Carradine I, Chapelle F. PwC Digital Procurement Survey 2020–2021. 3rd Edition. PricewaterhouseCoopers Advisory OL, 2021.

[12] Chapelle F, Bayona Y. This is why Digital Procurement is more Strategic than ever. PricewaterhouseCoopers OL, 2021.

[13] Coupa Software Inc. The 2022 Business Spend Management Benchmark Report: United by the Power of Spend. Coupa Software Inc. OL, 2022.

[14] Daher M, Ruiz–Huidobro R, Chmielewski J, Jayaraj V. Digital Procurement: New Capabilities from Disruptive Technologies. Deloitte Development LLC OL, 2017.

[15] Deloitte. 2017 Global CPO Survey Report. Deloitte MCS Limited OL, 2017.

[16] Deloitte. The AI Opportunity in Sourcing and Procurement: Opportunities in the Market Today. Deloitte LLP OL.

[17] Devlin D, Holland A, Hurley B. White Paper: Sourcing Automation. Keelvar OL, 2022.

[18] Dovgalenko S. The Technology Procurement Handbook: A Practical Guide to Digital Buying. London: Kogan Page Limited, 2020.

[19] Drucker P F. The Effective Executive. 4th Edition. New York: HarperCollins Publishers, Inc., 2002.

[20] GeeksforGeeks. Difference between ERP and ERP II. GeeksforGeeks OL, 2022.

[21] GEP. Blockchain in Procurement and Supply Chain. GEP OL, 2022.

[22] GEP. Eliminate Routine Tasks and Achieve Greater Efficiency: Robotic Process Automation in Procurement. GEP OL.

[23] Gibbons L, Walden N. 2021 CPO Agenda: 10 Key Issues Procurement Needs to Act on Now. The Hackett Group OL, 2021.

[24] Haas A. Global Contact Center Survey. Deloitte OL, 2017.

[25] Handfield R B. Best Practices in Procurement Analytics. Poole College of Management, North Carolina State University. Public Spend Forum OL.

[26] Hays & CIPS. Hays Procurement Salary Guide and Insights 2021. Hays & CIPS OL, 2021.

[27] Hersey P. The Situational Leader. 4th Edition. Brentwood: Warner Books, 1986.

[28] Hiatt J M. ADKAR: A Model for Change in Business, Government and Our Community. Loveland: Prosci Learning Center Publications, 2006.

[29] IBM. Big Data Analytics. IBM OL, 2022.

[30] Icertis. HERE Technologies Drives Quick Time to Value With Icertis' Powerful AI Capabilities. Icertis OL, 2020.

[31] Jenkins A. 20 Inventory Management Challenges and Solutions for 2022 and Beyond. Oracle NetSuite OL, 2022.

[32] Kilpatrick J, Brown J, Flynn R, Addicoat A, Mitchell P. Agility: The Antidote to Complexity. Deloitte 2021 Global Chief Procurement Officer Survey. Deloitte OL. 2021.

[33] Kochersperger G, Nouguès X, Calderini D, Guerry L, Picard S. Designing the Perfect Procurement Operating Model. Oliver Wyman OL, 2017.

[34] Kotter J P. Leading Change. Boston: Harvard Business School Press, 1996.

[35] KPMG. Delivering Value in Procurement with Robotic Process Automation. KPMG LLP OL, 2018.

[36] Kraljic P. Purchasing must become Supply Management. Harvard Business Review, 1983, 61 (5): 109–117.

[37] Kübler–Ross, E. On Death and Dying: What the Dying Have to Teach Doctors, Nurses, Clergy and their Own Families. 40th Anniversary Edition. London: Taylor & Francis e–Library, 2008.

[38] Larsen J G. A Practical Guide to E–auctions for Procurement: How to Maximize Impact with E–sourcing and E–negotiation. London: Kogan Page, 2021.

[39] Lee H, Padmanabhan V, Whang S. The Bullwhip Effect in Supply Chains. MIT Sloan Management Review. 1997.

[40] Luecke R. Harvard Business Essentials: Managing Change and Transition. Boston: Harvard Business School Press, 2003.

[41] Lysons K, Farrington B. Procurement and Supply Chain Management. 10th Edition. Hoboken: Pearson, 2020.

[42] McCue I. What is ERP (Enterprise Resource Planning)? Oracle NetSuite OL, 2022.

[43] McKinsey Global Institute. Twenty–five years of digitization: Ten Insights into How to Play It Right. McKinsey & Company OL, 2019.

[44] Myers D G. Social Psychology. 11th Edition. New York: McGraw–Hill Education, 2013.

[45] Nicoletti B. Agile Procurement Volume I: Adding Value with Lean Processes. Switzerland: Springer International Publishing AG, 2018.

[46] Nicoletti B. Agile Procurement Volume II: Designing and Implementing a Digital Transformation. Switzerland: Springer International Publishing AG, 2018.

[47] O'Brien J. Category Management in Purchasing: A Strategic Approach to Maximize Business Profitability. 3rd Edition. London: Kogan Page Limited, 2015.

[48] Open Text Corp. How Does EDI Work? Open Text Corp. OL, 2022.

[49] Oracle. What is AI? Learn about Artificial Intelligence. Oracle OL, 2022.

[50] Panetta K. The CIO's Guide to Blockchain. Gartner OL, 2019.

[51] Porter M. Competitive Advantage: Creating and Sustaining Superior Performance. New York: Free Press, 1985.

[52] Procurement Leaders. 2019 Procurement Landscape. Procurement Leaders OL, 2019.

[53] Project Management Institute. A Guide to the Project Management Body of Knowledge (PMBOK Guide). 6th Edition. Pennsylvania: Project Management Institute, Inc., 2017.

[54] Project Management Institute. Managing Change in Organizations: A Practice Guide. Pennsylvania: Project Management Institute, Inc., 2013.

[55] PROSCI. Best Practices in Business Process Benchmarking Reengineering Report. Loveland: Prosci Learning Center Publications. 2002.

[56] Radell C, Schannon D. Digital Procurement: The Benefits Go Far Beyond Efficiency. Bain & Company, Inc. OL, 2018.

[57] Reinsel D, Gantz J, Rydning J. The Digitization of the World: from Edge to Core. International Data Corporation OL, 2018.

[58] Rosencrance L. 7 Real–life Blockchain in the Supply Chain Use Cases and Examples. TechTarget, OL, 2020.

[59] Russell S J, Norvig P. Artificial Intelligence: A Modern Approach. 3rd Edition. New York: Pearson Education, 2016.

[60] Samani N. What is e–Procurement? Deskera OL, 2022.

[61] SAP. What is Blockchain Technology? SAP OL, 2022.

[62] Sauter P. Big Data in Procurement: Unlocking Big Value in Better Sourcing, Process Efficiency, and Agility of Procurement. Arthur D. Little OL.

[63] Sawchuk C, Kavan V, Walden N, Dorr E. 2022 Procurement Agenda: Key Issues to Address and Critical Actions to Succeed. The Hackett Group OL, 2022.

[64] Schnellbächer W, Weise D. Jumpstart to Digital Procurement: Pushing the Value Envelope in a New Age. Switzerland: Springer International Publishing AG, 2020.

[65] Schnellbächer W, Weise D, Tevelson R, Högel M. Jump–starting the Digital Procurement Journey. Boston Consulting Group OL, 2018.

[66] Schoenherr T. The Evolution of Electronic Procurement: Transforming Business as Usual. Switzerland: Springer International Publishing AG, 2019.

[67] Schuh C, Raudabaugh J L, Kromoser R, Strohmer M F, Triplat A, Pearce J. The Purchasing Chessboard: 64 Methods to Reduce Costs and Increase Value with Suppliers. 3rd Edition. New York: Springer Science + Business Media LLC, 2017.

[68] Schuh C, Strohmer M F, Stephen E, Hales M, Triplat A. Supplier

Relationship Management: How to Maximize Vendor Value and Opportunity. New York: Apress Media, 2015.

[69] Seyedghorban Z, Samson D. Digitalisation in Procurement and Supply 2019. The University of Melbourne and CIPS OL, 2019.

[70] Simfoni. AI in Procurement: Comprehensive Guide to Artificial Intelligence in Procurement. Simfoni OL, 2022.

[71] Smith R, King D, Sidhu R, Skelsey D. The Effective Change Manager's Handbook: Essential Guidance to the Change Management Body of Knowledge. London: Kogan Page Limited, 2015.

[72] Soper S. Amazon's Clever Machines are Moving from the Warehouse to Headquarters. Bloomberg OL, 2018.

[73] Stalk G Jr, Hout T M. Competing against Time: How Time-Based Competition is Reshaping Global Markets. New York: Free Press, 2003.

[74] The Fragmented Supply Chain. Oracle OL, 2010.

[75] Vollmer M, Brimm R, Eberhard M. Procurement 2025. SAP OL, 2018.

[76] Wilson G. Inventory Management Optimisation: A Must for 2021 & beyond. OL, 2021.

[77] 德勤. 数字化赋能，间接采购再升级的必由之路. 德勤 OL, 2020.

[78] 卡洛斯·梅纳，罗姆科·范·霍克，马丁·克里斯托弗. 战略采购和供应链管理[M]. 黄文霖，译. 3版. 北京：人民邮电出版社，2022.

[79] 李开复，王咏刚. 人工智能[M]. 北京：文化发展出版社，2017.

[80] 刘宝红. 采购与供应链管理：一个实践者的角度[M]. 3版. 北京：机械工业出版社，2019.

[81] 刘宝红，赵玲. 供应链的三道防线：需求预测、计划、供应链执行[M].

北京：机械工业出版社，2018.

[82] 谭旭光. 潍柴集团供应链体系提升势在必行. CIPS供应链管理学会，2022.

[83] 英国皇家采购与供应学会. 供应链风险管理[M]. 北京中交协物流人力资源培训中心，译. 北京：机械工业出版社，2014.

[84] 张维迎. 我所经历的三次工业革命. 经济观察报，2018.